日本史研究叢刊 27

近世の豪農と地域社会

常松隆嗣 著

和泉書院

園田家歴代当主の肖像

巻頭の写真は、本書第一部で取り上げる丹波の豪農園田家の歴代当主を描いたものである。文化十三年（一八一六）に五代当主庄十左衛門定和が、二代多助定経・三代八尾右衛門定肥・四代七郎左衛門定要を描かせたものとされる。

（所蔵・写真提供　山田裕嗣氏）

目次

序章

第一節　研究史の整理

豪農研究は近世史研究のなかでも長い歴史を持つ研究分野であるが、時代を経て、いまなお、さまざまな視点から研究が続けられている新しいテーマでもある。近年は地域社会論や社会的権力論といった新たな研究潮流のなかで、近世後期から明治期に至る村落社会の変容を解明するための重要な要素として、豪農は再び脚光を浴びている。

本書では、近世後期から明治初期に見られる豪農の行動・意識を多角的に考察するとともに、地域社会・領主権力とのかかわりを明らかにすることで、彼らが領主権力と地域社会との媒介項として、また地域社会の公共性を担う「地域社会の支柱」として存在していたことを明らかにする。

対象は畿内・近国に位置する丹波国多紀郡大山宮村（現在、兵庫県篠山市）の豪農園田家と、河内国茨田郡（現在、大阪府北東部）に所在する豪農・地主である。これらの地域を設定するのは、第一部では藩領国に所在する豪農を、第二部では非領国地域に所在する豪農を取り上げることで、それぞれの豪農の特徴および両者の差異について明らかにすることを目的としているからである。なお、対象地域の位置および概要については、本章第二節において言及することとする。

1　佐々木潤之介の豪農論

戦後の豪農研究にその先鞭をつけたのは東北会津を中心に研究を進めた、藤田五郎(1)であった。藤田をはじめとする一九五〇年代の研究(2)は、封建農村および農民がどのような歴史的展開を経て、明治社会へと移行していったのか、また戦前から戦中まで日本社会の主要な柱であった寄生地主制の萌芽が近世期に見られることを踏まえ、近世における地主制の発生・展開に関する問題を如何に解明していくかという点に主眼が置かれた。

藤田の豪農論は『近世経済史の研究(3)』において、「富裕なる近世的自営農層が、爾余の近世的自営農層を背後に持ちつつその代表者として、領主・商人資本家層に対抗し、もって当面の近代産業生成への『進化』及び維新変革の当面の推進力となる面を持つものと考えられる」と記されるように、「富裕なる近世的自営農層」＝「近世的豪農」が日本近代化の「下からの途」を代表する存在であり、維新変革の主体として存在したという点にある。

こうした藤田の豪農論に対し、それを批判的に発展させ、「世直し状況論」「豪農・半プロ論」として提示したのが佐々木潤之介である(4)。佐々木は一九六〇年代の幕藩制構造や地主制、階級闘争などの研究成果を踏まえ、日本において特徴的に見られる封建社会解体期の変革状況を「世直し状況」として提示した。幕末期の社会変動は農民層分解の結果、特徴的に生み出された豪農と半プロレタリア（半プロ）との対立関係を基軸に展開するとし、半プロと小生産者とが連携を図りつつ、「不正」「不当」な搾取収奪を排除した小生産社会を再構築し、自立的小農民が安定的に再生産できる社会を構築するために、さきの半プロ層が中核となって「世直し騒動」を展開し、主に豪農商と対峙するというものであった。

こうした世直し状況論のなかで、佐々木は藤田と異なる豪農論を展開した。佐々木の言う豪農とは、生産面では（イ）普通地主小作関係に基づいて小作人から小作料を収奪することに基礎をおく地主であり、（ロ）年季奉公人などを雇って、穀作を主体とした農業を行う地主手作経営者であり、（ハ）日雇や短期奉公人などをも雇って行なう商品生産の経営者であり、（ニ）小生産者から商品生産物を買いしめる買い占め商人である。金融面では（ホ）小生産者に対して高利貸付を行ない、（ヘ）小生産者との間で、商品の買い付けや、原料・必需物資などの購入を通じて商業活動を行う小商人に対しても、高利貸付を行なっている。村落内では（ト）同族団の最有力者であるとともに、（チ）最大規模の土地保有と経済的基礎とを持っている富裕農民であり、（リ）同時に村共同体関係の主導的地位に立つ代表者である。

領主との関係では、（ヌ）庄屋・組頭などの村役人層であり、（ル）領主支配の側面と村落内での地位とによって、村内では他の村役人層との間での、村外では他村の村役人や地主・豪農との間での、経済的・社会的結合を持っている。こうした指標のなかでもとくに、（イ）（ニ）（ホ）の特徴をのばす方向、つまり、商人・高利貸・地主として成長していく村方地主を豪農と規定した[(5)]。

さらに、豪農は自らの経営安定のため、下層小作人から小作地を取り上げ、問屋制家内工業を担う労働力販売層として編成していった。佐々木はこうした労働力販売によって、生活を維持ないし補充しなければならない農民を「半プロレタリア」と規定した。そして、維新変革期において豪農を主体とする中間層と半プロを含めた下層農民との連携、佐々木が言うところの「変革的人民と中間層との間の人民的紐帯」が形成されるかどうかが重要な点であったが、日本においては封建的土地所有の問題解決を豪農が提起できず、自らが政治勢力として登場できなかったことで人民的紐帯は断絶され、逆に中間層と変革的人民との矛盾対立が大きくなったと結論付けた[(6)]。

2　佐々木豪農論への批判

佐々木が提示した世直し状況論の影響は大きく、「佐々木の所論にどう対峙していくか」ということが、その後の研究史上の主要な課題となった。こうした課題に対し、豪農の行政能力を評価し、地域運営の要となる政治的中間層として位置付ける「地域社会論」や、豪農そのものが持ちえた政治的・経済的側面を解明することで当該期の社会構造を明らかにしようとする、佐々木とは異なる「豪農論」などに代表されるような新たな研究潮流が生まれた。

それぞれについては、本節3と4で詳しく述べることにするが、なかでも久留島浩の「佐々木氏が提示されたすぐれて経済的な範疇である豪農論から、その政治的行動を直接説明することはできないのではないか」(7)という批判は、最も端的に佐々木の問題点を衝いたものであり、その後、政治的中間層への積極的再評価が行われることとなる。久留島をはじめとするこの時期の諸研究は、近世後期における地域社会の運営を村役人層が担うことで、政治的能力を身に付け、地域社会そのものが「自治的」「民主的」なものであったと評価した。

また、貝塚和美は一九九一年度の歴史学研究会大会報告「近世地域社会の構造と変容」(8)において、武蔵国中北部の利根川・荒川流域の村々を検討対象に据え、そこで見られる地域管理運営体制について村役人層・豪農層は階層的な利害を押し出しつつも、地域権力の主体として調整機能やホスピタリティー機能を果たすことで地域管理の主体として存在しており、そうした地域への対処は百姓たちにとって、当然上層農民がおこなうべきものであると期待されていたことを明らかにした。豪農層にとっても地域への資本投下は、彼らのプレスティージの上昇や身分制的な「名望家秩序」の維持、地域におけるヘゲモニーの獲得を安定的なものにし、結果として彼らの経営を安定化させた。貝塚によれば、経済活動のあり方に規定された豪農が資本投下をおこなうことで、豪農と小前との間での「和解しがたい対立」は見られなかったと結論付けた。

一方でこうした政治的中間層＝村役人・豪農層という理解は、彼らが本来的に持ち得た性質を見えにくくする結果を招いたとする指摘がある。この点については、八〇年代以降の研究とあわせて、本節4においてふれることとする。

3　渡辺尚志の豪農論

佐々木豪農論を批判の射程に入れつつ、近世後期における村落社会のあり方や、豪農の本質の解明を主眼に置くことで、豪農論に新たな展開をもたらし、その後の豪農研究に大きな影響を与えたのが、渡辺尚志である。渡辺の論点は多岐にわたるが、ここでは本書にかかわる論点についてまとめておこう。

渡辺の研究視角は、「村落共同体と豪農に焦点を当てて、近世村落社会の特質と近代へ向けての展開過程を解明」(9)するものであり、なかでも「近世・近代移行期の村や地域を考える際には、豪農・地方名望家や一般民衆の意識と行動に即して検討する必要がある。村や地域で重きをなした豪農・名望家の主体形成過程を内在的に跡づけることなしには、村落論・地域社会論は無味乾燥かつ俯瞰的なものに終始してしまうであろう」(10)という点に集約できるだろう。

渡辺の一連の研究において、とくに注目すべきは豪農類型論である。これは佐々木の世直し状況論批判をもとに、半プロと対峙する豪農の意識と行動を地域社会とのかかわり合い方から「草莽の志士」型、在村型豪農Ⅰ、在村型豪農Ⅱの三つに分類し、前記の豪農をそれぞれ、自村を飛び出し「草莽の志士」として尊王攘夷運動に奔走する豪農、自家の経営発展の前提として貧農・小前層の経営維持・安定と村落共同体の再編を重視する豪農、自己の経営拡大・利益追求が中心目的で貧農層の経営安定など村落共同体全体の問題にあまり関心を払わない豪農と規定した。(11)佐々木豪農論では、豪農は自らの経営維持のため、小前に対し過酷なほどの収奪を行なうとした（渡辺の豪農分類でいえば、在村型豪農Ⅱ）が、地域社会との融和を図る豪農を析出し、それを「在村型豪農Ⅰ」として設定することによって豪農―半プロ論を克服しようとした。

これに関連して、河内国丹南郡岡村（現在、大阪府藤井寺市）の岡田家を素材に佐々木・渡辺の双方が研究を進めた。佐々木は精緻な経営分析から幕末期における綿作地帯の豪農を描き出し、そこでは「半プロ層を主体とする小作関係が、もはや幕藩制的社会権力や豪農的な対処では対応しきれない矛盾、ほんらい的に『非和解的』関係として強ま」るとともに、「豪農の非政治主体化」を明らかにした。さらに、農民層分解の進行から新たな生産関係を作り出した岡田家を、社会的地域権力として捉え直した[12]が、これに対し渡辺は、岡田家に見られる地主小作関係、とくに小作料減免から「岡田家は、共同体的関係に配慮することで、小作地経営の安定化を図っていた」と述べ、「豪農は、政治的主体と経済的主体として二重化していく」と佐々木を再度、批判した[13]。

4　八〇年代以降の研究

八〇年代に入ると佐々木批判をベースに、久留島浩[14]や藪田貫[15]、平川新[16]らによって、それまでの村落社会論の枠を超えた「地域社会論」と呼ばれる新たな研究潮流が生み出された。彼らの研究は、村を越えた地域のなかで自主的な地域運営を行なうとともに、領主に対しても献策などを行なう政治的能力に長けた民衆が登場し、彼らが近代への橋渡しをするというものであり、近世期の民衆が獲得した能力の高さを評価する研究であった。

この点にかかわっては、本書でも取り上げるように、近世後期から明治初期に見られる「国益」をめぐる議論も盛り上がりをみせた。国益概念については藤田貞一郎の一連の研究があり[17]、柳河・和歌山・宇和島各藩における事例や林子平・海保青陵など経世家の思想を分析することで、国益思想を「近世中期の宝暦―天明期に、諸大名領国の商品生産・手工業生産における国産物自給自足の思想、藩経済自立の思想をあらわす経済思想」(『国史大辞典』)として規定した。この思想は当初、藩財政の実務に関わる武士、いわゆる「藩国家官庁エコノミスト」によって担われ、のち藩内の商人や豪農にまで浸透し、広く共有されることになる。

これに対し、谷山正道は藤田が指摘した藩領国型国益とはタイプを異にするもう一つの「国益」、すなわち個別支配領域の枠を越えた「国」レベルの国益を非領国地域である大和国において分析した。そこで見られる国益は

「民益の保全・増進」を目指すものであり、それは地域社会の成立に腐心する村役人層をはじめとする民衆側から提示されたものであると結論付けた(18)。

また、平川新は地域経済の進展について民衆からの献策―「民衆知」―を見ることで、近世後期、政治に積極的にかかわる民衆像を描き出した。具体的には徳島藩や秋田藩の藩政改革を例に、民衆の献策がどのように藩に受け入れられ、どのように実現化していくのかを明らかにした上で、家臣のみならずそれ以外の諸階層へ国益策の具申を求め、かつそれに積極的に応じる者が現れた事は新しい時代への変化であると述べた(19)。

こうした民衆の行政・自治能力の高さを評価する研究に対し、九〇年代後半以降、批判が加えられるようになる。その一つが政治的中間層論にかかわって、中間層＝村役人・豪農層という理解に対する疑問である。たとえば、志村洋は村役人一般を政治的中間層として捉えることに懐疑的で、様々な存在形態をなす村役人を一般化し、地域社会の担い手として措定した久留島浩をはじめとする多くの研究者を批判する。

志村はそれまでの研究史を整理するなかで、その問題点として「近世民衆が獲得した政治的力量を今まで以上に高く評価してゆくならば、領主権力による在地の編成という側面が議論の後景に退き、近世後期から近代へかけての地域社会像が、中間層の行政能力の獲得過程という右上がりの発展論として描かれてしまう(20)」ことを挙げ、地域社会の担い手を村役人一般として捉え、その村役人層を政治的中間層という側面で捉えてきたことに対して批判を行なっている。そして、自らは大庄屋・各村庄屋の社会的・経済的存在形態を具体的に検討し(21)、「行政機構の内的運営実態や地域社会の具体的内部構造に光をあてることによって、制度や機構の検討だけでは解明できなかった内部の質的な変容が明らかになり、個別藩政史の枠を脱して地域社会論としても議論(22)」する。

志村はまた、「地域政治に関与する諸々の存在を村役人層として一括して捉えるのではなく、中間層の内容を、政治的ヘゲモニー主体や経済的ヘゲモニー主体などといった特徴で腑分けし、両者の関係―公と私の両面―から地域社会の構造と変容を捉えることが重要」[23]とし、加えて「実態としてつねに明確に分けられるといっているのではな」く、佐々木豪農論で「中間層が経済的ヘゲモニー主体＝政治的ヘゲモニー主体として捉えられてきたために、あえて区別を行なう」[24]とも述べる。志村の念頭には、岩田浩太郎が分析した出羽の豪農堀米家の経営と地域編成があると思われる[25]。

岩田の分析は堀米家が豪農へと転化していく過程を跡付けるとともに、豪農経営のみならず、地域運営にまで目配せし、経済的・政治的ヘゲモニー主体として確立していく過程をも明らかにした点で秀逸であるといえるが、巨大豪農のもとで編成されていく中小豪農をはじめ、地域の動態的な考察が不十分であるという問題点を含んでいる。

第二節　本書の課題と構成

1　本書の課題

このように研究史を振り返ると、佐々木豪農論に対して部分的には大変有効な批判がなされているものの[26]、全体を覆うような批判が出来ていない現状に気付く。佐々木の『幕末社会論』[27]は太閤検地論争と地主制論争の成果を継承しつつ、国家権力と人民勢力との対立関係を歴史的特質として明らかにしようとした幕藩体制論の成果に立って、宝暦期以降に「小営業が商業・高利貸資本の支配のもとに、一般的に展開する方向を確定し」、そのことによって村方地主が「資本の特質的存在形態としての〈豪農〉」に展開していく対極に、「雇傭労働の特質的存在形態としての半プロレタリア」が創出されることを示したものであったが[28]、そこには「明治百年祭」反対運動や安保闘争が同時代的課題として存在していた[29]。

それから約三〇年の時を経て書かれた『幕末社会の展開』を読むとき、半プロの「文化主体」としての側面や、豪農の藩権力とのかかわりなどが新たな視点として加えられてはいるが、全体として『幕末社会論』で展開された世直し状況論を大きく発展させたものではない。これまでなされた佐々木批判に十全に回答しているとは言えず、やはり豪農の政治主体化の是非や豪農―半プロの非和解的状況をどのように捉え、各地の豪農研究の成果をどのように総合化していくか、これが研究史的には古いが、いまなお必要な作業であると考える。佐々木が『幕末社会の展開』で述べた、豪農を単に社会的地域権力と読み替えることだけでは、これまでの批判に対する回答とはならないし、余計に違和感を覚える。

一方、佐々木批判を行なってきた側にも問題がない訳ではない。それは八〇年代以降、豪農研究をリードしてきた渡辺尚志についても言える。例えば、「幕末維新期における農民と村落共同体」(30)で展開した豪農の類型化にかかわる疑問である。たしかに佐々木豪農とは異なる「在村型豪農Ⅰ」の措定は意義深く、多様な側面を持つ豪農を理解する一助と成り得ると筆者も考えるが、豪農の意識・行動は多分に曖昧な部分を孕んでいるため、それを分類しても到底三つでは収まらず、いくつもの亜流を生むことになる。この点については、渡辺自身も「(豪農の)類型化は、個々の豪農の性格を、豪農層全体のなかに位置づけて理解する際の基準とするものである。したがって、すべての豪農がこの3類型のどれかにきれいに当てはまるというものではない。中間的な性格の豪農もいれば、取り立てて特徴のない、目立たない豪農もいただろう。同じ豪農でも、時期によって性格が変化することもありうる」(31)と述べていることから、今後は渡辺が全国各地で精力的に取り組んできた豪農研究の成果をどのように総合化し、かつ領主権力や下層農民と対峙させていくのか、そして当該期の村落社会をどのような社会として捉えていくかが重要な論点となっていくであろう。

なお、筆者は豪農の意識・行動とは領主権力や地域社会とのかかわり方の相違から表れるものであって、それらの行動は豪農に内在しているものであり、そのいずれが強く表れるかは豪農の意識はもちろんのこと、彼らを取り巻く諸条件によると考えている。この点で筆者は、一地域・一豪農の検討からではあるがそれを多角的に分析し、内的変化を検討することによって、公と私の両側面を見ようとしている。[32]それは、近世後期から幕末期にかけて地域社会が変容していくなかで、自らの存在意義を求めて、また地域社会からの要請に応じていくことで、経済的にはもちろん、政治的にも成長した豪農を、当該期を特徴付ける存在として積極的に評価すべきという考えに基づいているからである。

というのも、これまでの研究状況として、先学の研究成果を用いるのはよいが、無批判に豪農＝政治的中間層という図式を作り上げ、そこから議論が出発していることへの筆者なりの批判でもある。果たして、そのような図式が自明のものとして成り立つのか、検証してみることこそが重要ではないだろうか。その意味でも豪農を含めた村方地主・上層農民の経営を分析することの重要性を指摘しておきたい。豪農研究と言えば、依然として個別経営分析が多くを占めるのも事実であるが、こうした実状を克服し、豪農の政治的・経済的両側面を有機的に関連付けた分析がなければ、当該期の豪農の性格付けは行ない得ないと考える。そうした意味では、経営分析を通して従来のように地主制が進展していたことを跡付けることに加え、豪農の性格を明らかにする基礎的作業として経営分析を行ない、その上で、豪農経営と政治的行動との関連を見いだし、総合化する作業を行なわなければならない。[33]

2　研究対象の概観

ここでは、本書で研究対象として取り上げる丹波国多紀郡の大山地域・園田家と河内国茨田郡について概観しておく（それぞれの位置関係については図を参照）。

まず、第一部で取り上げる丹波国多紀郡の大山地域は現在の兵庫県篠山市の北西部にあたる。当該地域は大山川の流域に形成された、山がちな地域であるものの耕作率は高く、中世には大山荘と言われる東寺領荘園であった。

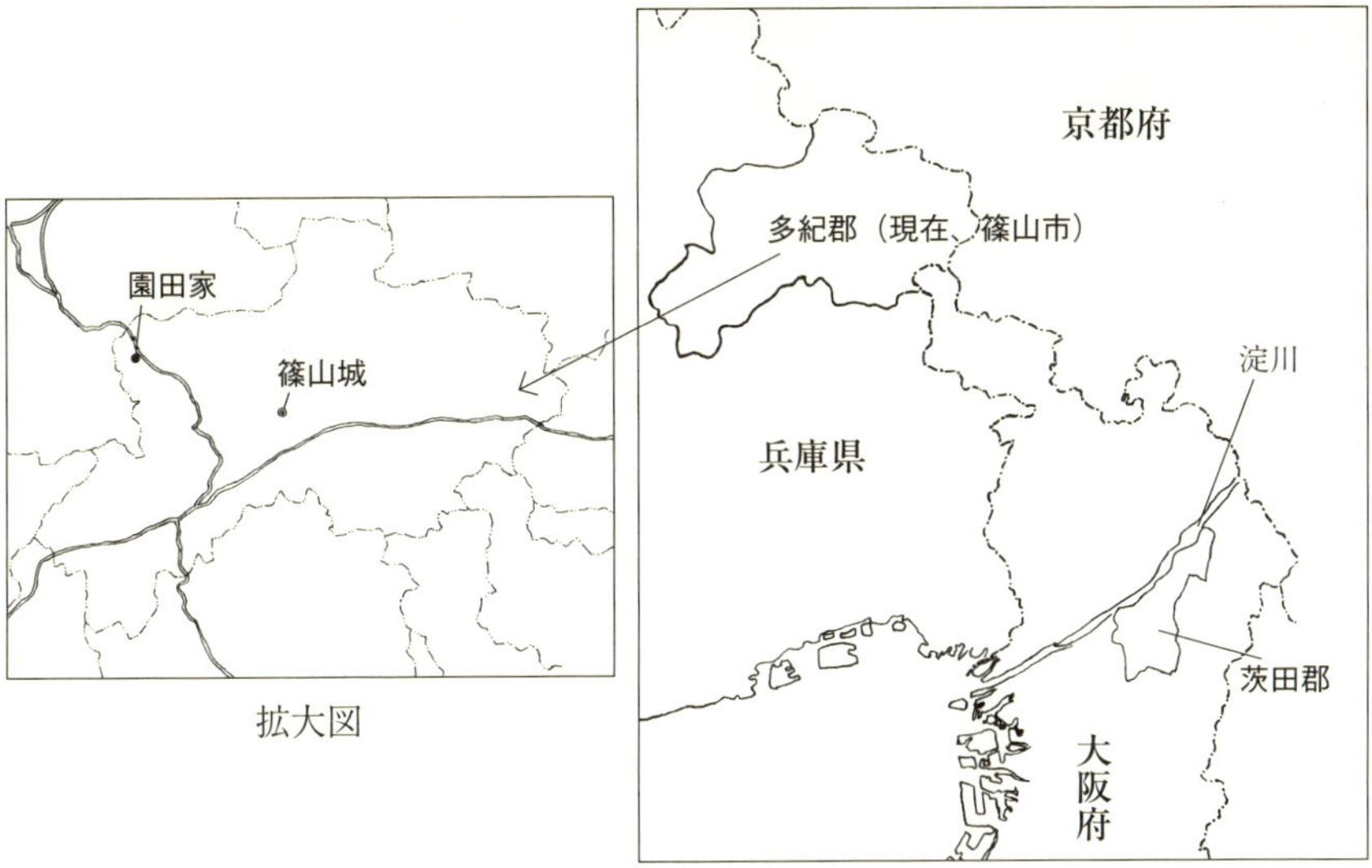

図　研究対象の位置

近世には一三カ村が一つの組を形成して大山組と呼ばれ、慶長十四年（一六〇九）の篠山藩立藩以降、一貫して篠山藩領であり、寛延元年（一七四八）以降は青山氏の所領となった。

園田家が所在する大山宮村は、承応二年（一六五三）ごろに大山上村から分村したと言われ、村高は二七七石余りで田がちの村である。また、慶応二年（一八六六）の家数は六二軒、人口は二七八人（男一四三人・女一三五人）[34]で、氏神として追手神社があった。

園田家は追入村で庄屋と本陣を務める園田又左衛門の五男・治左衛門が分家し、元禄元年（一六八八）に大山宮村に入村したことに始まり、当初は三〇石程度の持高も安政五年（一八五八）には四八三石と藩内随一の大高持へと成長を遂げた。それに伴って、藩政機構の末端として大庄屋や郡取締役などを務めた。なお、園田家の家系図をはじめ、地域社会の詳細については第一部第一章において言及している。

ついで第二部で取り上げた河内国茨田郡は現在の大阪府の北東部、北河内地域の主に枚方・寝屋川・門真・守口の各市にあたる。村数・石高は『旧高旧領取調帳』では八九カ村・三万七九五六石であった。枚方・守口には京街道の宿が置かれ、その周辺部は助郷村に設定された。所領は入り組みとなっており、幕府領・旗本領の割合が高く、大坂城代・京都所司代の役知となることが多かった。

地域的特徴は淀川左岸の低湿地に位置し、洪水被害に悩まされることが多く、商品作物生産については中河内で見られるような木綿栽培ではなく、菜種栽培が見られた。なお、研究対象として取り上げた個別村やそこに所在する豪農・地主の系譜については、第二部各章において言及しており、それらの地主が地域内でどのような関係性を有していたかは、第五章の図3-Ⅰと図3-Ⅱに示している。

第一部で取り上げる地域は藩領国を形成しているのに対し、第二部で取り上げた地域は畿内非領国地帯であることから、そこに所在する豪農・地主の存在形態を明らかにすることで、領主権力や地域社会とのかかわり、豪農発展のあり方など、これら両地域の比較・検討を通じて、近世後期から明治初期における豪農の多様な側面を明らかにすることができると考えている。

3　本書の構成

以上、研究史の流れとその問題点を踏まえ、本書では第一部と第二部あわせて十一章にわたる分析を通じて、政治的・経済的に成長した豪農を具体的かつ詳細に検討することで、より豊かな豪農像および地域社会像を描き出すことに努めている。

第一部では豪農の経営分析や地域社会のあり様を踏まえて、そのなかで政治的にも社会的にも大きな役割を果たしてきた豪農を多角的に分析している。この点は佐々木の学説批判を通じて出された、村役人・豪農層によって担われた地域運営のあり方を「自治的」「民主的」と捉え、近代への連続面を見た研究の流れをうけるものである。

この点をより明確にするために第一部では、村内における農民層分解やそれに伴う地域社会秩序の変容を明らかにし、その状況に対処する豪農の意識・行動を考察することで、地域社会と領主権力との媒介項として、また時にはそれらと対峙する存在として、地域社会の公共性を担う豪農の姿を明らかにすることに主眼を置いている。

第一章「近世後期における豪農と地域社会―篠山藩大山組園田家をめぐって―」は第一部各章の前提となる部分である。ここでは、近世後期における豪農経営の成長過程を明らかにするとともに、豪農の政治的行動や意識を地域社会とのかかわりのなかから、明らかにする。とくに、豪農が地域において示した具体的行動の事例を挙げ、その行動は如何なる意識のもと表れたのか、領主や地域社会の動向を踏まえつつ、明らかにする。

第二章「篠山藩における国益策の展開―豪農の献策を中心に―」では、篠山藩における国益策の展開を献策者である豪農を通して見ていくことで、譜代中規模藩の藩政改革と豪農・地域社会のあり様を明らかにする。

第三章「陶磁器生産をめぐる豪農と地域社会―近世後期の篠山藩と三田藩―」では、藩領を越えて広がる、陶磁器生産を仲立ちとした地域社会のあり様と、その地域社会を編成していく主体について考察する。

第四章「篠山藩における新田開発―近世後期の荒地開墾型新田をめぐって―」では、近世後期にみられる新田開発と豪農とのかかわりを考察する。従来の町人請負新田や藩営新田など開発主体を冠して呼称する新田に対し、開発主体にとらわれることなく、近世後期の地域社会において様々な契機により成立する新田、なかでも荒地再開発から創出された新田を「荒地開墾型新田」と規定し、この新田の成立過程やそこで見られる諸関係について考察する。

第五章「幕末維新期における豪農の活動と情報―丹波の豪農園田家を中心に―」では、豪農の蔵書・写本・日記からその内容や情報の入手ルートを検討し、豪農の情報集積のあり方を分析した上で、それがどのような意識のもと収集され、利用されるのかを考察し、知りえた情報を有効に利用することで、地域社会の成り立ちに腐心する豪農の姿を明らかにする。

第六章「園田多祐と国益策―地域社会の繁栄をめざして―」では、園田家七代目当主多祐と彼を取り巻く人々を取り上げ、彼らが近世・近代を通じて追求した「国益」について、その内容を明らかにするとともに、近世・近代移行期における地域社会の特色について考察する。

第二部では畿内農村のなかでもとくに、河内農村における地主制の展開や、豪農経営・豪農の行動に焦点を当てているが、これは第一部で取り上げた丹波の豪農や研究蓄積の分厚い「摂津型」[35]経営との比較を意図し、加えて綿作地帯と称される中河内農村とは異なる、米作・菜種作地帯としての北河内農村のあり様を明らかにしようとしているからである。

第一章「近世後期における河内の諸相」は第二部各章の前提となる部分である。ここでは、研究蓄積の分厚い畿内農村のあり様を再検討するため、近世後期における河内国の地域的特質を主題に、①所領構成、②商品作物生産の状況、③階層分解の進展度、④地主経営の特徴、⑤地主小作関係の実態といった多方面から追究する。

第二章「農村構造の変容と地主経営―北河内の幣原家・濱田家をめぐって―」では、階層分解の様子や各家の持高の変化から当時の農村が如何に変化していったのかを明らかにし、そのなかで中層農民から上層農民へと転化する地主の成長過程を考察する。

第三章「近世後期における北河内の豪農―茨田郡三ツ嶋村樋口家をめぐって―」では、畿内農村のなかでも研究蓄積の薄い北河内農村を取り上げ、近世中期から後期に至る農村構造の変化と豪農経営のあり方、および豪農の政治的行動について考察する。

第四章「豪農と武士のあいだ―茨田郡士の帯刀をめぐって―」では、大坂近郊に位置する河内の豪農を取り上げ、支配者と被支配者とのあいだに位置する「身分的中間層」のあり様を考察する。

第五章「大塩の乱後にみる家の再興と村落共同体―門真三番村茨田家・高橋家をめぐって―」では、大塩平八郎の乱に参加し、その後、闕所となった家がどのように再興されていくのか、またその過程で処分された土地がどのように扱われていくのかを考察する。

註

（1）藤田の豪農論は、日本の近代化の特質を追究すべく取り組んだ研究の成果であり、その端緒はすでに『日本近代産業の生成』（日本評論社、一九四八年）において見ることができる。このなかで藤田は、日本の近代化の特質として問屋制手工業・地主経営といった半封建的なもののなかに近代的要素を読みとり、近代化の担い手としては生産者たる小農を措定した。その後、『近世封建社会の構造』（御茶の水書房、一九五一年）においては、「農奴解放」による本百姓の一般的形成とそれによる小商品生産の展開を分析し、徳川封建制の解体過程に創出される豪農を主たる研究対象として取り上げた。

なお、藤田のいう豪農とは、上層有力農民が近世中期に至り、下層農民を奉公人として雇用し、商品生産を行なうことで利益を蓄積する者を指し、加えて地主としての性格を持ちつつ、マニュファクチュアの主体として存在する上層農民を指している。藤田の言葉を借りるならば、「『再版農奴主的地主』関係にともなわれた、そしてしかも農村ブルジョア的性格を生みつけられているところの寄生地主」（『近世封建社会の構造』）ということになる。

（2）この時期の研究を体系的にまとめたものとして、古島敏雄編『日本地主制史研究』（岩波書店、一九五八年）がある。

（3）御茶の水書房、一九五三年。

（4）藤田五郎・佐々木潤之介の豪農論の要点については、木戸田四郎が『維新黎明期の豪農層―変革主体の形成と発展―』（塙書房、一九七〇年）第一章において端的にまとめている。

（5）『世直し』（岩波書店、一九七九年）一五～一七頁

（6）前掲註5六二～六四頁

（7）「直轄県における組合村―惣代庄屋制」（『近世幕領の行政と組合村』東京大学出版会、二〇〇二年。初出は一九八三年）

（8）『歴史学研究』六二六号、一九九一年。

（9）『近世村落の特質と展開』（校倉書房、一九九八年）、九頁。

（10）「近世・近代移行期の村をどうとらえるか」（『村からみた近世』校倉書房、二〇一〇年。初出は二〇〇九年）

（11）「幕末維新期における豪農と村落共同体」（『近世村落の特質と展開』校倉書房、一九九八年。初出は一九八九年）

（12）『幕末社会の展開』（岩波書店、一九九三年）Ⅱ章二

（13）「地域社会の関係構造と段階的特質」（『豪農・村落共同体と地域社会―近世から近代へ』柏書房、二〇〇七年。初出は二〇〇〇年）。なお、岡田家についての総合的な研究は、渡辺尚志編『畿内の豪農経営と地域社会』（思文閣出版、二〇〇八年）を参照。

（14）『近世幕領の行政と組合村』（東京大学出版会、二〇〇二年）

（15）『国訴と百姓一揆の研究』（校倉書房、一九九二年）

（16）『紛争と世論』（東京大学出版会、一九九六年）

（17）『近世経済思想の研究』（吉川弘文館、一九六六年）、『国益思想の系譜と展開』（清文堂出版、一九九八年）。

（18）「近世近代移行期の『国益』と民衆運動」（『ヒストリア』一五八号、一九九八年）、「『国益』と民益」（『地方史研究』二七八号、一九九九年）、「大和国の元村役人・落合平助と『御国益』」（佐々木克編『それぞれの明治維新』吉川弘文館、二〇〇〇年）。

（19）「地域経済の展開」（『紛争と世論』東京大学出版会、一九九六年。初出は一九九五年）

（20）「藩領国下の地域社会」（渡辺尚志編『新しい近世史　四』新人物往来社、一九九六年）

（21）「近世後期の地域社会と大庄屋制支配」（『歴史学研究』七二九号、一九九九年）、「大庄屋行政区の歴史的意義」（『地方史研究』二八六号、二〇〇〇年）など。

（22）小野将・志村洋・舟橋明宏・多和田雅保「近世地域社会論の現在」（『歴史学研究』七四八号、二〇〇一年）のうち、

志村洋「地域社会における政治と経済の問題」。

(23)　前掲註22

(24)　前掲註22

(25)　「豪農経営と地域編成―全国市場との関係をふまえて―」(『歴史学研究』七五五号、二〇〇一年)、「豪農経営と地域編成(一)〜(四)」(『山形大学紀要(社会科学)』三二〜三四号、二〇〇二〜〇三年)。

(26)　この間の研究史については、頼祺一「幕末・維新変革期―「世直し状況論」をめぐって―」(佐々木潤之介・石井進編『新編　日本史研究入門』東京大学出版会、一九八二年)や、渡辺尚志「幕末維新期村落論への視角―佐々木潤之介氏の世直し状況論をめぐって―」(『近世村落の特質と展開』校倉書房、一九九八年。初出は一九九二年)に詳しい。

(27)　塙書房、一九六九年。

(28)　『幕末社会論』二八六頁

(29)　世直し状況論の成り立ちについては、一九六〇〜七〇年代の時代背景を含めて佐々木自身が「世直し状況論の現在」(『争点　日本の歴史　六』新人物往来社、一九九一年)を著している。

(30)　『近世村落の特質と展開』(校倉書房、一九九八年。初出は一九八九年)

(31)　『百姓の力』(柏書房、二〇〇八年)、二二九頁。

(32)　こうした視点からの研究として、山崎圭「幕末における郡中取締役の成立と地域―信濃国佐久郡宿岩村阿部氏の活動―」(『近世幕領地域社会の研究』校倉書房、二〇〇五年。初出は二〇〇〇年)がある。

(33)　前掲註22において、志村洋および共同執筆者である舟橋明宏も同様のことを述べており、今後はこのような視角から研究の深化を図る必要がある。

(34)　慶応二年三月「持高作畝人別御改帳」(関西大学文学部所蔵園田家文書一五七―一四四)

(35)　「摂津型」経営とは戸谷敏之が分類した農業経営の形のなかで、商品経済に巻き込まれることで農業経営が困窮していく「西南日本型経営」の特殊形態―「他地方の農業経営と異り兎も角剰余を示す」経営―のことであり、資本主義生産の原初的形態と考えられた。その後、近代化・資本主義論争とのかかわりから多くの研究成果が生まれたが、近年では山崎隆三の「西摂に『摂津型』経営を求めて」(『地域研究　いたみ』三一号、二〇〇一年)と「幕末維新期西摂の農業経営―川辺郡野間村古林家の事例―」(『地域研究　いたみ』三二号、二〇〇二年)がある。

第一部　丹波の豪農と地域社会

第一章　近世後期における豪農と地域社会
――篠山藩大山組園田家をめぐって――

はじめに

近世後期の村落では、商品経済の浸透に伴って農民層分解がより一層進展する。そこでは、農民層分解の結果、持高を減少・喪失する多数の下層農民と、それら下層農民が手放した土地を集積し、彼らと質地小作関係を結ぶ豪農が現れる。本章ではこうした豪農経営の成長過程を明らかにするとともに、豪農の政治的行動や意識を地域社会との関わりの中から明らかにしようとするものである。

対象地域は丹波国多紀郡大山宮村[1]（篠山藩領）である。篠山藩領の農村構造について分析した研究は乏しく、その研究成果も貨幣経済・商品流通の未発達を指摘し、農民層分解も停滞気味であったことを指摘するにとどまって[2]いる。そこで、本章では大山宮村の階層構造が如何に変容し、豪農と下層農民とが如何に形成されていくのかを分析することを第一の目的とする。

本章で対象とする園田家はもともと、大山宮村に隣接する追入村で庄屋と本陣を務める家であったが、園田又左衛門の五男・治左衛門が分家し、元禄元年（一六八八）、大山宮村に入村してきたことから大山宮村園田家がはじまる（図1参照）。入村当時は三〇石余の持高であったが、土地の集積や利貸での利益を背景とした豪農的発展を

図1　園田家略系図

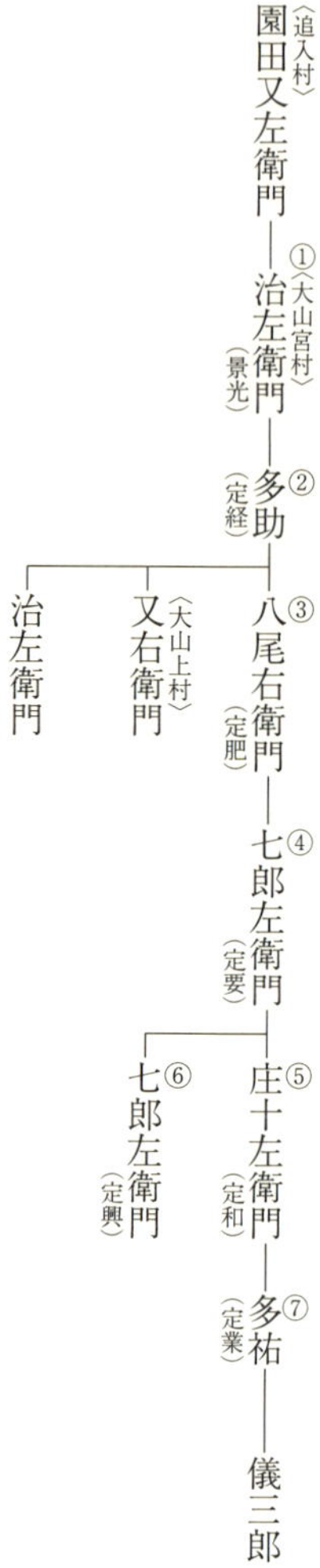

註　「宗門改帳」や当主の日記より作成したため、不明確なところがある。

遂げるに至り、安政七年（一八六〇）には手作地四町五反・持高四八二石という、藩内随一の大高持へと成長する。

しかし、このような豪農的発展を遂げた園田家であったが、同家の経営は決して安定的なものではなかった。というのも、領主に対する献金や地域社会への対応など、豪農として存在するが故に、自家の利益を還元しなければならず、自家の利益追求と領主・地域社会からの期待という相反する事柄に対処しなければならなかったからである。

園田家は中農から豪農へと転化する事例として、また豪農経営の事例として恰好のものであり、本章ではその過程と園田家の経営の内実について具体的に分析する。これが本章の第二の課題である。

また、豪農をめぐる近年の研究動向として渡辺尚志による一連の研究がある。(3) なかでも、豪農の類型化は幕末維新期における豪農の政治的行動を検討する際には重要な指標となり得ると筆者も考えるが、類型論を論じるには事例が関東・東国に偏在している。丹波国のような畿内近国については、これまでも研究の蓄積は薄く、園田家はその欠を補うに足るものである。そこで、本章では園田家が地域において示した具体的行動の事例を挙げ、その行動は如何なる意識のもと表れたのかを検討する。これが本章の第三の課題である。

対象時期については村落内の階層分化が進行し、地域社会と豪農との関わり合いが具体的な形で表れる近世後期を設定し、園田家歴代当主の中では五代庄十左衛門定和、その子で七代多祐定業を中心に考察していく。

なお、本章を作成するにあたっては関西大学文学部所蔵の園田家文書を使用した。本章中、とくに注記のない図表は園田家文書に拠った。

第一節　農村構造の変化

1　大山宮村の階層分化

大山宮村の構造変化を農民各層の存在形態とその変化を主軸に分析し、各時期の特徴を明らかにしていきたい。主に分析対象とした史料は「持高作畝人別帳」である。これは、享保期から明治期までの農民各層の存在形態を知るのに有効であり、これをもとに作成した表1・2を用いて考察していく。

まずはじめに、階層分化の状況について示した表1からは、享保期から寛延期にかけて五石以上一〇石未満の小農層の減少が見られるが、他方、一〇石以上の中農層の存在もかなり確認できる。宝暦期から天明期にかけては、まず一〇石以上の中農層が減少し、ついで五石以上一〇石未満の小農層が減少するが、その分、一石以上五石未満の過小農層が増加している。さらに、文政期から明治期にかけては、一石以上五石未満・一石未満の過小農層においても、戸数が減少の一途を辿り、戸数の減少はこの層に集中している。(4)しかし、大山宮村の全戸数はさほど減少していないことから、持高を減少させた農民は村内にとどまり、彼らが質入れした土地を園田家が収納し、過小農は園田家の直小作になったものと考えられる。

表1　大山宮村の階層構成

（単位：戸）

持高＼年次	享保12年 1727	寛延元年 1748	宝暦14年 1764		天明元年 1781	文政9年 1826	天保8年 1837		安政5年 1858		明治4年 1871	
100石以上	1	1	1	（%）	1	1	1	（%）	1	（%）	1	（%）
80～100石												
60～80石												
50～60石				3.1				2.9				
40～50石										1.6		3.2
30～40石	1	1	1			1						
20～30石		1					1				1	
10～20石	2	1				1			1	3.1	1	3.2
5～10石	5	2	6	9.4	3	2	1	1.4	1		1	
1～5石	11	11	14	42.2	17	19	16	45.7	15	45.3	13	43.6
1石未満	29	20	13		11	21	16		14		14	
無　高	不明	不明	29	45.3	不明	不明	35	50	32	50	31	50
合　計	—	—	64	100	—	—	70	100	64	100	62	100

註1　100石以上はすべて園田家代々。
註2　各年の「持高作畝人別帳」より作成。ただし、享保12年・寛延元年・天明元年・文政9年は『大山村史』より転載。

ついで、農民層分解が激しくなる文政期から明治期の中から、とくに文政十二年（一八二九）と慶応四年（一八六八）を抽出し、農民の持高と経営面積との関係が変化していくことを表[5]2-Ⅰ・Ⅱによって確認しておきたい。表2-Ⅰの文政十二年における経営の中心は、持高一石以上三石未満・作畝一反以上三反未満の層であり、各家の経営規模は大きくないものの、村内においては自作農が大部分を占めていた。実際、全経営戸数に対する地主・小作の割合は、地主一二％（八戸）・自作二四％（一六戸）・自小作二六・七％（一七戸）・小作一三％（一五戸）となっており、この段階では地主層とともに自作層が広く形成されていた。

しかし、表2-Ⅱの慶応四年に至っては持高無高・作畝三反以上五反未満層が中心となり、文政十二年に比して、全戸的に持高が減少しているにもかかわらず、経営面積は増加する傾向が見られる。全経営戸数に対する地主・小作の割合についても、地主三％（二戸）・自作五％（三戸）・自小作四六％（二九戸）・小作三五％（二三戸）となり、文政十二年に比して地主・自作層が激減するのに対し、自小作・小作層が激増している。自小作の中には九反という村内最大の経営規

表 2-Ⅰ　大山宮村各家の耕作規模と持高（文政 12 年）

（単位：戸）

持高＼作畝	10 反以上	10 反未満 7 反以上	7 反未満 5 反以上	5 反未満 3 反以上	3 反未満 1 反以上	1 反以上	無作畝
100 石以上	1						
40 石未満 30 石以上				1			
30 石未満 20 石以上						A	
20 石未満 10 石以上							
10 石未満 7 石以上							
7 石未満 5 石以上				1	1		
5 石未満 3 石以上				B 2			
3 石未満 1 石以上		C	1	5	11	1	
1 石未満				6	5	3	3
無　高			D	6	8	1	10

表 2-Ⅱ　大山宮村各家の耕作規模と持高（慶応 4 年）

（単位：戸）

持高＼作畝	10 反以上	10 反未満 7 反以上	7 反未満 5 反以上	5 反未満 3 反以上	3 反未満 1 反以上	1 反以上	無作畝
100 石以上	1						
40 石未満 30 石以上							
30 石未満 20 石以上							
20 石未満 10 石以上				1		A	
10 石未満 7 石以上			B				
7 石未満 5 石以上			1				
5 石未満 3 石以上	C	2	3	1			
3 石未満 1 石以上		1	3	4	1		
1 石未満		1	4	8	3		
無　高		D	2	12	9		6

註 1　A は地主、B は自作、C は自小作、D は小作を示す。
註 2　文政 12 年 2 月の「人別持高作畝帳」および、慶応 4 年 4 月の「持高作畝人別帳」より作成。

模を持つ者が存在するとともに、五反以上一〇反未満の経営規模を持つ自小作・小作が一六人にも上っており、こうした層が大山宮村における農業経営の中心となったことで、大山宮村の農業経営は不安定なものであったと考えられる。結果、村の荒廃化が進んだが、その具体的な状況は次項で明らかにしたい。

2　農村のあり方の変化

先程の階層分化の状況とともに、大山宮村はどのように変化しているのであろうか。その様子を史料1[6]から確認しておこう。

〔史料1〕

一①近年茶畑抔も荒レ殊ニ下直ニ而捨売之様ニ仕、一向買手も無之生荒ニ仕候場所多分御座候、御序ニ生荒之分
是等も御見分被　成下候ハ、難有仕合ニ奉存候

（この間、三条省略）

一②近年追々世上一同奢強ク、下方ニ而も段々困窮仕、銘々横着計仕り骨惜仕、手間入候畑地等ハ多荒申候、只
他所稼或ハ商内用ニ人気押移り本業御百姓ハ薄ク相成、都而賃銀増長仕、長分・小前迚も勘定悪く御上納物
等上打も多分相掛り

（中略）

（嘉永元年）申六月廿三日　取〆共

上

傍線部①からは、藩専売でもある茶の生産は茶畑が荒れた上、茶の値段が下値となり、買い手も付かず立ち枯れ

てしまっている様子がわかる。その原因は傍線部②に見られるように、不安定な農業経営よりも他所稼ぎや諸商売で高収入を得られたからである。

では次に、史料1に見られる他所稼ぎと農業以外の諸商売＝余業の展開について考察しておく。篠山藩をはじめ丹波国では冬期に伊丹や灘で酒造に携わる杜氏が有名であるが、このほかにも京・大坂にまで奉公に出ている。農民にとっては不安定な農業経営に比べ、高収入を得られたため、冬期の酒造稼ぎにとどまらず、夏期の農繁期まで他所稼ぎを行なうようになっていた。藩としては当初、他所からの金銀が流入することで領内が富むと考えたが、次第に武家奉公人や小作人にまで事欠くようになった結果、様々な規制を行なった。

その規制の内容を順に見ていくと、寛政五年（一七九三）には「百日定法」、文化十年（一八一三）には「御定法」を出し、百日稼ぎの届け出制や夏期稼ぎの禁止などを定めたが実効は薄かった。文政七年（一八二四）からは「奉公人取締」という役職を富農達に担わせ、抜け稼ぎや夏期稼ぎに冥加銀を課すなどしたが、これも効果が無かった。そして、天保十二年（一八四一）からは届け出制をとり、農業に精を出した者のみ百日稼ぎが認められ、夏期稼ぎは全面禁止となった(7)。この天保奉公人仕法とは、農繁期は農業に従事する一方、農閑期である冬期には酒造稼ぎで現金収入を得て領内に戻ってくるという方法であり、本百姓体制を維持しようとする藩にとって他稼ぎのモデルを示したものであった。

実際、大山宮村では明和期から天明期まで三人が伊丹へ百日稼ぎに出ていたが、天保期以降見られなくなり、また天明期まで七〇人以上が他稼ぎのため出村していたが、その後は二〇～三〇人にまで減少している。この状況は天保奉公人仕法がある程度、効力を発揮していたことを示している。

一方、村内の余業について言えば、文政十二年（一八二九）では三石以下の高持層三六戸の内、余業を持つものは二〇戸にも上り、天保十二年（一八四一）の「大山宮村人々余業書上帳」においては、六二戸のうち二三戸が余業を持っていた。[8] 酒造を行なっている園田家以外は持高二石以下の下層農民であり、職種は山がちな村であるため材木屋や杣・木挽など林業に関するものが多い。また、街道筋であるため旅人に菓子や酒を売る者もいた。

以上、本節では大山宮村の構造変化について検討してきた。農村荒廃を示す指標として人口変動が挙げられるが、大山宮村の人口は宝暦十三年（一七六三）の三四七人をピークに減少しはじめ、天保期以降は二七〇〜二八〇人で推移している。天保期以降の人口停滞は、先に述べた他所稼ぎの制限と余業の展開に起因し、村内に下層農民が滞留していることを示している。

しかし、大山宮村で見られた余業は商品作物生産から派生した農村加工業ではなかった。関東農村では余業の導入により荒廃状況から脱したと言われる[9]が、当該地域では商品作物生産が展開していないことから、余業が下層農民の生活維持手段とはなり得なかった。篠山藩と同じく丹波国に位置する綾部藩の他稼ぎについて検討した西村正芳によると、綾部藩における「他稼ぎは、商品作物生産の収入面での低調と、在村労働力を吸収しうる強力な地場産業が、藩領域にも藩近隣にも未発達であった点から広範に展開した[10]」と述べたが、篠山藩の場合、他稼ぎがかなり制限されるようになり、他稼ぎによる収入も余業による収入も見込めなくなることで、下層農民の生活はより一層厳しくなったものと思われる。

第二節　園田家の経営

1　土地の集積

当該期において地主経営が行なわれている園田家では、どのように土地の集積が行なわれたのであろうか。「はじめに」でも述べたが、大山宮村園田家は入村当時三〇石であったにもかかわらず、約五〇年後の寛保二年（一七四二）には一〇四石と三倍にまで持高を増やし、宝暦五年（一七五五）には一三九石にまで順調に持高を増加させている。この増加は二代多助が同族から買い取った土地や、上層農民が役負担に耐えかねて没落していく際、彼らの土地を買い取ったことが主な要因であった。

しかし、近世後期には先の状況とは異なる状況があったと考える。表3は文化九年から安政四年までに園田家が買い取った田地の件数および買い取り代銀を示したものである。これは主に五代庄十左衛門の代であるが、とくに目を引くのが天保期に入ってからの買い取り件数の増加である。当然、これに伴って持高も増加しているわけであるが、これは園田家が積極的に土地集積を行なった結果だとは考えていない。というのも、天保期は相次ぐ飢饉に見舞われ、小前層は所有していた土地を担保に入れ、現金を借り、その金で自らの飯米を買わなければならなかったのである。第一節で見た大山宮村の状況からすれば、小前による園田家からの借金は返済できるものではなく、結果、担保に入れた土地は質流れとなり、園田家が収得したものと思われる。

こうした手法により園田家は土地集積を行ない、天保八年（一八三七）、他村における持高を含めて三四九石になった時点で、藩内随一の大高持に成長していた。また、大山宮村の村高の約七〇％が園田家に集中しており、大山宮村・大山上村・追入村の村高の約三〇％を大山宮村園田家と大山上村園田家で所有することになる。(11)

2　園田家の経営

①地主経営

園田家所有の土地では米作を中心として綿作・大豆作・雑穀の栽培が行なわれていた。園田家所有の全田畑の内、約五五％が田方であり、その内訳は上田二五％・中田二六％と山がちな当該地域においては有利な土地が集積されていたようである。

表3　田地買取・請戻一覧

年次		当主	買取		請戻		B／A（%）
			件数	金額（匁）A	件数	金額（匁）B	
文化9年	1812	七郎左衛門定要	2	4,800	0	0	—
12年	1815	庄十左衛門定和	3	4,750	1	450	9.5
13年	1816		4	5,875	1	735	12.5
14年	1817		1	885	1	265	29.9
文政2年	1819		3	1,340	0	0	—
3年	1820		4	1,390	1	550	39.6
5年	1822		8	7,150	0	0	0
6年	1823		10	7,725	1	260	3.4
7年	1824		3	2,293	0	0	—
8年	1825		3	1,500	0	0	—
9年	1826		7	4,973	0	0	—
10年	1827		3	1,462	1	680	46.5
11年	1828		10	2,924	0	0	—
12年	1829		19	5,027	0	0	—
13年	1830		9	5,543	3	2,410	43.5
天保2年	1831		1	200	0	0	—
3年	1832		3	590	0	0	—
4年	1833		10	4,095	3	3,865	94.4
5年	1834		9	18,835	3	3,200	17
6年	1835		13	10,905	2	5,700	52.3
7年	1836		12	12,430	0	0	—
8年	1837		25	42,830	0	0	—
9年	1838		20	8,851	0	0	—
11年	1840		8	3,767	2	430	11.4
14年	1843		5	6,701	0	0	—
15年	1844		4	38,960	1	5,226	13.4
弘化2年	1845		4	14,100	0	0	—
3年	1846		10	12,518	0	0	—
嘉永元年	1848		3	15,750	1	1,600	10.2
2年	1849		11	22,732	2	2,250	9.9
3年	1850	七郎左衛門定興	6	3,001	1	2,776	92.5
4年	1851		10	5,284	0	0	—
5年	1852		3	1,190	0	0	—
7年	1854	多祐定業	7	20,820	2	7,500	36
安政2年	1855		1	250	2	5,490	2196
4年	1857		9	21,724	4	17,519	80.6

註　「天保六未年改　田地買取記録」より作成。

このような土地から収穫された米は園田家に収納され、酒造に使用されたり、飢饉に備え、蓄蔵されたりしているが、多くは「売米」となっていたようである。文久元年（一八六一）には一七一石を三二貫三七三匁（一石につき一三〇目八分）で売り捌いており、これら余剰米の売却益が園田家の経営の基盤となるものであった。このほか綿作・大豆作の様子は表4に示した。また、雑穀の栽培は決して多いものではなく、天保七年（一八三六）では粟一一石五斗・麦七斗が見られるが、これらの雑穀は自家で消費されたものと思われる。

では次に、表5から園田家における自作と小作の作付け構成について触れておきたい。天保期から安政期にかけて園田家の作畝は飛躍的に拡大しているにもかかわらず、譜代の家来や年季奉公人の数は一五～一七人とほとんど変化はなく、安政七年以降は一六人で固定する。園田家がこのように雇用労働力を確保できた背景には、貸金による強制関係があったと思われる。

表5の「作畝」とは自作部分を指していると考えられ、同家の経営規模は「持高」に表れていると考える。であるから、持高五一三石は当然、同家の労働力だけでは賄いきれず、本節1で見た質流れ地に関しては直小作であったと思われる。園田家の所有地のうち、自作の割合は持高一石あたり一反と換算した場合、文化十二年には年七・一%、天保六年には四・三%、嘉永五年には六・五%、安政七年には九・三%、慶応年間は九・〇%と持高が増加するに伴い自作の割合も増加しているが、小作が大部分を占めていることがわかる。

表4　綿・大豆作付面積の変化

区分 / 年次		綿作			大豆作		
		大山宮村全体	園田家	自作分	大山宮村全体	園田家	自作分
天明 6 年	1786	7 反 18 歩	7 反 8 畝 3 歩	0	7 反 5 畝 27 歩	—	—
寛政 11 年	1799	—	同上	0	—	6 反 6 畝 21 歩	0
慶応元年	1865	—	同上	0	—	7 反 5 畝	0
明治元年	1868	—	同上	0	—	9 反 2 畝	0
明治 2 年	1869	—	同上	0	—	12 反 3 畝	2 反 4 畝

註1　各年の「綿作書上帳」「大豆内見帳」より作成。
註2　各欄の「—」は史料に記載のないことを示す。

表５　園田家の持高・作畝・奉公人の状況

区分＼年次		文化12年 1815	天保6年 1835	天保8年 1837	嘉永5年 1852	安政5年 1858	安政7年 1860	文久2年 1862	元治元年 1864	慶応2年 1866	慶応4年 1868	明治2年 1869	明治4年 1871
当主		庄十左衛門	庄十左衛門	庄十左衛門	多祐	多祐	多祐	多祐	多祐	多祐	多祐	多祐	多祐
持高(石)		253	348	349	517	483	482	482	482	482	482	403	371 ＊
作畝		1町8反	1町5反	1町7反	3町4反	4町2反	4町5反	4町5反	4町3反5畝	4町3反5畝	4町3反5畝	4町3反5畝	3町3反
譜代(人)		5	6	6	6	5	5	5	5	5	5	5	5
奉公人	男(人)	5	8	6	5	8	7	7	7	7	7	7	7
	女(人)	3	4	3	5	4	4	4	4	4	4	4	4
杜氏(人)		1	1	1	1	1	1	1	1	1	1	1	1

註１　＊甥・永之助に持高30石余、作畝１反５畝を分与。
註２　各年の「持高作畝人別帳」より作成。

また、自作・小作の作付け構成について特徴的なことは、綿作・大豆作といった商品作物生産に関してはすべて小作が担っている点である。例えば、表４に見るように天明六年の段階での綿作七反八畝三歩や慶応元年段階の大豆作七反五畝（これは一五人の小作人によって担われている）が挙げられる。明治二年になり、大豆作の自作が二反四畝見受けられるが、この時点でも小作は九反九畝と自作の四倍にも上っている。このことから、作付構成に見る園田家の自作と小作の関係は、主穀生産に関しては一定の手作地を経営しつつも、綿作や大豆作のような商品作物に関しては小作によってのみ賄われるという特徴を持つ。近世後期に米価が高騰していくなかで、綿や大豆より米の方が高値で扱えるようになり、小作は換金率の悪い商品作物を作る結果となった。

②諸経営の状況

つづいて酒造業・絞油業、そして幕末期、同家の金銀出入において大きな比重を占めるようになる利貸について考察を加える。

園田家は享保六年（一七二一）に大山組長安寺村清兵衛から酒造株二〇石を買い受けたことから酒造業を始める。その後、文政九年（一八二六）に酒造高は一三七石となり、園田家が如何に酒造業に重点を置いていたかを知ることができる。

酒造高の変化を示したものが表６である。酒造高は四〇～三一〇石までと決して安定したものではないが、それは当該地域の酒造業が地主経営の副次的な要素、つまり余剰米を酒という商品にして付加価値をつけて販売する経営であったため、その年々の米の収穫高によって酒造高も変動している。

酒造業の経営状況は「棚卸勘定帳」から作成した表7-Ⅰの「酒・酒掛方」の項目が参考になる。これによれば、嘉永四年、安政五～六年の酒の評価額は二五貫目前後でかなり高額となっている。これは、園田家の資産の約四〇～五〇％を占めることになり、同家の経営の重要な柱となっている。また、これら酒の取引は領内および近隣地域が中心であったが、「棚卸勘定帳」の嘉永六年の項には姫路・江戸積としてそれぞれ五〇石、三貫二〇〇匁が記されており、園田家の商業範囲が拡大していたことを示している。

次に絞油業については、園田家は安政五年（一八五八）に同族である大山上村園田又右衛門から絞油株と道具一式を譲り受けたことから始まる。先程の表7-Ⅰから「油方」の項を見れば、万延元年に四貫二〇〇目、翌文久元年には六貫目が記されており、酒造業に比べれば規模は小さいものの順調に増加していることから、園田家においては重要な収入源になっていくことは間違いない。

表6　酒造高の変化

年　次		酒造高(石)
天保6年	1835	310
天保7年	1836	90
嘉永4年	1851	74
嘉永5年	1852	47
嘉永6年	1853	223
嘉永7年	1854	129
安政2年	1855	220
安政4年	1857	195
安政6年	1859	228
万延元年	1860	160
文久元年	1861	40

註　各年の「棚卸勘定帳」より作成。

では続いて、園田家の利貸の状況について考察しておく。表8は幕末期の利貸状況を示したものであり、貸付の相手ごとに大きく、個人貸・領主貸・村貸の三つに区分した。個人貸は総貸金額の五〇～六〇％を占め、園田家利貸の主体であり、小前の生活の窮乏化は借金の需要を増加させた。園田家においては年利一〇％と利率を低く抑え、農村金融的な要素が多分であった。領主貸は全体の約二〇％を占めるが、このほかに江戸上屋敷焼失や異国船御用銀に関する出費が嵩んでいくようになる。これは園田家が様々な特権を付与(12)

表 7－Ⅰ　園田家棚卸し勘定（資産）

（単位：匁）

年　次		酒	酒掛方	有 米	有 銀	油	手 形	計(A)
嘉永 4 年	1851	26,100	5,600	8,255	1,995	0	5,395	47,345
5 年	1852	12,580	5,300	9,353	2,500	0	3,720	33,453
6 年	1853	8,955	4,601	7,511	870	0	8,228	30,165
7 年	1854	15,480	4,800	5,850	681	0	4,850	31,661
安政 2 年	1855	13,200	3,550	2,840	2,900	0	3,273	25,763
3 年	1856	13,906	3,000	8,550	2,520	0	225	28,201
4 年	1857	13,650	2,968	10,500	17,820	0	1,280	46,218
5 年	1858	24,750	5,200	3,355	4,390	0	9,088	46,783
6 年	1859	29,640	4,200	7,535	2,550	0	3,500	47,425
万延元年	1860	17,600	4,000	18,196	11,800	4,200	0	55,796
文久元年	1861	7,200	6,000	7,400	10,800	6,000	0	37,400
合　計		183,061	49,219	89,345	58,826	10,200	39,558	430,209

表 7－Ⅱ　園田家棚卸し勘定（負債）

（単位：匁）

年　次		小作未進	田畑求	臨　時	計(B)
嘉永 4 年	1851	17,492	1,575	3,540	22,607
5 年	1852	11,190	2,235	2,204	15,629
6 年	1853	11,360	1,180	2,993	15,533
7 年	1854	14,655	19,870	7,000	41,525
安政 2 年	1855	13,143	0	2,000	15,143
3 年	1856	11,521	5,295	7,135	23,951
4 年	1857	10,913	5,295	7,135	23,343
5 年	1858	17,032	12,680	3,599	33,311
6 年	1859	18,676	1,350	14,563	34,590
万延元年	1860	16,942	50	14,438	31,430
文久元年	1861	10,000	0	5,176	15,176
合　計		152,925	49,529	69,783	272,237

表 7－Ⅲ　園田家棚卸し勘定（合計）

（単位：匁）

年　次		A	B	小計(C)	銀出入計(D)	総計(C＋D)
嘉永 4 年	1851	47,345	－22,607	24,738	－42,276	－17,538
5 年	1852	33,453	－15,629	17,824	－41,685	－23,861
6 年	1853	30,165	－15,533	14,632	－32,338	－17,706
7 年	1854	31,661	－41,525	－9,864	－59,844	－69,708
安政 2 年	1855	25,763	－15,143	10,620	－54,862	－44,242
3 年	1856	28,201	－23,951	4,250	－51,338	－47,088
4 年	1857	46,218	－23,343	22,875	－18,600	4,275
5 年	1858	46,783	－33,310	13,473	－7,110	6,363
6 年	1859	47,425	－34,590	12,835	10,512	23,347
万延元年	1860	55,796	－31,430	24,366	21,369	45,735
文久元年	1861	37,400	－15,176	22,224	39,018	61,242
合　計		430,210	－272,237	157,973	－237,154	－79,181

註　いずれも「自嘉永四亥春 文久元酉春迄 拾壱ケ年間勘定記」より作成。

表8　園田家の貸金状況

（単位：匁）

年　次		個人貸	入　銀	返済率（%）	領主貸	入　銀	返済率（%）	村　貸	入　銀	返済率（%）
嘉永4年	1851	40,207	49,725	124	19,919	4,000	20.0	13,510	200	1.5
5年	1852	50,195	46,030	91.7	16,019	0	0	15,491	75	0.5
6年	1853	34,181	—	—	19,433	0	0	15,815	0	0
7年	1854	34,146	—	—	18,076	0	0	14,743	1,000	6.8
安政2年	1855	37,786	—	—	15,861	0	0	21,921	1,177	5.4
3年	1856	44,513	—	—	14,833	0	0	15,863	0	0
4年	1857	48,724	27,991	57.4	16,000	0	0	18,276	70	0.4
5年	1858	65,442	—	—	30,530	7,500	24.6	16,169	91	0.6
6年	1859	30,347	—	—	16,043	7,500	46.7	22,389	86	0.4
万延元年	1860	34,759	—	—	27,105	7,500	27.7	22,806	0	0
文久元年	1861	42,923	—	—	13,011	10,740	82.5	24,175	0	0
合　計		463,223	—	—	206,830	37,240	18.0	201,158	2,699	1.3

註1　個人貸の返済額については、不明な年が多い。
註2　「自嘉永四亥春 文久元酉春迄 拾壱ケ年之間勘定記」より作成。

された、藩組織の末端を担っている以上、避けられないものであった。

　表8には毎年の返済金額もあわせて記載したが、史料的制約により個人貸の返済金額は不明な年が多い。領主や村からは一銭も返済されない年もあり、「棚卸勘定帳」一一年間に見られる借金返済率は、領主貸で一八・二%、村貸に至ってはわずか一%であり、村貸などは安政六年以降、貸金額が増加していく。

　当該地域においては園田家ほどの貸金主は存在しないのであるが、園田家の経営は地主経営が行き詰まりを見せる中で、利貸も先に見た返済率ではもはや破綻していたと考えざるを得ない。

③「棚卸勘定帳」の分析

　以上、園田家の諸経営について見てきたが、ここで園田家の資産の状況と経営の全体的な動向を把握するために「棚卸勘定帳」の分析を行なう。「棚卸勘定帳」の分析時期は、園田家が自家の利益を地域社会に還元し、地域社会との関係を深める幕末期を取り上げる。しかし、分析する対象が「棚卸勘定帳」であるため、その性格、つまり毎年の決算時に園田家が有している資産すべてを銀に換算し直して記されていることに注意しなければならない。

まず、園田家の資産を示したのが表7-Ⅰである。「酒・酒掛方・油方」については先に述べたので、ここではそれ以外について検討しておく。「有米」は小作からの現物収納をある程度反映していると考えるが、この項目で目を引くのは安政四年と万延元年の急激な増加である。これは米価の急騰による結果であると考える。この前後の大坂市場では、嘉永期に高騰した米価が安政二～三年に入り、一石七五～七九匁と落ち着いたものの、安政四年に一〇四匁まで急騰する。その後、高騰を続け安政六年には一一六匁であったものが、翌万延元年には一七二匁に上昇する。この動きと園田家の「有米」の評価額が上昇したこととは連動している。

「有銀」と「手形」の項については、相関関係が見て取れる。「有銀」とは決算時に園田家が所有している現銀のことであるが、「有銀」が少ない時には「手形」が増えており、その逆も見ることができる。このことは必要な現銀を手元に残しておき、あとの余剰分は手形にし、必要なときに現銀化していたと考えられる。安政四年や万延元年は先の米価の急騰と関連して、米価が急騰すれば小前は飯米の入手も困難となり、園田家に借金することになる。そのことを考えれば、安政四年・万延元年は手形を現銀に換金しておく必要があり、それぞれ前年より「有銀」が増加している。

次に表7-Ⅱはいわば園田家にとって負債の部分である。「小作未進」は恒常的であり、第一節で見た村落状況からすれば、返済されることは少なかったと思われる。「田畑求」とは田畑の買い取りであるが、これは本節1で見たように園田家が積極的に買い取ったものではなく、質流れとなって園田家に収納された土地が大部分である。であるから、嘉永七年や安政五年のように旱魃であった年には(13)「田畑求」金額が急増している。

以上、資産の合計をA、負債の合計をBとして、それに貸金の状況を反映したと思われる「銀出入」の項目の合計Cを加え、資産状況を示したものが表7-Ⅲである。これによれば、嘉永四年から安政三年までは「金不足」であった。「棚卸勘定帳」には毎年の「金不足」の原因が記されており、マイナスが最大となる嘉永七年には「右之臨時無之且又田地等買取不申候ハヽ、格別喰込ニ而も無之候様何分田地も不得止事（中略）且稀成旱魃ニ付余程六ケ敷年」[14]とあり、災害としての旱魃とそれに伴う小前層からの土地の質入れに関する出費とが、この年の経営を悪化させた。翌安政二年も「酒損・手形損」といった投機的失敗に加え、藩からの御用金の賦課、六代当主七郎左衛門の葬式一切、庄十左衛門・七郎左衛門が開墾した辰巳村の負債すべてを[15]、七代目当主に就いた多祐は処理しなくてはならなかった。そこで多祐は家政改革を断行する。園田家所有の山に植えた「杉不残」と同家所有の田畑・山、そして備蓄米などを売り払うという財産の処分を行なうと同時に、すべての出費を制限する[16]。表5に見られるように嘉永五年の五一七石から安政五年の四八三石に持高が減少するのもこのためである。

結果、園田家の資産がプラスに回復するのは安政四年からであった。その要因はまず米価の高騰による「有米」の評価額の増加、頼母子の満会が挙げられる。ついで安政五年以降は酒造石数の増加に伴う「酒」の評価額の増加と藩から「御軍用講」の返済が始まったことが、園田家の利益の増加につながっている。そして、万延元年・文久元年は安政四年同様米価の高騰による「有米」の評価額増に加えて、「手形」からの換金による「有銀」の増加、藩からの講銀返済、そして「田畑求」の減少などが飛躍的に同家の資産をプラスへと向かわせた。

以上、園田家の経営分析を行なってきたが、当該地域は米単作地帯であるため、米の出来・不出来が園田家の経営を左右する結果となった。小前との関係においては地主小作関係を結び、手形や米を現金化し、飢饉の際に貸付けた。しかし返済率は低く、園田家の経営を圧迫することとなり[17]、多祐は七代当主になるやいなや家政改革を断行しなければならなかった。しかし、このような危機的状況の中で、園田家が没落しなかった背景には、「園田分」[18]のような特権的な地域を同族で所有していたことに加え、当時播州随一の地主と言われた近藤亀蔵家から[19]九五貫目にも上る融通を受けていたことによるものであった。

第三節　園田家と地域社会

1　園田家の具体的な行動

第一節で見たように大山宮村内には多数の下層農民が存在しており、これが一揆の原動力となる可能性があった。こうした状況下で、園田多祐はいつまでも自家の財政再建にかかわっていられなかった。それは、焦げ付いた貸金や小作未進を年賦償還方式にしても下層農民が返済できる可能性は低く、強引に取り立てれば、かえって一揆で打ちこわされる可能性があったからである(20)。

そこで、ある程度、領主権力と対立しても農民の立場を代表し、村落指導者として共同体再編に向けて、地域社会との新たな関わり合いを模索し始める。その結果として、備荒貯蓄や難渋人・難渋村の救済などに見られるように、自家の利益を地域社会に還元していく形で地域社会の課題に対応していこうと意識する。この自家の利益の還元という行動は、経営が思わしくないときにでも見られるものであり(21)、それはどのような契機により意識化され、実際の行動として現れるのであろうか。まず、園田家当主がどのような行動をとったのか、代表的な事例を取り上げ検討していく。

①五代当主庄十左衛門の行動

●植林事業

これは「趣法山」と呼ばれ、園田庄十左衛門が大山組村々の村役人と協議して創設したものである。園田家所有の山、二反三畝一二歩を含む、六カ所約三町におよぶ山々に杉・檜を植え、成長すればその木を売り、組入用に役立てていた。その利益の配当金として毎年二〇〇～三〇〇匁ずつが園田家の利益となっていたが、それも庄十左衛門は大山組の組入用に役立てていた。また、植林した木が育つまでの枝打ちなどの管理は、難渋人の余業として実践されていた(22)。

こうした植林は豪農による地域振興策のひとつであり、山がちな当該地域において材木の国産化を意図したものであった。同様の例は、三河国設楽郡稲橋村の豪農古橋家においても見ることができ、天保九年（一八三八）から杉・檜・椹の植林が行なわれている(23)。

②七代当主多祐の行動

●社倉の設立

園田多祐は中井竹山の『社倉私議』を基として、安政二年（一八五五）から社倉組織を発足させている。この社倉組織の基礎は、多祐自身が約三石、多祐の甥で大山宮村の庄屋園田永之助の庄屋給米三石をそれぞれ出したことに始まり、毎年それを積み立て、村内の者に低利で貸し付けていくというものであった(24)。この安政二年という年は第二節3で見たように園田家の経営の中で最も経営が行き詰まった時期であるが、そのような中でも自家の財産を用い、社倉を設立したことに注目したい。

●池の自普請

当該地域は山間の狭隘な土地が多く、水掛りに関しては重要な課題となっていた。寛政七年（一七九五）六月の大山組内「池書上帳扣(25)」によれば、園田多助・八尾右衛門あわせて二二カ所の自普請池が書き上げられている。また、嘉永年間（一八四八～五三）には大山宮村を含む近隣六カ村にわたり三三カ所の自普請池を所有することになり、その溜池の総水掛かり高は六二〇石にも上り、うち二〇〇石は同家の所有地以外の水田であることから[26]、自家の利益を追求するのみでなく、地域社会との共生を意識した上での行動であったと思われる。

そのことをより明らかにしてくれるのが、史料2・3に見られる万延二年（一八六一）二月から行なわれた「古坂池堤半間置上」である[27]。

〔史料2〕

一万延弐酉年米価高直小前難渋之趣申ニ付、尚又堤半間置上ヶ目論見

乍恐奉願上候口上

一古坂池《宮村古坂ノ坪》　東北三拾三間
　北西八拾四間　深六間
　馬踏拾壱間

水掛り高百三拾三石八升七合　上村・宮村・園田分　組合

（中略）

右者大山上村・宮村両村立会古坂池之義、六拾弐年以前寛政十二申年御普請被成下、拾六年以前弘化三午年堤半間置上ヶ是又御普請被成下、御陰ヲ以水保もよろしく旱魃之患薄難有仕合奉存候、然ル所村方小前之もの昨秋世上一統之不熟ニ而内損多難渋仕候所、百日稼も纔之日限ニ而早春より引取、此節拵方無御座、何分ニも格別米価高直ゆへ老人子供抔家内多之もの者糊口之いたし方無御座候ニ付、畑田成開発ニ而もいたし召使呉候様、組頭共ゟ頼出候得共当時之姿ニ而開発仕候時者只今之水掛り養水不自由ニ相成候ニ付、右池堤半

間置上ヶ仕、弥水保よろしく御座候ハヽ、追々畑田成仕行々増上納仕度此節ゟ右普請ニ取掛り困窮人為取凌申度奉存候、尤前々ゟ御普請所ニ御座候ニ付堤築上ヶ御普請御願奉申上度奉存候得共御時節柄奉恐入候ニ付、全之自普請ニ仕度奉存候、両村共差支無之旨申出候ニ付乍恐場所一応御見分被成下、右之趣御聞届被成下候様奉願上候、格別之御慈悲ヲ以前書之趣御聞届被成下候ハヽ、難有仕合奉存候、以上

万延弐酉年正月廿七日

願主
園田多祐　印

中組御代官所

〔史料3〕

一昨年柄諸作不熟ニ付摂州灘目辺造酒家減石いたし候ニ付、当御領民之内百日拵ニ罷出候もの少く、多分在宿罷在此節夫喰ニ差詰候而大山上村・宮村両村のもの共夫喰ニ困窮仕、何レ共為相働呉候様園田多祐方江頼出候ニ付、同人存付ニ而上村・宮村両村立会字古坂と唱候場所ニ池有之、右池之義者従往古御普請池ニ而水溜り少く候ニ付寛政・弘化之度堤置上ヶ之御普請有之候節、普請仕残之分今度堤裏附并堤三尺之置上ヶ仕、水溜相殖江候得者、其辺ニ有之茶畑田成いたし行々増上納いたし度今度之義格別之時節柄ニ付、聊も上江御組り不申上、全自普請ニ仕、捴而多祐ゟ出銀いたし遣シ、夫喰手宛ニ為致旨願出申候ニ付、一応郷組之もの差遣し見分為致候処、多祐申立之通堤裏附普請仕残之分平等ニ築立、前築三尺之置上ヶいたし候而も素々根敷廣池ニ候得者、構ひニ者不相成旨申立候ニ付何卒急々御聞済被成下、早々為取掛候様仕度、依之積り帳并麁絵図相添此如奉伺候、以上

史料2・3からは百日稼ぎで出村する者が減少し、村内に下層農民が滞留している状況が明らかとなる。小前ら

は「夫喰ニ困窮仕、何レ共為相働呉候様」という文言からわかるように、失業者対策を園田多祐に求めている。そこで多祐は当地の地理的・社会的状況を鑑みると共に、古坂池の水掛かり範囲が自家の所有地内であり、自家の農業経営を安定させることができるという意識のもと、文久三年（一八六三）までの約三年間を費やして「堤半間置上」を自普請する。

「棚卸勘定帳」の文久元年の項には、「銀弐貫目余、格別之年柄ニ付、堤半間置上ケ全此方之自普請致し、難渋人ヲ人足ニ遣イ申」と記載されていることから、小前の願いを聞き届けるかたちで自普請を行なうと共に、難渋人を人足として雇っていたことがわかる。この自普請の結果、藩からは褒美を与えられることになった(28)。

③庄十左衛門・多祐の両方に見られる行動

●難渋村・難渋人対策

先程見た社倉の設置も広義には難渋村・難渋人対策に含まれるが、ここではより直接的な対処として施行などの事例を取り上げる。

〔史料4〕

一米拾五石　　御領分中千石囲米被仰付
　代三貫目
　　内　二貫四百目　　百六拾匁かへニ而難渋人ニ売払
　　　残銀六百目余
酉（文久元年）正月

一米二石六斗　　格別之年柄ニ付、村方へ五升づつ遣ス
　　代五百弐拾目
酉三月廿二日ゟ四月廿日迄
一同　壱石　　同断　粥施行
　　代弐百目

史料4は「棚卸勘定帳」の中から園田家が行なった難渋人への具体的な対処と金額が判明する部分を抄出したものである。

文久元年にはこの他に「古坂池半間堤置上」で難渋人を人足として雇っており、その金額をあわせると約六貫目もの金額が使われている。同年の園田家の経営状況は六一貫目余の黒字となっており、経営が黒字に転じたことで難渋人対策への積極的な出費が可能になったものと思われる。

●難渋村の立て直し

園田家当主の行動には難渋人の救済と共に、難渋村の立て直しの事例も多く見られる。

〔史料5〕(29)

一安政五戊午年二月十三日、園田多祐・樋口庄右衛門両人へ東岡屋村・郡家村難村ニ付御預ヶ村ニ仰付ラル
一文久元辛酉年十二月十六日、黒岡村難村ニ付預リ趣法仰付ラル

史料5からは、郡取締役である園田多祐・樋口庄右衛門が難渋村復興の任にあたっていることがわかる。実際にどのような「趣法」のもと難渋村が立て直されたかは不明であるが、同じような事例として庄十左衛門と七郎左衛

門が開墾した辰巳村では、入百姓による農村復興が図られた。しかし、集まったのは「極難之者計」であったため、結局失敗に終わった（これについては第四章で詳述）。

また、天保十四年（一八四三）には園田庄十左衛門が行なった今田組立杭村の立て直しがある。その際、庄十左衛門が代官所に提出した建白書が岡光夫の『近世農民一揆の展開』(30)に紹介されている。それによれば、毎年、御救米三〇石が下げ渡され、それから生じる銀高を積み立てていく「趣法」であった。

史料5の東岡屋村・郡家村はその後、園田多祐が「格別粉骨趣法相立、極難ニ而未進銀有之候もの共江銀拾三貫目余助情《（勢）》成遣し、村方追々立直り一同農業出精いたし昨年格別違作之年柄ニ而茂銀借不願出」(31)というように立ち直っている事から、園田多祐の「趣法」は一定の成果を収めたものと思われる。

2　豪農の意識のあり方

園田家の具体的行動を見ていく中で、同家が地域社会の課題に対応していく際に、大きく分けて三つの意識が存在していたと筆者は考える。

まず一つは自家の経営の安定を図りつつ、地域社会の課題に対応する意識（A）である。これは園田家でなくとも地主一般が持ち得た意識であり、豪農の基底に存在する意識である。

二つは地域社会における調整機能を果たす主体として存在しており、地域社会側からもそこに内在する課題を解決できると期待されていると意識している場合（B）である。先程の史料2の傍線部には、古坂池の改修に伴い「何分ニも格別米価高直ゆへ老人子供等家内多之もの者糊口之いたし方無御座候ニ付、畑田成開発ニ而もいたし召使呉候様、組頭共ゟ頼出候」として、田畑の開発を園田家に願い出ており、加えて史料3の傍線部においても百日稼ぎに出ないため、村内に下層農民が滞留していることをうけて、「夫喰ニ差詰候而大山上村・宮村両村のもの共夫喰ニ困窮仕、何レ共為相働呉候様園田多祐方江頼出候」として、失業者対策を求め、園田多祐が「出銀いたし遣シ、夫喰手宛ニ為致」していることは、まさに地域社会からの期待に応えている。

三つ目は郡取締役などの政治的中間層として藩機構の末端を担わされているので、私的利益とは必ずしも結びつかないが行動しなければならないと意識している場合（C）である。難渋村の立て直しが行なわれた村々は、大山組内ではない上に、園田家の所有地もない。こうした村々に自家の利益を投資していることから、これは藩の政策の一端を担うために出資したものと思われる。

これら三つの意識は別々に働いていたのではなく、それぞれの意識が組み合わされる形で、地域社会と関わっていたと思われ、実際の行動として現れるのは園田家当主個人の意識の強弱によるものであると考える。

園田家の三つの意識はいずれとも不可分であり、時には相互補完的に、また時には矛盾対立的に存在し、当該期の園田家の政治的行動を規定していた。例えば、池普請では池を修復することで自家の土地が潤うという自家の経営安定と、先の史料2・3で見た地域社会内部の失業者対策で地域社会から期待されているという意識、そして、本来であればこのような普請は藩が行なうべきものであるにもかかわらず、郡取締役として職務を遂行しなければならないという意識、この三つの意識すべてを読みとることができ、それぞれの意識が相互補完的に存在している。

しかし、現実にはこれら三つの意識は矛盾対立することが多かった。それは、史料6の園田庄十左衛門郡取締役退役願いから読み取ることができる。[32]

〔史料6〕

乍恐添書を以奉内願候口上

私兄弟共是迄格別之御憐愍ヲ以厚ク御召仕被下、重々難有仕合亡却不仕候得共、実々無拠次第ニ付別紙書面を以、退役之儀奉願上候手続乍恐左ニ奉申上候

一①私義御憐愍ヲ以御大切之奉蒙御役儀御蔭ヲ以長々無滞相勤難有仕合奉存候、右ニ付而者多分出張仕居本業御百姓者自然疎々敷、諸向手広ニ相成何事も詰（結）構之蒙御取曖候ニ付テ者、衆人見込能相成分限之程精々相心得候得共、都而之義増上仕、其上私共出祓（払）居候ニ付而者大勢之家内いつとなく不取締ニ相成、只今ニ而者日々雑費格別相増シ、②身上不相応之入用と相成、此儘壱両年相過候而者家銘相続も無覚束奉存候ニ付、何卒諸向取調らへ家事取縮仕度奉願上候

（この間、二条省略）

一備中小泉銅鉛山稼方之義、格別厚キ思召を以御添翰御下ケ被下置候ニ付而者、無程名前替茂御聞済ニ可相成、難有仕合ニ奉存候、御蔭を以追々盛山之模様ニ相見へ其上昨冬ゟ諸向取締候ニ付、③最早追々益銀ニ相成候義ニ者候得共、私義当時之体ニ而者利益得候とも、衆人ゟ者身上不相応之見込ニ付、合力・勧化等ニ而茂相応出銀仕候而も当り前之様ニ相成、際限無之事故、心配仕罷在候

（中略）

巳（弘化二年）四月十三日上ル　　大山宮村　園田庄十左衛門

御代官様

傍線部①・②では、郡取締役をこのまま続けることが自家の経営を圧迫すると述べる。ここでは先程指摘したAとCの意識が対立している。また、傍線部③には地域社会側が園田家の小泉銅山(33)での利益をあてにし、合力や勧化などの出銀を際限なく期待するので、自家の経営が危うくなるのではないかと心配している。これは先程指摘したAとBの意識が対立している。

以上、本節では限られた事例からではあるが、豪農の行動と意識について検討してきた。そこでは、第一節で見

た当該地域の疲弊した状況をうけて、園田家は幕末期、「地域社会の支柱」として存在すべく、地域社会や藩のニーズに応えていこうとする。そして、幕末維新期、度重なる一揆において他の地主が打ちこわしに遭う中で、園田家のみが打ちこわしに遭わない(34)ということは、地域社会内で園田家が一定の評価を得ていたことの証左であると考える。

おわりに

以上、丹波国篠山藩大山宮村の園田家を通じて、当該地域の豪農の経営および地域社会との関わりを園田家当主の具体的な行動を交え考察してきた。その結果を簡単にまとめたうえで、明治維新後の園田多祐の行動について若干述べ、むすびにかえたい。

まず、本章の第一の課題である農村構造の分析からは、大山宮村では幕末期に至り、自小作・小作層が増える一方、地主・自作層が激減していることが明らかになった。他所稼ぎの制限から村内に下層農民が滞留するようになるが、村内余業は下層農民を十分に吸収するだけのものではなく、下層農民の再編は難しく、農村の荒廃は進んでいった。そこで、園田家は自家の利益を還元する形で池普請や植林事業を興すことで下層農民を雇用し、農村の荒廃化・難村化に歯止めを掛け、地域社会の再編を図ろうとした。

次に本章の第二の課題として、園田家の諸経営の概略と園田家が地域社会との関係を深めていく幕末期の経営を「棚卸勘定帳」によって明らかにした。園田家の土地集積は、積極的に土地を買い取ったと言うよりはむしろ、飢饉に連動する形で、質流れとして園田家が収得したものであった。諸経営の状況からは、余剰米の売却と酒造業が園田家の経営の中心であった。しかし、園田家の経営が豪農経営へと進展していく中で、園田家は地主小作関係という生産過程に吸着し、また利貸などの商業経営が小前の消費生活にも吸着することになった[35]ことから、小前の生活をより一層困窮させる結果を招き、困窮した小前は小作米の未進や借金の返済滞納などを繰り返し、かえって園田家の豪農経営を危うくするという悪循環を生み出した。

本章の第三の課題である豪農と地域社会の関わり合いについては、第一節の大山宮村の状況分析をうけて、園田家当主には三つの意識が存在しており、その意識のもと、地域社会に内在する課題に対し、自家の利益を還元するという形で対応していった。このような行動は、園田家の経営が安定していく安政末年から文久期にかけて多く見られるようになるが、財政再建中であっても出銀していることに注目しておきたい。

こうした点を見ると、園田家は渡辺尚志の豪農類型からいえば、「在村型豪農Ⅰ」つまり、自己の経営拡大のためには村落共同体の安定が必要と考え、他利のなかで自利を追求する豪農に類型[36]されるであろうが、園田家の意識は複雑に組み合わされており、類型化することはしなかった。

また、史料2・3に記された園田家当主の姿からは名望家的要素[37]が見て取れる。実際、園田多祐は明治十六年（一八八三）に完成をみる多紀・氷上郡境鐘ケ坂隧道の開削をはじめ、明治三十年代には阪鶴鉄道への出資、大山小学校への寄付、篠山川への架橋など、名望家として地域社会と深い関わり合いをもち、明治十二年と同十八年には県会議員になっている。

このように、明治に入り顕著に表れる名望家的要素の淵源を明らかにするため、近世後期から幕末期における豪農園田家の政治的行動や地域社会・領主権力との関係についての具体的考察は、本章での経済的側面の検討結果をふまえて、第一部各章において多角的に分析することにする。

註

（1）大山宮村は村高二七七石余の田方の村である。なお、篠山藩は丹波国多紀郡一〇四カ村のほか、丹波国桑田郡・摂津国武庫郡などあわせて六万石を有していた。
（2）岡光夫「商品流通と村落規制」（『日本史研究』四三号、一九五九年）、山崎隆三「近世後期における後進的山村の経済構造」（『経済学雑誌』四二巻四・五号、一九六〇年）
（3）「幕末維新期における農民と村落共同体」、「幕末維新期村落論への視角―佐々木潤之介氏の世直し状況論をめぐって―」、「幕末維新期における村と地域」（『近世村落の特質と展開』校倉書房、一九九八年。初出は順に一九八九年・九二年・九四年）
（4）篠山藩福井組を検討した山崎隆三は、「五―一五石の中農層は四四％と安定的な比重を保っている。これらの点からここにはいまだ分解は展開していないといってよいだろう」（前掲註2　山崎論文）と述べており、大山宮村とはかなり異なった状況である。
（5）表2については、耕作面積と持高の関係を一反あたり一石と換算した基準線を設け、この基準線上もしくは上回るものを「地主」、逆に下回るものを「小作」とした。また、「地主」の中でも基準線を大きく上回るものを「A地主」、標準的な経営を「B自作」とし、「小作」についても持高の有無によって、「C自小作」、「D小作」に分類した。
（6）弘化二年・嘉永元年「日記」（関西大学文学部所蔵園田家文書一六三―一。以下、関大園田と略記）
（7）篠山藩の酒造百日稼ぎについては、嵐瑞澂「篠山藩の酒造稼に対する統制」（『兵庫史学』三一号、一九六二年）を参照。
（8）『丹南町史　上巻』（一九九四年）表4-16
（9）関東農村の荒廃化に関する研究史整理は、長谷川伸三『近世農村構造の史的分析』（柏書房、一九八一年）を参照。
（10）「近世後期丹波国の一小藩における地域経済の展開―綾部藩領を中心に―」（『ヒストリア』一五三号、一九九六年）
（11）このほかに、園田家が所有していた大山宮村一三五石・大山上村七〇石・石住村五七石は、「園田分」という形で免状が発給されるようになった。「園田分」の貢租率は大山宮村・大山上村・石住村の貢租率とは異なっており、文政元年（一八一八）の場合を例にとってみると、大山宮村が「五ツ七分五厘」、大山上村が「六ツ壱分」、石住村が「五ツ四分壱厘」であるのに対し、宮村園田分は「四ツ九分五厘」、上村園田分は「六ツ壱分」、石住村園田分は「四ツ」であった。このように「園田分」の貢租率が低い分、その余剰が園田家の利益となっていたと考えられる。

(12) 園田家歴代当主が領主権力から付与された特権については、「三世園田多祐定経　四世園田弥尾右衛門定肥　五世園田七郎左衛門定要　六世園田荘（庄）十左衛門定和　由緒書」（筆者所蔵文書）に詳しい。たとえば、二代多助は享保十八年（一七三三）に藩御用達を命じられ、中小姓格三人扶持を与えられたことに始まり、その後、寛延四年（一七五一）・宝暦十年（一七六〇）にはそれぞれ苗字・帯刀が許され、宝暦十二年には大山組の大庄屋役を仰せ付けられている。

(13) 前掲註8七七九頁

(14) 「自嘉永四亥春　文久元酉春迄　拾壱ケ年間勘定記」（関大園田一九―六）

(15) 嘉永四年正月「日記」（関大園田一六三―六）によれば、園田庄十左衛門と七郎左衛門が荒れ地を開墾した辰巳村であったが、田畑の開発のみならず川・溝・道の普請までおこなったため、合計五〇貫余りを出銀することになった。詳しくは、第四章参照。

(16) 三河国稲橋村の豪農古橋家においても文政十一年（一八二八）頃から家政改革に取りかかっている。古橋家の経営再建仕法は家計支出を極力抑え、商業・醸造業においても堅実経営を徹底するなど、経営を縮小しても、絶対赤字を出さないというものであった（乾宏巳『豪農経営の史的展開』雄山閣、一九八四年、一四三～一五九頁）。

(17) 篠山藩の明治二年（一八六九）の一揆に関連して、古市村の豪農K家を分析した安達五男によれば、このK家の売上商品の代金回収率は完全払・一部払をあわせても三〇%であり、農民が借金を返せない状況があったと指摘している（「丹波篠山地方における寄生地主に関する一考察（下）―明治二年の農民闘争の前提条件として―」『兵庫史学』一二号、一九五七年）。

(18) 前掲註11

(19) 近藤家は播磨国加東郡太郎太夫村に居住し、農業だけでなく金融業・廻漕業にも進出し、五代亀蔵の時に最盛期を迎えている。その時の経営面積は一二〇町余、収納米が九七〇石に達していた（作道洋太郎『阪神地域経済史の研究』御茶の水書房、一九九八年、二七〇頁）。

(20) 園田家は明和八年（一七七一）の全藩一揆で打ちこわしに遭う。この一揆は中農層が中心となり、貢租の減免を要求したもので、大庄屋のうち三軒（八上村六兵衛・向井村兵左衛門・大山村多助）を打ちこわしている。大庄屋を打ちこわした理由について、一揆の首謀者である多紀郡波賀野組矢代村肝煎弥助は、大庄屋が小前層の願いの筋を取り次いでくれなかったことを挙げている。なお、この一揆に関する史料は、岡光夫が「明和八年篠山藩強訴諸史料」（『同志社大学経済学論叢』一六巻三号、一九六八年）として紹介している。

(21) 自家の経営が思わしくない嘉永期でも、「難村講」に毎年五〇〇匁ずつ出資している。

(22) 明治十七年七月「丹波国多紀郡大山宮村誌」（篠山市立中央図書館所蔵）。宮川満編『大山村史　本文編』（大山財産区、一九六四年）三二三～三二四頁、五一五～五一六頁。この「趣法山」が現在の大山財産区の基礎となっている。

(23) 乾宏巳「幕末期における豪農経営と荒村復興―三河国設楽郡稲橋村古橋家の場合―」、所理喜夫「愛知県北設楽郡稲武町稲橋区の共有林制度―三州稲橋村と豪農古橋暉皃の関連において―」（芳賀登編『豪農古橋家の研究』雄山閣、一九七九年）。

(24) 前掲註22「丹波国多紀郡大山宮村誌」。なお、本文中に取り上げた多祐の経歴については、昭和十年（一九三五）に土田卯之助が著した『抱甕園田多祐翁之伝』（未刊）に拠るところが大きい。

(25) 関大園田九二―六

(26) 『丹波国大山荘現況調査報告書Ⅳ』（西紀・丹南町教育委員会、一九八八年）一一一～一一三頁

(27) 万延二年「（郡用日記）」（関大園田三二―一六）

(28) 万延二年「大山上村　同宮村　園田分　立会　古坂池堤置上ケ自普請所内見積帳」（関大園田六―一五九）には園田多祐が奇特の者であるとして、藩から紋付裃が下され、加えて多祐の存命中、毎年、三斗五升の米を下賜することが記されている。

(29) 『抱甕園田多祐翁之伝』

(30) ミネルヴァ書房、一九七〇年

(31) 筆者所蔵文書

(32) 天保五年五月「大切之日記」（関大園田一五七—一〇六）

(33) 園田庄十左衛門は天保十五年（一八四四）、備中国川上郡の小泉銅山を住友家から買い取り、経営を始めた。園田家の銅山経営については、小葉田淳「備中、小泉銅鉛山史」（『日本銅鉱業史の研究』思文閣出版、一九九三年）に詳しい。

(34) 具体的な事例として、明治二年（一八六九）の一揆の様子を記した「多紀郡三度之強訴　惑乱一件」（篠山市所蔵）を挙げておく。

明治弐巳年

一十一月廿八日夜立杭村ゟ人気立、同夜波多野萬次方乱妨、其ゟ古市駅ニて小林常三郎、松木次右衛門乱妨、廿九日朝八代村酒井常祐、仲兵衛、四ツ時下村長沢平八、九ツ時中道伊兵衛乱妨、園田多祐宅へ来ル、何卒当年不熟御救之歎願いたし呉候様申、少しも乱妨いたし不申、相互ニ乱妨ヲ制ス、多祐直様出張篠山御役所行、人数後ゟ追々来ル、依而中組者乱妨なし

一廿九日夜、篠山上野儀八郎、河合七兵衛、斉藤茂一郎宅大乱妨、言語絶ス

但し河合者町惣代、外両家者払米役故也

一波部六兵衛大乱妨

酒井常祐や波部六兵衛は園田多祐同様、郡取締役に就いていた。

(35) 佐々木潤之介は『幕末社会論』（塙書房、一九六九年）二八七～二八八頁において、天保中期には豪農的発展が一定の限界をむかえ、豪農経営が転換していく中で、「〈豪農〉たることの本質を変えることなく、彼にとって可能なことは、小生産者への吸着の形式を変え、吸着度を強めること以外にはなかった」と述べている。園田家も確かに佐々木が指摘したような経営転換を図るが、荒廃農村においては結局、豪農自身の経営を悪化させることとなった。

(36) 前掲註3「幕末・維新期における農民と村落共同体」

（37）久留島浩「一九世紀半ばにはこうした『名望家』による地域行政が始まっていく」（「百姓と村の変質」『岩波講座日本通史　一五』岩波書店、一九九五年）と述べたが、園田家の場合も地域行政を担っていたと言えよう。

第二章　篠山藩における国益策の展開

――豪農の献策を中心に――

はじめに

　近世中後期、諸藩で見られる国益策の展開は国産物の自給自足を前提とした藩経済の自立化を目指し、藩政改革における殖産興業策や専売制などの経済政策として実現化していく[1]。本章では譜代中規模藩の藩政改革に位置付けられた国益策の展開を、家臣以外から具申された改革構想がどのような扱いを受け、どのように現実の政策として反映されたのかを献策者である豪農を通じて見ていくことにする。そのことで、地域社会に精通した豪農による「下から」築き上げられていく国益策の実態を明らかにできると考える。

　具体的には丹波国に所領を持つ諸藩、なかでも篠山藩を取り上げる。同藩は五万石（のち六万石）を有し、藩主青山家は歴代藩主が老中や寺社奉行を務めるなど幕閣の中枢を占めていた。同藩では立杭焼と茶について専売制が実施されていたが[2]、専売制を含めた国益策の全体像は明らかでない。

　この点に関し、本章では文政期から幕末期にかけて見られる、国益策の一つとして展開する専売制について再検討を行ない、その基調となる豪農の献策やそれに基づく具体的行動を見ていくことにする。とくに大山宮村の園田家を取り上げるが、同家は旧来の上層農民が没落していく過程で手放した土地を買い取ると共に、質入れ地を収得していくことで土地集積を重ね、利貸や酒造業の利益を背景に豪農的発展を遂げたことを、第一章において明らかにした。園田家のような豪農による国益策献策を藩はもちろんのこと、地域社会との関わりを含め検討していくことで、谷山正道の指摘にあるように、今まで解明されてこなかった「民益の保全を前提にした『国益』論の展開をあとづけ」、「『国益』をめぐる藩権力と領民との相互関係[3]」について明らかにできると考える。

献策者・推進者	備　　考
平野政右衛門（篠山商人）	
森五右衛門（在郷商人）	
—	化政期、松平熙房・奥平広胖による藩財政改革
—	
—	
—	天保9年、藩主朽木綱張が原井惣右衛門・市川儀右衛門を登用し、藩政改革を推進 万延元年、市川騒動により専売中止
市川儀右衛門（郡奉行·用人）	
—	
—	
—	幕末期、儒者小島省斎が藩政改革上申
九鬼隆都（藩主）	藩主九鬼隆都による藩政改革 天保11年、佐藤信淵の招聘 安政4年、木綿会所廃止・専売中止
—	
十倉十右衛門（代官）	

第一節　丹波国諸藩における藩政改革

近世中後期、全国諸藩では年貢徴収量が頭打ちとなるが、その傾向は丹波国諸藩においても同様であった。綾部藩では明和初年から年貢の減少が著しく、文化二年（一八〇五）には綾部城下の大火とそれによる囲米の焼失、藩主の駿府加番・伝奏馳走役への就任、江戸上屋敷の焼失などにより藩財政は窮乏していった[4]。

篠山藩では藩主青山忠裕が享和四年（文化元年、一八〇四）一月、老中に就任するが、その前後から財政危機にあったようで、同年二月には「殿様　御老中被為蒙仰恐悦至極奉存候、然ル処近年　御勝手向　御手支ニ付、無御拠石高ニ三匁宛御高掛御頼銀被　仰付奉畏候[5]」とし

表1　丹波国諸藩にみられる専売制

藩名	石高	年次		内容
篠山藩	6万石	文政元年	1818	立杭焼専売
		文政 7年	1824	茶専売
亀山藩	5万石	天保期	1830～	綿会所の設置／綿専売
		嘉永期	1848～	煙草の領外移出禁止
				朝鮮人参の栽培
福知山藩	3.2万石	文政10年	1827	桐実の専売
		嘉永 5年	1852	領内産物全般にわたる専売制を実施
		安政 5年	1858	惣会所完成・諸商業正直取締会所設置
園部藩	2.6万石	文化10年	1813	煙草の専売
		安政 7年	1860	産物会所の設置
柏原藩	2万石	—	—	塩会所・炭会所・漆会所・機織会所の設置
綾部藩	1.9万石	弘化 4年	1847	産物木綿会所の設置／木綿・糸・茶の専売
		安政 2年	1855	繭・生糸専売
		明治 2年	1869	国産会所の設置（生糸・木綿・茶の統制）
旗本谷氏（山家藩分家）	1500石	元禄期	1688～	黒谷和紙の生産（資金援助・技術改良などの保護政策）

註　各市町村史、吉永昭『近世の専売制度』などより作成。

て、村々に対し村高一石につき銀三匁の「御高掛御頼銀」差出を命じている。年貢量については一七〇〇～一〇年の間で最も多く、三万五四〇〇石であったが、その後は減少し、十九世紀に入ってもこの水準を超えることはなかった。一人当たりの年貢高を見ても一七一一～一五年の〇・九三石を最高に、それ以後は明治初年の〇・六六石まで落ちこんでいく(6)。

　こうした状況を克服するため諸藩では藩政改革が進められるが、それは財政改革を基本に、国産の奨励と専売化が積極的に進められた。表1には丹波国諸藩に見られる藩政改革と専売制の展開を示したが、時期的には十九世紀初頭から半ばにかけて行なわれ、藩政改革と専売制との緊密な関係が見て取れる。

　国産の奨励にあたっては藩外からの技術導入を、専売化にあたっては藩外への商品販売をそれぞれ基本にしていたため、国産品の専売化やそれらを統制するための会所の設置は十八世紀末から十九世紀初めにかけて各地で急増していくが、綾部・福知山・園部各藩の会所設置は十九世紀半ばにかけてである。

専売制の実施は近世前中期には大藩が主であるのに対し、十八世紀後半に入ると小藩でも採用され、西日本の諸藩で顕著に見られるようになる。(7)丹波国諸藩の専売制実施時期は十九世紀初頭から半ばにかけてであるが、なかには山家藩分家旗本谷氏のように元禄期から専売制を実施しているところもある。これは領地が山がちで耕地が少ないという地理的条件に加え、年貢の代替として黒谷和紙の生産が行なわれていたことによるものであり、それには資金援助や技術改良など生産段階から領主の関与が認められる。(8)

一方、殖産興業策では嘉永期に始まる亀山藩の朝鮮人参栽培が挙げられる。亀山藩では人参栽培で有名であった松江藩に技術者の派遣を要請するが、松江藩は当初、その要請を断っている。松江藩にとって国産品である人参が領外で生産されることは、全国市場における自藩の地位を下げることに繋がり、当然の処置であった。その後、松江藩から別の技術者を紹介され、亀山藩において技術開発の結果、「丹波人参・亀山人参」と呼ばれるほどの名品を得るが、得失を償うことが出来ないという理由で人参生産を中止している。(9)

こうして見てくると丹波国諸藩の専売制・殖産興業策実施の時期は、全国的傾向に比べ約半世紀遅く、十八世紀半ばから縮緬生産に関して専売制を実施した隣国丹後国諸藩とでは一世紀近い差があり、丹波国諸藩の動きが後発であることは否めない。その要因として丹波国の地理的条件に加えて、商品作物生産の低調さや領内産業の未発達さがある。(10)表1はそのことを如実に物語っており、専売品の多くが木綿や煙草などの農産加工品か陶磁器のようなプロト工業製品であった。こうした状況は柏原・綾部・亀山各藩に見られる木綿や、亀山・園部両藩の煙草のように隣接する藩どうしで競合する商品を生産する結果を招いた。(11)また、たとえ隣接地域で専売品が競合せずとも、全国市場においては他藩と競合することは必至であった。領外市場において専売制実施の当該藩が独占力を発揮できたかは疑問であり、諸藩では藩内の生産力を高め、藩内外の商品流通を盛んにする一方、生産技術の向上や市場で競合しない特産品の開発が求められた。

表2　篠山藩における国益策の展開

	年次		内容	献策者
①	文化 12 年	1815	魚商に株札を与えて統制	—
②	文政元年	1818	黒大豆国産計画言上	園田庄十左衛門
③			立杭焼の藩営専売実施	平野政右衛門
④			王地山陶器所の設置	藩主　青山忠裕
⑤	文政 5 年	1822	塩の流通統制	油屋太右衛門
⑥			国益策ならびに国産言上	園田庄十左衛門
⑦	文政 6 年	1823	柿国産が具体化	園田庄十左衛門
⑧	文政 7 年	1824	茶の専売実施	森五右衛門
⑨	文政 10 年	1827	縮緬国産が具体化	園田庄十左衛門
⑩	文政 12 年	1829	荒地開発	畑三左衛門
⑪	天保 2 年	1831	王地山焼再開	—
⑫	嘉永 3 年	1850	陶器石に運上銀を賦課	園田七郎左衛門
⑬	嘉永 4 年	1851	陶器石土移出禁止	園田七郎左衛門

註　園田家文書、『兵庫県史』、『新編 物語藩史 第8巻』などより作成。

こうした諸藩における改革の背景には、藩経済の自立化を標榜した国益思想が存在するが、その思想が具体的にはどのような経済政策（国益策）として展開していくのか、篠山藩を例にとって次節以降、詳しく見ていくことにする。

第二節　篠山藩における国益策

篠山藩の国益策については、表1に代表的なものとして立杭焼藩営専売と茶の専売を取り上げたが、実際に試みられた国益策は表2に示したように多岐にわたる。例えば、文化十二年（一八一五）の魚の流通統制とは、安永年間（一七七二〜八〇）に領内では魚屋仲間が形成されていたが、問屋が高額の口銭をとるので藩は仲間の解散を命じたところ魚商が急増したため、株一一八人を決め、売り上げの一％を冥加金として取ることにした。他領から入り込む商人には二・五％の冥加金を取ったことから、この統制は領内商人の保護という性格も持ち合わせていた。また、塩の統制も同様に冥加金を取っていたようで、いずれも藩外製品に冥加金をかけて、抜け売りを極力抑えるというものであった(12)。

それに対して文政期に入ると篠山藩では諸品の流通統制のみでなく、新たな財源確保のため、より積極的な方策を模索する。藩では家臣以外の階層、つまり領民に広く国益策の献策を求めたのである。藩からの献策要請に応じ、商人・豪農を中心にいくつかの献策がなされたが、次に挙げる史料1は文政五年（一八二二）九月、代官所に出された大山宮村の豪農園田庄十左衛門の国益策である。(13)

〔史料1〕

乍恐口上

先達而私共被召出　御国産且者　御国益ニ茂相成候儀有之候ハヽ、愚意可奉申上段蒙　仰難有奉存候、別段思ひ付茂無御座候得共兼而心付罷在候愚意乍恐左ニ奉言上候

一野山ニ而柿木を掘出し、荒所或者川筋等を見計ひ壱村毎ニ柿木百本又ハ弐、三百本程宛植置、両三年之内ニ随分宜敷渋柿并御所柿を選、継木ニ仕候ハヽ、三、五年之内ニ柿追々出来可仕、此渋柿ハつるし柿ニ被遊江戸表江御廻し被遊、御所柿者京・大坂江御出し被遊候ハヽ、行々者急度　御国産□□(ニ相)成可申哉奉存候、此儀追々成木仕候ハヽ、一村毎ニ銀子五百目位之売代者可有御座奉存候、然ル時者　御領分先百貫目之　御国産御国益与奉存候、乍併此儀者誠ニ荒積り御座候間、自然被　仰付候儀ニ御座候ハヽ、篤与凡積り仕可奉申上候

一大山北野村・下村辺ニ焼物土宜敷品有之候様兼而承り居申候、此儀　御領分ニ有之候立杭村焼物と者様子を違へ、譬者京都粟田焼・清水焼抔と申様之品上品ニ出来上り候ハヽ、是又行々者御国産ニ相成可申哉奉存候、乍併此焼物取立之儀者是迄聊之試も仕り不申儀故、掛りニ銀子多く費へ可申哉ニ奉存候ニ付、是者中々下方ニ而相掛り候儀者相成申間敷哉奉存候ニ付、最初ヨリ　御上様ヨリ被　仰付有之候様仕度候、然ル時者万々一首尾能相調候節も都而行儀茂宜敷急度　御国産与奉存候

一御領分之内大山組味間辺其外ニも近来追々蚕仕り只今ニ而者餘程出来立、凡繭弐千貫目位茂可有御座、此繭

を濱糸ニ為引当所ニ而縮緬織立候得者蚕茂此上追々弘り、又者御他領ヨリも繭入込候様相成可申左候得者、縮緬餘程出来可申哉ニ奉存候、追々縮緬出来候ハヽ、行々御国産ニ茂可相成哉ニ奉存候、縮緬之儀誠ニ不案内之事ニ御座候間、自然被　仰付候儀も御座候得者篤与為聞合仕り可奉申上候

一春先播州瀧野ニ而汲取候鮎を五、七度買取、大山下村瀧之上ミ江放し置、落鮎前迄大川筋暫殺生留川ニ被遊、落鮎前ヨリ小瀧之近所を見立簗を建、落鮎を取并鰻・雑魚等御取被成、鮎者塩漬ニ□(被)遊江戸表へ御廻し被遊候ハヽ、行々者一廉之　御国産ニ茂可相成哉、又鰻・雑魚等者京・大坂江相廻し御払ニ相成候ハヽ、御国益之端ニ茂相成可申哉奉存候、右御取扱之儀大川筋ニ簗を相建候段　御聞済ニ相成候迚、余程諸入用茂相掛り候儀故身元丈夫成者へ得与被　仰含取掛り相成候様、不被仰付候は而者長久之程無覚束奉存候

右追々箇條之儀奉申上候茂奉恐入候得共此度厚キ奉蒙御達候ニ付、愚意之許々奉申上候、以上

大山宮村
園田庄十左衛門

(文政五年)
午九月

中組御支配様

史料1に見られる四つの献策を要約しておくと、一条目には柿木を荒所や川筋に植え、果実を三都へ移出することで一〇〇貫目の利益があると述べ、二条目には大山組内で採掘した陶土を用いた陶磁器生産を、三条目には組内において養蚕が盛んであることをうけて縮緬生産を、四条目には鮎・鰻・雑魚の養殖とその塩漬けの販売を、それぞれ具申している。これらの諸策は、土地柄に応じた国産品の創出と江戸をはじめとする三都への移出を促進し、国益のみならず地域社会における「百姓成立」や民益の保護・増進を意図しており、篠山藩国益策の基調となっている。

そして、史料1と表2とをあわせて見てみると、この具申はある程度の実効性を持っていたことがわかる。一条目の柿木植樹は翌文政六年（一八二三）に、三条目の縮緬織は文政十年（一八二七）に具体化している。このことから、藩の献策要請は形骸的なものではなく、それを聞き入れ実現化される可能性を有しており、この後、献策のみならず国益策の実現に向けて豪農の果たす役割が大きくなっていく。

また、史料1と表2から判明する篠山藩国益策の特徴は、ほとんどが農産加工品か陶磁器のようなプロト工業製品の生産・販売であるものの、いずれの策とも中央市場としての大坂のみならず、江戸・京都にも広く市場を求めている点にある。大坂以外に市場を求める意識は、文政元年（一八一八）に園田庄十左衛門が黒大豆国産化についてて述べた「乍恐奉内願口上覚」(14)のなかにも明らかで、「売払之儀江戸表枢機も無御座候得者御立入御用達江万事申談、世話仕呉候様被為仰付被下度右内願之通被仰付被為下候ハヽ、当秋彼地へ罷越、諸向掛合五、七軒送り口仕、其手先三、四十軒も笹山黒と申かんはん出し、為心見弥引合候ハヽ、当冬少々成とも出し見可申奉存候」として、江戸での販売方法について詳しく指示している。

こうした売買する商品に応じて有利な市場を求める意識は園田庄十左衛門のみならず、当該期の農民一般が商品経済の発達のもと、経験的に会得したものであった。その一例として、茶の販売がある。篠山藩では表2-⑧にあるように茶の専売制を実施するが、茶の販売を任されていた大坂問屋は上茶主義であったため、下茶は上茶との価格差がいままでの一匁から一〇匁になるなど篠山茶が買い叩かれ、在郷商人も排除されることとなった。そこで在郷商人や村々は、天保期になると摂津方面への抜け売りを行なったり、安政期には茶の販売先を京都の市場に求めるようになる(15)。この事例からは大坂問屋の支配に対抗し、自ら販売に有利な方法・市場を模索する生産者の意識と行動が垣間見られる。

さらに、先程の黒大豆国産化「口上覚」には次の点が記されている。まず第一に国産黒大豆に「笹山黒」という名称を付け、篠山藩独自のブランドを創出し、他者との差別化を図ることで市場競争力を高め、江戸での販売を優位に進めようとしている点である。第二には「行々長先（崎）へ差出し御公儀様に御買上ケ奉願、行々少々ツ、唐物卜御引替出来申間敷哉」と述べ、国産黒大豆「笹山黒」を江戸のみならず長崎での貿易に用いるべきだとも進言しており、国産黒大豆の領外移出を通して、園田庄十左衛門のなかに「国産・国益」という概念の広がりを見ることが出来る。

以上の事柄から篠山藩における国益策の展開は、藩外からの流入品に対する統制・冥加金の賦課に始まり、園田庄十左衛門の献策を入れ、新たな国産品の創出や三都を中心とした藩外移出を行なったという点に特徴がある。

さらに、国益策の展開はこうした殖産興業策にとどまらず、同時に企図された土地政策（荒地の開墾）がある[16]。表2-⑩の畑三左衛門は園田庄十左衛門とは異なり、土地の開墾が国益になると具申している。園田が述べた柿国産・黒大豆国産・縮緬織（桑の栽培）の諸策はいずれも土地の開墾と不可分であり、そうした意味で文政期に見られる殖産興業策の前提として具申された荒地開墾は同時に農村復興を促し、本百姓体制の維持を視野に入れたという点で畑の考えは興味深いものがある。こうした国益思想は豪農のみならず、広く領民に共有されるようになり、地域社会の実状を把握していた人物が語る国益策こそが実効性のある国益策であったと言える。

第三節　国益策の具体的展開

本節では園田庄十左衛門の四つ献策（史料1）をふまえ、国益策として具体的展開が判明する柿の国産専売・縮緬生産・陶磁器生産について、各項において考察していく。

1　柿の国産専売

史料1で見た園田庄十左衛門の献策のうち、柿の国産専売は文政六年（一八二三）、一五カ条からなる「奉伺上口上書」[17]を代官所に提出したことで早くも動き出す。この「口上書」には柿木の栽培方法から収穫、販売に至るまで事細かに記されており、例えば、一条目には植付け場所として「御領分之内村々荒所并川筋・池堤・畑ふち・山裾抔場所を見立、差支ニ不相成候処ニ植申度」とあるように、荒地のほか川筋・池堤・山裾を挙げ田畑の害とならないようにし、九条目には肥料のやり方として「壱両年之処者油粕又者焼酎粕抔置候得者早々成木仕候、下ごへも付候迄両三度かけ申度奉存候」と述べ、金肥を施すことや、栽培方法を詳しく記している。

また、六条目では「御領分之儀広キ事故迚も一両年ニ者不残植候様成儀者出来申間敷奉存候、五ケ年之間壱ケ年ニ壱万本宛植申度、五ケ年ニ都合五万本計植申度」と述べ、柿木約五万本の植樹・栽培を計画、実った渋柿は干し柿にして江戸へ、御所柿は近隣の京都・大坂で売り、一村につき五〇〇目、領内全体で一〇〇貫目の売り上げ見込みを示している。

加えて、四条目には「只今柿苗代下方ニ而為払候而者難渋之者植申度奉存候迚得《ママ》植不申候ゆへ、御時節柄奉恐入候得共何卒柿苗代銀子半方御下ケ被為成下候得者、皆々屈服仕一統之励ミ相成早々成木仕候様奉存候、右御下ケ銀も不相成儀ニ御座候得者、私共へ御米拝借ニ而も被為　仰付被下候ハ、難有仕合ニ奉存候」として難渋人でも柿苗が買えるように藩から資金の半分を給付すること、一四条目には販売について「往々柿積り通り出来　御国益ニ相成候時節来候共、御運上等之儀者御免し被下度奉願置候、柿御買上ケニ被為遊候而江戸表へ御廻し、御国産ニ相成候様御含置被為下度奉願置候」と述べ、冥加金をかけるのではなく、藩がすべての柿を買い取って販売することが記されている。この計画では資金の給付によって農民を囲い込むと同時に、流通を藩が一手に掌握し、抜け売りを防止する流通統制策の側面も持ち合わせていた。

この後、園田庄十左衛門は出入りの植木屋から紹介された摂津国川辺郡東野村治郎兵衛という植木屋に柿の栽培について相談している。治郎兵衛は丹波と摂津では寒暖の差が大きいため、摂津で育てた苗を丹波に持ち帰っても「柿木いぢけ生立遅御座候」[18]と心配するとともに、園田庄十左衛門が買い求めようとした美濃柿の継苗は数がなく、出回ったとしても高値であるが、高値であることを厭わずに柿苗を買うように助言している。[19]園田庄十左衛門はそれをうけて、東野村に出かけ治郎兵衛と再度掛け合う。治郎兵衛は自分のところで柿を育てることを申し出るが、園田庄十左衛門はそれを断り、篠山で栽培することを主張し、苗を一〇〇本につき四二匁で仕入れることにした。しかし、すぐに調えられた柿苗は一年間の植樹計画数の約半数にあたる五〇〇〇〜七〇〇〇本であり、その代銀も計画より高価となる[20]ことから最終的に資金繰りの目途が立たず、この計画は頓挫することになる。

2　縮緬生産

縮緬の生産は近世中期には丹後国諸藩で行なわれており、宮津藩では明和期に京都での売り捌きを目的とした京都御用場・京都縮緬取扱所の設置が検討された。文政三年（一八二〇）には大野大会所が設置され、宮津・峰山・久美浜三領合同による縮緬の統制と生産調整が図られた。[21]

篠山藩では藩主青山忠裕から領内に桑苗が下げ渡されたことを契機に、桑の栽培、生糸・縮緬生産が試みられた。園田庄十左衛門は丹後から職人を連れてくると同時に、信州小県郡上塩尻村塚田与右衛門が宝暦七年（一七五七）に著した『養蚕秘書』を写し取り、養蚕技術の導入と技術の向上に力を注いだ。大山上村の林七と共に試行錯誤を繰り返しながら、五年を経た文政十年（一八二七）頃には一廉の縮緬が作れるようになり、藩主忠裕・世子忠敏はじめ藩の重役に縮緬を土産として献上している。縮緬は幕府による西陣保護政策によって「田舎反物」の三都への直接販売は制限・禁止されていたため、藩へ一旦納められ、「蔵物」という形で市場に出された。藩の方も縮緬の国産専売には積極的であったようで、用人山室九左衛門は篠山縮緬をどれほどの値段で販売することが出来るか、江戸の三井店に問い合わせるとともに、次田長左衛門を新たに「御国産掛」に任命し、園田庄十左衛門と今後の方針を相談するように言い付けている。(22)

しかし、それから四年後の天保二年（一八三一）頃になると様子は一変する。園田庄十左衛門は藩への借銀を願い出た「乍恐奉願上候口上」(23)のなかで、「則私出入内上村林七ト申者方ニ而新機相企テ、細々取続仕罷在候処、両三年者御用も薄く都而不景気ニ而引合悪敷」というような不景気な状況になり、試行錯誤を繰り返すがなかなか良質の縮緬ができず、遠方から「上手之職人」を雇うと同時に、売り広める努力をしているが、縮緬は薄利であるので縮緬生産を継続していくのは難しいと述べている。加えて、新規の事業であるのでかなりの雑費と損銀が出ているが、「今更相止メ候様之儀甚以残心ニ奉存」ので、無利息での銀子拝借を願い出、その担保には「拝借金引当之義者私所持仕居申候田畑・山林等不残御付立置」とあるように自らの田畑を差し出している。

このことから、篠山藩における縮緬生産は天保期には暗礁に乗り上げたようである。その要因は園田庄十左衛門の願書にもあるように、技術力が未熟であるために製品が「下品」であったことが挙げられる。また、丹後国諸藩ではこの時期、縮緬の生産過多に陥り、価格維持を図って生産調整を行ない、市場に流通させる縮緬の量を制限していたにもかかわらず、篠山藩ではこうした市場の動向を正確に把握せずに、「下品」を市場に出したことから一層の不振を招いたと推測できる。(24)

3　陶磁器の生産

陶磁器生産については第三章において詳述するので、ここでは要点を述べるにとどめよう。篠山藩では藩領南部の今田を中心に古くから窯業が盛んであり、近世においては立杭焼(25)として有名であった。表1・2に見るように文政元年（一八一八）には藩営専売になるが、それを具申したのは篠山の商人平野政右衛門であり、その趣旨を郡奉行内藤弥五左衛門が「立杭三ケ村焼物趣法書」(26)としてまとめ、藩の上役に提出している。

この趣法において具体的な施策として目を引くのは以下の二点である。一つは「立杭村焼物之儀　上ニ而御引請ニ相成候時者内場積ニ仕候而も年分凡五拾貫目計之御国益と相成可申儀、当時右焼物他所ゟ引請罷在候故、全く他之利徳と相成残念成儀ニ奉存候、此儀前段之通御引請ニ相成候得者大坂表引請之儀者御館入之内伊勢屋藤四郎儀兼而右立杭焼引請申度内願も御座候趣ニ付是等江被　仰付候ハヽ、慥成義、江戸表ニ而者伊達奠之助抔江当分請負被仰付、其内御在所ゟ店持候様」とあり、藩営にすることによって利益が五〇貫目生まれると述べ、その販売は当初、御用商人に請け負わせるものの、その後は適当な人物を領内で探し出し、その者に担わせようとしていることである。

ついで二つ目には、「細工土之儀者御領分村方之内油井村・小野原村・西古佐村・杉村四ケ村之内ニ者宜敷土も御座候故、職人之内職之細工ニ遣候者も有之候処随分用立候趣ニ御座候、此儀　上ニ而御引請ニ相成候得者、行々者御領分中ニ而土取候様御世話被成遣し候ハヽ、御益ニ相成可申候」とあることから、陶磁器の原材料である陶土を領内で求めることが記され、三田藩への土年貢(27)を支払わないで済むような方策を示唆している。

この二点から篠山藩では原材料から生産・販売を今までのように商人に委託するのではなく、すべての工程において藩の管理・統制下に置こうとしていたことがわかる。その後、この趣法に従って立杭焼座元は大坂商人から領内の商人・豪農へと代わり、販売に関しても御用商人が排除された(28)。しかし、藩政改革の一環としての座元改革は、立杭焼が壺やすり鉢といった日用雑器の生産が主であったことに加え、表3に見るように十九世紀前半には、篠山藩と時期を同じくして諸藩でも陶磁器の専売制を採ることから、全国市場において立杭焼が競争力を備えていたとは言い難く、藩専売にしてもさほどの収益は上がらなかったと考えられる。

表3　諸藩にみる陶磁器専売政策

藩　名	年　次		内　容
佐賀藩	寛永頃	1624〜	皿山会所の設置。有田・伊万里の陶器を統制
	寛政　2年	1790	陶磁器の朝鮮輸出
	享和元年	1801	大坂・京都・江戸・堺・兵庫の陶器販売独占
	文化初年	1804〜	大坂に陶器会所設置
尾張藩	享和　2年	1802	窯方御蔵会所の設置。江戸・大坂の販売独占
会津藩	文化　7年	1810	瀬戸役場で陶器藩営製造開始
姫路藩	文政　3年	1820	陶器所の設置
広瀬藩	文政　3年	1820	産物方設置。陶器方が統制
岩村藩	天保元年	1830	陶器方によって陶器の専売を実施
高遠藩	天保　3年	1832	高遠焼の再興を図る
富山藩	天保　8年	1837	産物方設置。陶器・塗物など殖産興業政策を開始
大聖寺藩	嘉永頃	1848〜	産物方による九谷焼など江戸移出計画
彦根藩	安政元年	1854	陶器方売捌所の設置
仙台藩	安政　5年	1858	開物方を設置し、陶器開発に努力

註　各市町村史、吉永昭『近世の専売制度』などより作成。

こうした状況を打破すべく考え出されたのが、一つには立杭焼の中央市場での販売、とくに江戸直送と直売所の設置である。この点はすでに「立杭三ケ村焼物趣法書」において「其内御在所ゟ店持候様」と記されたが、実際には嘉永二年（一八四九）頃に至りようやく、座元であり郡取締役でもあった園田七郎左衛門（庄十左衛門の弟）が江戸・鉄砲洲に「辰巳屋」という店を開くことで実現する[29]。ついで、新たな殖産興業策が模索されたが、それは立杭焼とは異なる新たな陶磁器の国産専売へと帰着する。次に挙げた史料2[30]は、園田七郎左衛門が藩窯王地山陶器所[31]での陶磁器生産を具申したものである。

〔史料2〕

乍恐奉伺上候口上

近来古市山ゟ堀出し候陶器細工石至極宜敷趣ニ而王地山陶器所ニ而も相好申候、是迄同所ニ而取付候波賀野山之石者追々掘尽し最早如何程も無之由ニ付、古市山ゟ差出し候様被仰付候ハヽ、品柄も宜、細工出来立も格別宜候得共、古市石他所出し相減候ハヽ、三田之職方ニ而不快ニ存し、立杭焼もの土之儀故障同所ゟ申出候ハヽ、立杭差支ニも相成申候、波賀野石ハ専ら他出し可仕候得共、品合も不宜、格別多分ニ差出候義も有之間敷候得者、三田并姫路辺之職方共色々穿鑿いたし地石掘出し多分ニ焼立差出し候様、相成候ハヽ、一旦者流行仕王地山焼者差支ニ相成候程も難計、其上王地山焼当時之請負人身薄キ者故聊宛写物焼立、人足荷ニ而差出候位之儀ニ而者迚も御産物と相成、（不脱）江戸表江相廻し手弘く売買可相成共不奉存候、就右古市山ハ勿論波賀野山共陶器細工石一旦御上様江御引上ニ相成、改而陶器細工石売出し、取締り御用懸り被仰付自他売荷一駄ニ付銀五分位之御運上御取立被成候ハヽ、当時之姿ニ而も年分凡銀壱貫目程之御運上銀高ニ相成可申、尤右古市山ニ而石掘出之儀、此後数年掘出し候而も容易ニ難取尽見込ニ御座候間、永世御国産之一ツニも相成可申奉存候
一王地山陶器所ゟ陶器土ニ付而御益銀相納候訳ニ而も無之哉ニ承居候、然ル処波賀野石他ゟ直段下直ニ買取候様ニ而者、壱番桶之下土を相納、三番桶之上土者他へ売出し候道理故、王地山陶器品柄相劣り候様ニ相成申候、他同様之直段ニ買取為相納候ハヽ、御領分之事故、自然上品之石王地山へ相納候様相成候ハヽ、陶器上品ニ出来捌口宜儀ニ奉存候
一御運上立ニ相成候得者古市山之石并波賀野水車も夫々一緒ニ売買致候ハヽ、稼方便利ニ相成、古市村石元并駅場之廉も相立差障候筋も無御座、双方睦間敷渡世可相成哉ニ奉存候
右之趣愚意奉伺上候、御差図被成下候ハヽ、難有仕合奉存候、以上

（嘉永三年）
戌八月

古市組取締
園田七郎左衛門

南組御代官様

史料2には具体的に以下の四点が記されている。一つには近年、領内古市山から「至極宜敷」陶器細工石が掘り出されたこと、二つには「他出し」していたら三田・姫路の陶磁器職人に細工石を多分に使われてしまい、再開した王地山焼が衰微してしまうこと、三つにはそうした「他出し」を行なうのではなく、藩が一旦陶器細工石を買い上げ、それに運上金を加えて売り出せば、およそ一貫目の運上金が入ることが記されている。

また、これまでは「上土」を他所へ販売し、安い値段でしか売買できない「下土」を王地山陶器所に納めていたが、それではどうしても製品が他所のものより劣るので、他所の者が買うのと同額で王地山陶器所が「上土」を買い取り、より良い製品を生産することも提言している。これは先程の「立杭焼趣法書」でも述べられていたが、領外移出の制限や原材料の領内調達、国産品の品質向上は国益策において根本的な政策であり、領内市場の把握・統制、そしてそれに続く自国経済の自立化を意図したものと考えられる。

しかし、近世後期においては自国の論理のみが優先されるような状況ではなくなっていた。全国市場や近隣諸藩との関わり合いぬきに自国経済の自立化のみを志向することは不可能であった。それは篠山藩に先んじて磁器生産に取り組み、「三田青磁」(32)を生み出していた隣藩三田藩との争論という形で顕在化することになる。

〔史料3〕(33)

御領分古市村ゟ申談来り候処此度①　御領主様ゟ他領出し御差留被　仰出候趣、右ニ付而ハ当所陶器山職方始水車挊候もの迄職業相止ミ甚難渋之趣、依之古市村へ是迄通り送り被下候様相頼候得共、何分　御領主様ゟ御差留之事故村方之手ニ難及趣ニ付、甚職方之者当惑仕職業相止ミ候てハ家内及渇命候間、当御役場へ願立、御添翰頂戴いたし篠山様御役所歎願仕度段我々迄申出候得共夫ニてハ大行ニ相成、殊ニ恐多き事故、何分篠山様ト当方様とハ外様ゟハ御義理合深ク殊ニ御隣領と念、御藩中御内縁続多き御中(仲)②、既ニ篠山様御領分立杭村職方之もの当領分之土、往古ゟ取来り候事故、自他相分候得共御同領同様之御中、御添翰沙汰ニ不及共、先様郡御取

締園田御氏迄尊公様ゟ前文職業之もの難渋之次第下拙共ゟ貴公様迄添書致し候趣ヲ以、乍御面倒園田御氏迄御
書面差遣被下候ハヽ、是迄通り陶器焼地石□(虫損)続出来候様可相成哉と奉存候
右之趣水車拵鍵屋甚七ゟ願出候間此段申上候、猶委細之儀ハ本人ゟ御聞合被下、可然御取計い被下候、先者右
之段申上度早々如此御座候、以上
(嘉永四年)九月十五日　　三田大庄屋所
福井與市右衛門
右御支配所
森鼻安左衛門様

史料3によれば、三田青磁の原材料は篠山藩領古市村から掘り出されており、傍線部①からは篠山藩の陶器石他領移出禁止に戸惑う三田藩磁器職人およびそれに関わる諸業者の動揺と、「何分　御領主様ゟ御差留之事故村方之手ニ難及」という篠山藩領古市村の人々の困惑した様子が窺える。また傍線部②「既ニ篠山様御領分立杭村職方之もの当領分之土、往古ゟ取来り候事故、自他相分候得共御同領同様之御中、御添翰沙汰ニ不及」という一文が示すように、立杭焼の原材料である陶土は今まで同様、三田藩領から掘り出しているにもかかわらず、三田藩はそれを禁止したことはなく、今回の篠山藩の行動は一方的だというのが三田側の言い分である。

そこで、三田藩大庄屋所福井與市右衛門は三田藩士取役人森鼻安左衛門に篠山藩郡取締役園田七郎左衛門との内済を依頼した。森鼻は早速、園田に対し三田藩磁器職人の窮状を訴え、篠山藩への「御取成」と「穏便之御取計い」を頼む旨の書状を認めている(34)。

新たな殖産興業策を献策した園田七郎左衛門は、自らの献策によって引き起こされる争論を解決しなければならず、藩・豪農が目指した自国経済の自立化は、藩内外に陶磁器生産で繋がった地域社会の成り立ちに相反する側面

があったことを物語っている。最終的に篠山藩では、園田七郎左衛門の献策を入れ陶器石他出禁止を行なう（表2―⑬）が、それは地域社会を専断的に分断することになり、地域社会内に成立した諸関係を無視する結果となった。[35]このことは、丹後の宮津・峰山両藩共同で縮緬の統制を目的とした大野大会所を設置したこととは様相が異なり、自藩の利益が優先する形となっている。

第四節　国益策の展開と藩・豪農・地域社会

以上、三つの事例ではあるが篠山藩における国益策の展開について見てきた。篠山藩で見られた茶・柿・縮緬・陶磁器のいずれの専売品とも、天候に左右されやすい農産物であるか、プロト工業製品であるため全国市場において競合する場合が多かったと考える。日用雑器である立杭焼からより上質な王地山焼への転換は、陶器石の他領移出禁止とも重なって藩財政再建策としては期待される一方、隣藩三田藩との争論を招く結果となった。

国益策展開における藩・豪農・地域社会の関係は、三田藩との争論では篠山藩・豪農と地域社会とが対立する構図となったが、篠山藩領内の領民との関係に限るとまた別の側面が見えてくる。これまでの研究では、藩専売制などの国益策が名君と呼ばれる藩主を長とする上からの国産奨励として見られていたため、地域社会のヘゲモニー主体である豪農と国産を奨励する藩との癒着を強めることに加え、専売制を実施することで藩は領民の商品作物生産に吸着し、収奪の強化を招くことから、結果的に領民を弱体化させるとされてきた。[36]

しかし、本章で見てきたように篠山藩における国産奨励は下からの献策を基調としていた。下からの献策を基調としなければならなかった背景には、化政期から天保期にかけての地域社会の変容がある。この点については第一章で詳述したが、当該期に階層分化が進展した結果、自小作・小作層が地域社会の中心階層となり、彼らが地域社会内に滞留する状況が生まれていた。こうした状況にあって豪農の献策を基調とした藩政改革は藩財政再建策と同時に、本百姓体制維持を掲げた地域社会改革の様相を呈することになる。

地域社会の実状に精通した豪農による土地の開墾・柿木植林・縮緬織の諸策は、近世後期から幕末期にかけて地域社会内に滞留していた下層農民の就業機会を増すことになり、彼らの「百姓成立」を補完することと不可分であった。また、豪農にとっても政策の提言およびそれに基づく行動は自らの豪農経営の安定化や、茶専売を献策した森五右衛門のように、商品作物を買いしめる、買い占め商人として台頭する一定の条件を付与されることに繋がり、献策という行為が地域社会における自らの存在基盤を固めることとなった。

藩政改革や国益策の主導者については、中期藩政改革では藩主主導のもと、改革が推進されることが多く、のちに名君とよばれる藩主を生み出した。しかし、篠山藩の場合は藩主青山忠裕が寛政改革推進者であった松平信明のあとをうけて老中に就き、その後三〇年にわたり幕政を担った結果、藩主主導という形での藩政改革は行なわれなかった。藩政改革を下支えし、国益策を主導したのは献策者としての豪農であった。藩が献策者を「御用掛」に任命していることを考えれば、地域社会内に「物語る」豪農の成長が見て取れる。園田家を見ても利益率の計算から宣伝方法、売り広め方まで具体的な計画を立て、ひいては長崎での貿易までを視野に入れ、一藩単位の商品流通概念を超えた見識を持ち合わせていた。

また、それら国産品を送り出す市場として、近隣の京都・大坂へ出荷する態度を堅持しつつも江戸直送を目論んでおり、商品に応じて有利な市場を知り得ていたという点は当該期の豪農が全国市場との関わりなしに存在することが不可能であったことを示している。園田家の場合、自家の醸造酒を江戸へ廻漕するなど豪農経営の発展過程において、体験的にそうした認識を形成していった。豪農のこうした行動は他地域でも散見され、播磨国加東郡太郎太夫村近藤仁右衛門や丹波国氷上郡下小倉村田文平(37)などがそれぞれ小野藩勘定方や柏原藩勘定方に就くことは、彼らの政治的・経済的能力の成長を窺わせる。こうした成長ぶりは藩の在地支配のあり様にも変化をもたらすことになる。

近世中後期から幕末期まで一様に見られてきた国益策において藩主導から豪農主導へとシフトしていくなかで、国益策実現に費やされる資金はいきおい、豪農の経済力に頼ることになるが、こうした資金面での依存度の高まりは中間支配機構の再編をもたらした(38)。篠山藩では様々な国益策が展開していく文政元年（一八一八）に、それまで領内三〇名余りで構成されていた「大庄屋役」の中から経済的に没落した大庄屋を排除し、豪農・商人・村役人で構成される一年三人ずつの「大年番役」を設置した。しかし、それも天保二年（一八三一）には、園田・畑のように新たに台頭してきた有力豪農五名とその助役とに代表される「郡取締役」(39)へと収斂される。

このような制度的変遷は奇しくも文政期から本格化する国益策と軌を一にすることから、藩政改革が財政改革と密接な関連を持ちつつ、在地支配の転換をも視野に入れたものであったことを示している。とくに「郡取締役」の創設は、文政期に本格化した国益策が失敗に終わるなか、藩は豪農の「献策力」を含めた「民衆知」のみならず、彼らの「経済力」「民衆財」にも一層頼らざるをえない状況となったことを示している(40)。事実、天保期以降、園田家では藩への献金・貸付が増えていることがその証左である(41)。そうした意味で、天保期の「郡取締役」創設は単に幕政改革との関連や藩政の引き締めなど政治改革という点でのみ語られるのではなく、国益策の実施と相次ぐ失敗、藩財政の破綻、地域社会の変容など複合的な要素で捉え直してみる事が必要であろう。

おわりに

以上、篠山藩を中心に近世後期における国益策の展開と豪農との関わりを見てきた。豪農の献策は重要な意味を持ち、藩にとって大きな貢献を果たしたと言える。一方、地域社会においても、福知山藩では藩専売制に反対する民衆によって市川騒動[42]が引き起こされ、専売制が中止に追い込まれた状況とは異なり、園田庄十左衛門・七郎左衛門兄弟や畑三左衛門の献策を基調に、地域社会の実状にあわせた施策が行なわれた結果、藩政改革や専売制そのものに反対するような動きは見られなかった。しかし、豪農達が目指した「百姓成立」が成功したかといえば疑問の余地が残る。なぜなら、第三節3で見た立杭村は陶器石他出禁止により、藩・百姓・職人達のいずれもが将来的には富むと考えられたが、百姓・職人達にとっては状況が好転せず、明治二年（一八六九）にはこの地域から一揆が起こることになるからである[43]。

このように藩財政の健全化と「百姓成立」の双方を志向することには限界があったが、豪農によって主導される国益策だからこそ藩・地域社会は様々な施策を受け入れたと考える。そして、藤田貞一郎がかつて峻別した「御救」と「国益」を本章では表裏一体のものとして捉え、近世後期において「御救」と「国益」を媒介するものとして、また谷山の言う「民益」と「国益」とを媒介するものとして豪農を措定した。そうした意味で豪農は中間支配機構を担うというよりむしろ、豪農たる彼らが存在しなければ地域社会の公共性を維持できないという意味で、彼らは「地域社会の支柱」であった。

豪農の献策が具体性・先見性・多様性を持つに至ったことは、ただ単に理財通・エコノミストというに止まらず、また藩に登用される、されないにかかわらず、政治的・経済的能力の高いことを示しており、そうした人物が化政期から明治初期に至るまで多く輩出されたことは特筆すべきである。本章で取り上げた園田兄弟のほかにも、阪鶴鉄道敷設に際し自らの所有地を提供した小林常三郎、地域の道路網整備に尽くした波部本次郎[44]、国政に関わった柏原の田艇吉・健次郎兄弟[45]など近隣地域を見ても枚挙に暇がなく、彼らの多くが近世・近代の両時代を生きた人々であった。彼らが持ち得た能力、地域社会内での公共性は、殖産興業・富国強兵を標榜する近代国家の新たな「国

る鉄道業・銀行業に関わっていくことからも明らかである。それは園田家七代当主多祐が近代国家建設の根幹となる「国益」と結びつく形で、連綿と受け継がれていくことになる。(46)

註

(1) 藤田貞一郎『近世経済思想の研究』(吉川弘文館、一九六六年)、『国益思想の系譜と展開』(清文堂出版、一九九八年)

(2) 篠山藩の専売制については、岡光夫の一連の研究、「座方経営による立杭焼」(『村落産業の史的構造』新生社、一九六七年。初出は一九五六年)や「篠山藩の茶をめぐって」(『地方史研究』一八号、一九五五年)、「丹波の茶」(地方史研究協議会編『日本産業史大系　第六巻』東京大学出版会、一九六〇年)に詳しい。

(3) 谷山正道「『国益』と民益」(『地方史研究』二七八号、一九九九年)

(4) 西村正芳「近世後期丹波国一小藩における地域経済の展開―綾部藩領を中心に―」(『ヒストリア』一五三号、一九九六年)、『綾部市史　上巻』(一九七六年)三三二頁表7、五三九～五四二頁

(5) 「御請一札」(関西大学文学部所蔵園田家文書一五九―エ―三三二。以下、関大園田と略記)

(6) 山崎隆三「江戸後期における農村経済の発展と農民層分解」(『岩波講座　日本歴史　一二』岩波書店、一九六三年)

(7) 西川俊作・天野雅敏「諸藩の産業と経済政策」(『日本経済史　二』岩波書店、一九八九年)

(8) 前掲註4『綾部市史　上巻』四三九～四四二頁、五三一～五三四頁

(9) 北村龍象『丹波誌　巻四』(京都府立総合資料館所蔵)

(10) 前掲註4西村論文

(11) 園部藩の煙草は、国産専売とすることで利益が増加した成功例として海保青陵『稽古談』に紹介されている。また、園部藩では大工役銀・栗役銀・鉄砲役銀など三〇種にも上る運上金制度を確立した。なかでも、薪や材木の移出に対する運上金賦課については、藤田彰典「園部藩における林産物の移出と運上金制度」(秀村選三・作道洋太郎他編

『近代経済の歴史的基盤』ミネルヴァ書房、一九七七年）を参照。

(12) 岡光夫「篠山藩」（『新編　物語藩史　第八巻』新人物往来社、一九七七年）

(13) 関大園田七―二一二

(14) 関大園田七―二一四

(15) 前掲註12

(16) 詳しくは第四章を参照。

(17) 関大園田七―二一五

(18) 「乍恐奉進伺口上書」（関大園田七―一九八）

(19) 文政六年正月十六日「摂州川辺郡東野村植木屋治郎兵衛口上覚」（関大園田七―二一三）

(20) 前掲註18

(21) 丹後縮緬の流通や宮津藩・峰山藩の機業政策については、足立政男『丹後機業史』（雄渾社、一九六三年）に詳しい。

(22) 文政十年六月「縮緬機一件萬事心覚記并御注文代銀被下等奥ニ在之候」（関大園田七―一二三）

(23) 関大園田七―一二二

(24) ただし、生糸生産は続けられていたようで、弘化五年（一八四八）に丹後縮緬の原料生糸の仕入先として、篠山問屋の名前が挙がっている（前掲註21　四〇一頁）。

(25) 立杭焼の歴史的考察には、嵐瑞澂「丹波立杭焼」（『兵庫県の歴史』五号、一九七一年）、大上昇・竹岡敬温「丹波焼の歴史と風土」（『大阪大学経済学』二六巻一・二号、一九七六年）がある。

(26) 篠山市所蔵園田家文書一二六（以下、篠山園田と略記）

(27) 篠山藩領内では良質の陶土がとれず、隣藩三田藩領藍本庄村から採取していた。立杭村では「土年貢」と称して三田藩土取役人森鼻安左衛門へ年間合計六三〇〇枚のすり鉢を納入し、森鼻はそれを売却し、三田藩へ米納・銀納している（前掲註26。橘倫子「丹波立杭焼における土取り場支配の構造―近世後期を中心として―」『市史研究さんだ』

四号、二〇〇一年)。

(28) 前掲註25嵐論文

(29) 辰巳屋の出店時期は明らかでないが、現存する「船送り状」や「江戸積陶器代」、「江戸積入用」と記された古文書類から、嘉永二年(一八四九)頃には出店していたと考えられる。また、出店した江戸・鉄砲洲には藩邸があることから、藩の関与があったと推測できる。

(30) 嘉永三年正月「御用日記」(関大園田一六三―五)

(31) 王地山焼については、嵐瑞澂「篠山藩のお庭焼―山内焼と王地山焼」(『兵庫史学』六一号、一九七三年)に詳しい。

(32) 三田青磁は寛政十一年(一七九九)、内田忠兵衛が三田の豪商神田惣兵衛の援助をうけて開窯し、文化七年(一八一〇)、京都の名工欽古堂亀祐により完成されたと言われる。詳しくは『三輪区史』(一九九八年)を参照。

(33) 関大園田一五九―エ―三一八

(34) 関大園田一五九―エ―三一七

(35) その後、嘉永四年(一八五一)十月になって三田水車渡世の者たちには、一カ月一〇八匁余りの運上金を支払うことで篠山陶器入用の「水車石踏渡世」が認められたが、「自儘三田表職人へ売渡申間敷候」という約定が付された(嘉永四年九月「御用日記」関大園田一六三―四)。

(36) 例えば、堀江英一編『藩政改革の研究』(御茶の水書房、一九五五年)は、明治維新史研究との関連から藩政改革の過程を追ったものであり、明治維新の主体を明らかにすることが目的であったため、藩政改革における領主権力と豪農との癒着という点が強調される結果となっている。また、佐々木潤之介は肥後熊本藩の藩政改革を見るなかで、「商品生産の進展とともに成長する新たな社会的権力は、藩の支配権力と重合し、藩の権力体系のなかに吸収されていく」と述べている(『幕末社会の展開』岩波書店、一九九三年、三九五頁)。

(37) 近藤家の経営については作道洋太郎『阪神地域経済史の研究』(御茶の水書房、一九九八年)二七〇頁、近藤家当主の国益思想については藤田貞一郎『国益思想の系譜と展開』(清文堂出版、一九九八年)第一二章、田家については田健治郎伝記編纂会編『田健治郎伝』(田健治郎伝記編纂会、一九三二年)がそれぞれ詳しい。

(38) 吉永昭・横山昭男「国産奨励と藩政改革」(『岩波講座　日本歴史　一一』岩波書店、一九七六年)のなかで、米沢藩の郷村出役の設置と代官制度改革を例に挙げ、中期藩政改革の特質として地方支配の変容を述べている。

(39) 郡取締役の職掌は大庄屋・大年番同様、上意下達・下意上申、諸願書への奥印などであったが、これに加えて勧農・倹約を説き、村入用・組割などを統括することであった。このことから、郡取締役は領民の経済状態を把握し、それに有効な手段を講じることが主な職掌であったと言える。

(40) 豪農の経済力に頼った藩であったが、郡取締役のうち荒木甚之丞が天保十二年(一八四一)に、それに代わり登用された園田仁左衛門も明治二年(一八六九)に「借財多ニ付」として郡取締役を辞めている。天保二年に任命された五家のうち、明治四年まで郡取締役を務めたのは園田本家(庄十左衛門・多祐)と波部家のわずか二家である。

(41) 明治四年十二月「御用銀証文之写」(篠山園田一九六)には、天明元年(一七八一)から明治二年(一八六九)までに園田家が藩に用立てた御用銀の額と返済状況が記されている。これによれば、天明期から天保期までは二六件六四貫五〇〇目を用立てているのに対し、天保期以降は一一件と件数は少ないものの、一五六貫三五三匁余を用立て、前者に比べ二・五倍にも膨れ上がっている。また、未償還額も天明期から天保期には五四貫八九一匁であるのに対し、天保期以降は一〇〇貫七二五匁と倍増している。

(42) 福知山藩では漆・桐実・こんにゃく玉に至るまで藩専売としたため、万延元年(一八六〇)八月、それら産物の主産地であった夜久野郷を中心に専売制廃止を求めて強訴が起こった。これが市川騒動であり、藩政改革の一環として専売制を実施し、改革を強引に進めた原井惣右衛門・市川儀右衛門は騒動の責任を取らされ、切腹している(『福知山市史　第三巻』一九八四年、一〇七九〜一一二七頁)。

(43) この一揆については、「明治二年十一月篠山藩打ちこわし」(『日本庶民生活史料集成　第一三巻』三一書房、一九七〇年)、岡光夫『近世農民一揆の展開』(ミネルヴァ書房、一九七〇年)I第四章に詳しい。

(44) 波部は篠山―大阪間の道路整備や備荒貯蓄に尽力した功により、明治三十二年(一八九九)藍綬褒章を受章している。大正九年(一九二〇)には、多紀郡内有志により頌徳碑が篠山城内に建立された。

(45) 兄・綎吉は自由党所属の衆議院議員。弟・健治郎は立憲政友会所属の衆議院議員、のち貴族院議員。この間、逓信大臣・台湾総督・農商務大臣を歴任した。

(46)　阪鶴鉄道に出資し、鉄道敷設に尽力するとともに、自らは第百三十七国立銀行の初代頭取を務めた。また、共同貯蓄銀行・兵庫県農工銀行の株主となるなど、明治二十～三十年代には企業家・投資家としての側面も顕在化してくる。

第三章　陶磁器生産をめぐる豪農と地域社会

――近世後期の篠山藩と三田藩――

はじめに

現在、篠山・三田両市は兵庫県の中核都市として、また、大阪のベッドタウンとして発展著しい地域であるが、一昔前までは農村の風情が色濃く残っていた。近世においては周知のように、三田は摂津国、篠山は丹波国に属していた。摂津と言えば経済の中心地・大坂や酒どころの伊丹・池田を想起し、経済的先進地域というイメージであるのに対し、丹波と言えば山深いまさに「猪狩りにうってつけ」という印象があろう。しかし、摂丹国境をなす三田・篠山は地理・風土とも似通っており、暮らし自体も大差があるとは言えない。

そこで本章では、近世後期において、摂丹国境―三田・篠山藩境―を越えて広がる地域社会、とくに陶磁器生産を仲立ちとした地域社会のあり様と、その地域社会を編成していく主体について考察していく。篠山藩においては立杭焼[1]が有名であるが、その原材料となる陶土は三田藩領内から採掘し、逆に三田青磁[2]の原材料である陶石は、近世後期になると篠山藩領内古市山・波賀野山から採掘していた。こうした藩領域を越えた原材料の採取および陶磁器の生産は、その過程において様々な人々の介在なしには成立しないことから、これを一つの地域社会と捉えた[3]（位置関係は図1を参照）。また、そうした諸関係のもとに成立した地域社会を、領主権力や地域社会におけるヘゲ

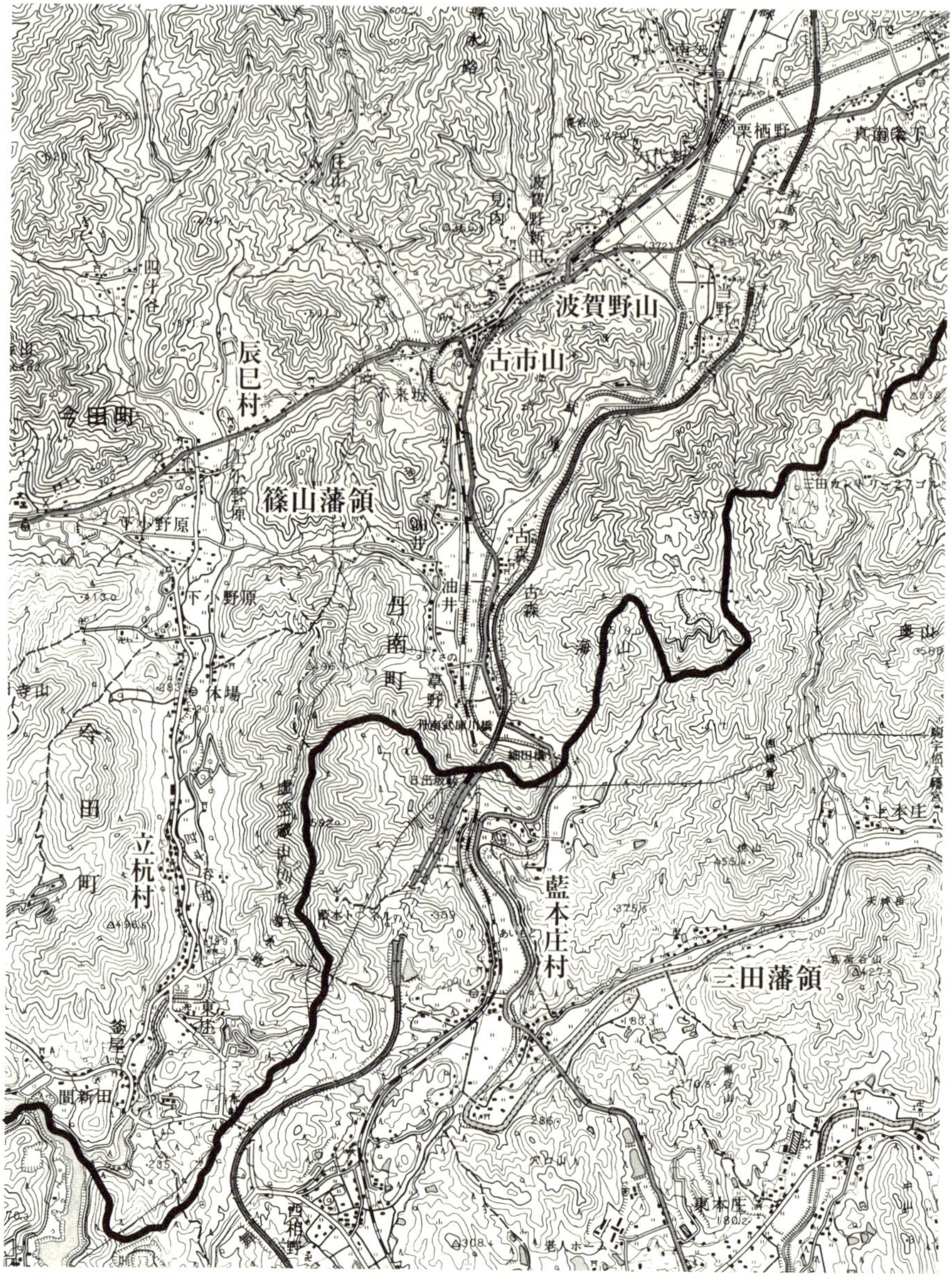

図１　篠山藩・三田藩位置関係

註　国土地理院発行　５万分の１図より作成。太実線は藩領の境界を示す。

モニー主体はどのように捉えていたのであろうか。本章ではこうした問題関心のもと、以下の各点について明らかにしていく。

まず第一に、陶磁器生産を仲立ちとした地域社会がどのような関係にあるのか、そこで惹起される争論を中心に考察する。第二には、第二章で見た篠山藩の国益策との関係において当該地域がどのような動向を示すのかを考察し、「藩経済の自立化」「国益策の展開」をキーワードに領主権力と地域社会の関係を明らかにする。(4)第三には、先の検討結果をうけて、地域社会におけるヘゲモニー主体である豪農が地域社会・領主権力とどのように関わっていくのかを考察していく。これらを解明していくことで篠山・三田両藩領に広がる地域社会の実相を描き出そうとするものである。

近年、地域社会に関する論考は増加する傾向にあるが、陶磁器生産を中心とした地域社会について言及した論考は少ない。藩政史・流通史においても陶磁器生産を扱った研究は少ないが、陶磁器専売について言及した中元美智子の「佐賀藩の陶磁器専売」(5)は本章の課題を解明するのに参考となる。中元はその中で、佐賀藩が行なった「為替仕法」は藩権力による陶器生産・販売の独占ではなく、流通機構の把握・統制であると述べた。しかし、そうした改革を主導する階層やその実態については解明されていない。また、当該地域の先行研究として、三田藩士取り場支配人森鼻安左衛門家(6)を取り上げた橘倫子の論考(7)がある。橘は森鼻家の権益保護の過程や座方経営への進出については詳細に述べるが、森鼻家が権益を保持している地域社会のあり様や森鼻家に対する地域社会の評価、地域社会を形成していた篠山側の動向などの諸点が欠如していると考える。本章では以上の問題点を克服し、前記の課題を解明していく。

第一節　原材料と流通をめぐる争論

篠山藩の経済自立化の萌芽はすでに近世中期にはあったと考える。それは篠山藩にとって基幹産業であった立杭焼の性格と大きく関わっていた。立杭焼は藩領南部の今田組上立杭村・下立杭村・釜屋村(8)（以下、総称して立杭村と記す）で盛んに行なわれた陶器生産であったが、原材料である陶土を隣藩三田藩領内に求めなくてはならなかった。陶土採掘に関しては、三田藩土取り場支配人森鼻家の支配を受けることに加え、陶土を産出する村同士の境目争論のあおりを受けて、安定的に陶土を供給することは困難であった。

例えば、安永九年（一七八〇）の争論(9)では三田藩領曲り村が藍本庄村に新開地を作り、鹿・猪に対する防御垣を作ったことから土取り場が狭まり、両村の間で境目争いが起こった。その余波を受けて立杭村による土取りは差し止めとなる。これだけであれば三田藩領内の問題として片付けられたのであるが、実はその争論に立杭村陶器細工人が土取り場支配人森鼻家に先導される形で「徒党」を組んで実力行使に出たのである。この時点で両村の境目争いは、立杭村を巻き込んだ、藩領を越えた争論へと発展した。立杭村からは庄屋・年寄に加え、大庄屋波多野源六(10)による土取り差し止め解除を求める願書が出された。その願書によれば、立杭村の「徒党」がましき行為は「土揚之時節ニ候間、職人共不残日之土揚ニ罷越候ニ付、大勢相催罷越」というように、通常の土取り行為であったと釈明し、「徒党」ではなかったと強調している。つづけて、「土揚候儀御差留被為遊奉畏候ニ付、村中職人細工無仕方其日送り之商売、家内之者迄必至之困窮」と述べることで「百姓成立」を全面に押し出して、立杭村の関与を否定しようとしている。

この願書には篠山藩からの添翰が付されたが、これも「立杭村願書」と同様の見解で、「此節本庄村・曲り村申分有之ニ付、土取揚候義御差留被　仰付職方難渋仕候旨相歎候」として、三田藩領内の土取り場争論が原因となって立杭村職人・商人の困窮を招いているので、三田藩に対し早期の解決を促している(11)。添翰が出されたことによって争論は「内済」では収まらず、解決方法を一歩間違えれば、藩同士の対立へと発展する可能性を持っていた。

　その後、この争論は立杭村と森鼻家から詫状が出されたことで一応の解決をみることになり、立杭村にはさしたる罰もなく、これまで通り土取りが可能となった。以上のことから、陶器生産を中心とした地域社会であっても、いざ争論となった場合にはお互いの領主権力に頼ることとなり、陶土の篠山移出禁止など藩間対立が顕在化する危険性を孕んだ微妙な関係の中に地域社会が形成されていたと言える。

　一方、商品の販売に関しては、森鼻家と釜屋村の間で争論が生じている。立杭焼の座方(12)として進出してきた森鼻家は釜屋村に資金を前貸していたが、その金額が段々と多くなり、釜屋村は返済不能となった。ついには、その返済をめぐって争論が起こり、今田組大庄屋による内済が進められるが、両者の言い分は真っ向から対立する。その様子を大庄屋が記した「笹山手続書写」(13)から見てみよう。

　まず、釜屋村の主張は「森鼻安左衛門座からの前貸資金が多額となっているが、森鼻家は製品買い取り値段を引き下げているので、いつまでたっても完済出来ない」というものであった。これに対し森鼻家は、「このごろは不景気で、製品の買い取り値段を上げることは到底、不可能だ」と釜屋村側の主張をはねつけたが、それでもなお、釜屋村は「製品の買い取り値段を三分高とし、それを三年間継続することで、残金に引き当てて欲しい」と食い下がった。しかし、結果的に森鼻家は「直段上ケ之儀ハ壱厘茂不得仕」として、釜屋村側の値上げ要求を断固として拒否している。

　以上二例から、森鼻家の行動は陶器生産を中心とする地域社会の利害や藩間対立を調整すると言うよりはむしろ、自らの存在基盤を固めることに終始している。森鼻家は地域社会に対し強硬な立場を取っていることから、地域社会からの信任を得ていたかどうかは疑問であり、一時期、土取り場支配役を召し上げられていること(14)はその証左であると考える。

第二節　立杭焼座方改革の展開

先の争論で見た森鼻家による原材料の支配に加え、同家が座方に進出してきたことによって展開される、商品流通の掌握や陶器職人への前貸資金による支配—立杭焼の全工程に関わる支配—を篠山藩は何としてもくい止めなければならなかった。そこで試みられたのが、文政元年（一八一八）から行なわれた立杭焼の座方改革であった。この改革は篠山商人平野政右衛門が献策したもので、今まで村持ちであった座を藩に取り上げて直営とすることを骨子とし、実質的な経営者には領内の豪農商を登用(15)するというものであった。

この改革の内容は、篠山藩郡奉行内藤弥五左衛門(16)によって「立杭三ケ村焼物趣法書」(17)（史料1）としてまとめられた。

〔史料1〕

出格御取締御用掛被　仰付候ニ付諸御役所向者勿論、其外末々ニ至御人減之儀迄も可相成種々御差略筋者追々
申談、先頃以来相伺置候次第ニ御座候処、猶此上御為筋も可有御座哉と種々相考罷在候処、立杭村焼物之儀
上ニ而御引請ニ相成候時者内場積ニ仕候而も年分凡五拾貫目計之御国益と相成可申儀、①当時右焼物他所ゟ引請
罷在候故、全く他之利徳と相成残念成儀ニ奉存候、此儀前段之通御引請ニ相成候得者、大坂表引請之儀者御館
入之内伊勢屋藤四郎儀兼而右立杭焼引請申度内願も御座候趣ニ付是等江被　仰付候ハヽ慥成義、江戸表ニ而者
伊達奠之助抔江当分請負被仰付、其内御在所ゟ店持候様之者被差出候ハヽ、猶以御手強ニ相成御国産之（品脱カ）相広ま

り候基と奉存候故、先右御益之筋荒増左ニ相認候

（中略）

一②立杭村細工土之儀古来ゟ九鬼和泉守様御領分摂州有馬郡藍野村ニ而細工土取来候、右ニ付同村安左衛門へ一釜毎ニすり鉢五拾枚ツ、運上相立申候、右相立候摺鉢年分六千三百枚ツ、相立申候、安左衛門ゟも九鬼様へ年々米七石五斗ツ、土年貢相立候趣ニ御座候、然処只今細工ニ遣候土者同国同郡波田村ト申所ニ而買土仕候、此土壱駄三拾六貫目ニ付代四分五厘ツ、遣し買請申、外ニ③立杭三ケ村ゟ右波田村へ年々米三石ツ、土年貢として相立申候得共、矢張すり鉢者安左衛門へ六千三百枚ツ、年々遣申候、是者安左衛門座方いたし居候故之事ニ而可有御座と被存候

一細工土之儀者御領分村方之内油井村・小野原村・西古佐村・杉村四ケ村之内ニ者宜敷土も御座候故、職人之④内職之細工ニ遣候者も有之候処随分用立候趣ニ御座候、此儀　上ニ而御引請ニ相成候得者、行々者御領分中ニ而土取候様御世話被成遣し候ハ、御益ニ相成可申候

この「趣法書」において特筆すべきは以下の二点である。まず傍線部①に関連して、当時の立杭焼座方は「四ケ所御座候、壱ケ所ニ壱人ツ、座方請負人御座候、此請負人ゟ組細工人江御年貢米并年中飯米・諸入用銀迄不残仕送り賄仕候ニ付、焼物類不残座方請負人江引取、是より諸国江売弘メ候故、則立杭焼之問屋」であり、座方四座は播州辺の銀主や「さ免座」、「下之本座」の森鼻家など他国の者によって担われていたため、立杭焼販売の利益は「他国之益と相成」と述べている。これに対し内藤は、「御館入」である大坂の伊勢屋藤四郎・江戸の伊達奠之助・京都の井筒屋十兵衛それぞれに当分の間、立杭焼販売を引き受けさせるが、時期が来れば「御在所ゟ店持候様」として領内から適当な豪農商を選び、藩営専売とすることで年間およそ五〇貫目の国益になるとしている。

また、原材料の陶土については、傍線部②・③にあるように三田藩領藍野（藍本庄村）から採掘を行ない、土年

表１　諸藩にみる陶磁器専売政策

藩　名	年　次		内　容
佐賀藩	寛永頃	1624～	皿山会所の設置。有田・伊万里の陶器を統制
	寛政２年	1790	陶磁器の朝鮮輸出
	享和元年	1801	大坂・京都・江戸・堺・兵庫の陶器販売独占
	文化初年	1804～	大坂に陶器会所設置
尾張藩	享和２年	1802	窯方御蔵会所の設置。江戸・大坂の販売独占
会津藩	文化７年	1810	瀬戸役場で陶器藩営製造開始
姫路藩	文政３年	1820	陶器所の設置
広瀬藩	文政３年	1820	産物方設置。陶器方が統制
岩村藩	天保元年	1830	陶器方によって陶器の専売を実施
高遠藩	天保３年	1832	高遠焼の再興を図る
富山藩	天保８年	1837	産物方設置。陶器・塗物など殖産興業政策を開始
大聖寺藩	嘉永頃	1848～	産物方による九谷焼など江戸移出計画
彦根藩	安政元年	1854	陶器方売捌所の設置
仙台藩	安政５年	1858	開物方を設置し、陶器開発に努力

註　各市町村史、吉永昭『近世の専売制度』などより作成。

貢として森鼻安左衛門に一年間にすり鉢六三〇〇枚、波田村へも米三石ずつ上納している現状を述べ、続けて傍線部④では原材料の陶土を領内で求めることが記され、三田側へ土年貢を支払わないで済むような方策を示している[18]。

以上の二点は、森鼻家との間で争論になった原材料の確保と、商品のスムーズな流通という点を多分に念頭に置いて考え出されたものであり、前記の二点が達成されれば、篠山藩は原材料の確保[19]から生産・流通までを藩直営で行なえるようになる。篠山藩は森鼻家と立杭村による数度にわたる争論を経験したことで、純国産品による自国経済自立化への志向を一層強めることになる。

しかし、「立杭三ケ村焼物趣法書」を基調とした座方改革は円滑に進まなかったようで、嘉永元年（一八四八）に再度、改革が行なわれた。それまで「五人衆」と呼ばれた御用掛は団野記平次を除いた四人が退き、代わって郡取締役[20]を務めていた豪農樋口庄右衛門・園田七郎左衛門がその任に当たることとなった。その改革とは豪農の資金に頼ってそれまでの借金を返済し、新たな市場を開拓することにあったが、それは容易なことではなかった。というのも、表１に見るように近世後期になると各藩こぞって陶磁器生産に乗り出し、全国市場においては各藩がしのぎを削ることになったからである。具体的な例として、佐賀藩伊万里焼の全国出荷の状況を表2にまとめた。一大消費地である江戸（全出荷比三・六％）・大坂（同一・九％）を筆頭に全国に出荷されていたことがわかる。また、注目すべきは備前や丹波など陶磁器生産の盛んな地域へも出荷されている。このように広範囲の販売を可能にしたのは、佐賀藩からの統制を受けながらも荷商が認められ、全国への販売網が確立されていた点にあり、この点は立杭焼の販売と大きく異なる。[21]

こうした全国的な状況は、陶器販売を任された座方の者にも少なからず影響を与えた。園田七郎左衛門は立杭焼

表2　伊万里焼国別・地域別出荷高

地域名		出荷高（俵）	全国比（％）	地域計（俵）	地域計比（％）
九州	筑前	1000	0.3	11000	3.5
	豊後	7000	2.3		
	豊前	1000	0.3		
	日向	2000	0.6		
中国	長門	7000	2.3	45600	14.7
	安芸	5000	1.6		
	備後	1500	0.5		
	備中	5500	1.8		
	備前	13000	4.2		
	美作	1500	0.5		
	出雲	6500	2.1		
	石見	600	0.2		
	隠岐	1000	0.3		
	因幡	4000	1.3		
四国	伊予	7000	2.3	19000	6.1
	土佐	4000	1.3		
	讃岐	5000	1.6		
	阿波	3000	1.0		
畿内近国	播磨	3500	1.1	55000	17.7
	紀伊	5000	1.6		
	大坂	36000	11.6		
	摂津	2500	0.8		
	堺	1000	0.3		
	大和	1000	0.3		
	丹波	4000	1.3		
	近江	2000	0.6		
東海	伊勢	16000	5.2	30500	9.8
	尾張	1500	0.5		
	三河	4000	1.3		
	駿河	9000	2.9		
北陸	若狭	2000	0.6	24000	7.7
	越前	5500	1.8		
	越中	5000	1.6		
	加賀	2500	0.8		
	越後	9000	2.9		
関東	関八州	50000	16.1	110000	35.5
	江戸	60000	19.4		
東北	出羽	6000	1.9	14000	4.5
	南部	3000	1.0		
	仙台	1500	0.5		
	秋田	2000	0.6		
	津軽	1500	0.5		
蝦夷地	松前	500	0.2	500	0.2

註　国別伊万里積出荷高一覧（池田史郎「佐賀藩の陶磁器業」『日本産業史大系　第８巻』）より作成。

の販売に関して、「高砂ゟ江戸表迄之運賃凡二百両計相懸り候ニ付、右品物之内大坂辺ニ而売払工面仕度奉存候へ共、当時甚以陶器物不景気ニ而相手無御座、直段売崩候迄之義と相成候計ニ而方便無御座」[22]と述べ、江戸へ廻漕するにしても多額の資金が必要であるし、大坂での販売も思うに任せないと苦しい心情を吐露している。

また、座方内部においては御用掛を辞したはずの平野与次左衛門・中西甚兵衛が「京都菱屋丈助ゟ来候陶器代銀をも取込候……私江不及相対以前之通り五人ニ而商内仕候」といったように陶器代金を着服し、江戸への廻漕についても「江戸表不捌之品可相渡ト最初ゟ工事《たくみごと》ニ落入候義ト今更残念ニ奉存候」として、先役の専横ぶりが顕著となった[23]。

その後、園田七郎左衛門は江戸・鉄砲洲に直売所を設けるなど販路の拡大に腐心したが所期の目的を果たせず、嘉永四年（一八五一）には森鼻安左衛門が再度、座方経営を行なうことになる[24]。改革が失敗した原因は、座方の借金を豪農が補塡するという豪農の資金力に頼る稚拙な経営方法と座方の内紛が考えられるが、加えて陶土の大部分は依然として森鼻家支配下から取らねばならず、「立杭三ケ村焼物趣法書」に述べられた二大改革点のうち、原材料の領内供給が果たされないままであったことも一因と考えられる。それは豪農座方経営が頓挫し、陶土を支配していた森鼻家がその後を襲うことからも明らかである。

第三節　殖産興業策の導入と地域社会

こうして立杭焼の経営が他領の者によって担われるという、篠山藩にとっては好ましくない事態が続いた。そこで、藩では新たな方策―新たな殖産興業策の展開―に向けて準備を進める。それは森鼻家が再度、立杭焼座方として復帰する前年の嘉永三年（一八五〇）から始まる、青磁生産（王地山焼）[25]へのテコ入れ策として現実化する。王地山焼は文政元年（一八一八）、藩主青山忠裕によって開窯されたが、実質上経営していたのは篠山商人の平野政右衛門と木村三郎兵衛であった[26]。しかし、「王地山焼当時之請負人身薄キ者故聊宛写物焼立、人足荷ニ而差出候位之儀ニ而者迚も御産物と相成（不脱）、江戸表江相廻し手弘く売買可相成共不奉存候[27]」といった様子で、隆盛であったとは言い難く、嘉永期に国益策の一環として王地山焼再興が企図されることになる。

以下、王地山焼再興とそれに関わる篠山・三田両藩および地域社会の動向を、郡取締役園田七郎左衛門が残した日記や書状から見ていくことにする。まず、王地山焼再興に向けた動きは園田七郎左衛門の願書（史料2）[28]に詳しい。

〔史料2〕

乍恐奉伺上候口上

近来古市山ゟ掘出し候陶器細工石至極宜敷趣ニ而王地山陶器所ニ而も相好申候、是迄同所ニ而取付候波賀野山之石者追々掘尽し最早如何程も無之由ニ付、古市山ゟ差出し候様被仰付候ハヽ、品柄も宜、細工出来立も格別宜候得共、古市石他所出し相減候ハヽ、三田之職方ニ而不快ニ存し、立杭焼もの土之儀故障同所ゟ申出候ハヽ、立杭差支ニも相成申候、波賀野石ハ専ら他出し可仕候得共、品合も不宜、格別多分ニ差出候義も有之間敷候得者、三田并姫路辺之職方共色々穿鑿いたし地石掘出し多分ニ焼立差出し候様相成候ハヽ、一旦者流行仕王地山焼者差支ニ相成候程も難計、其上王地山焼当時之請負人身薄キ者故聊宛写物焼立、人足荷ニ而差出候位之儀ニ而者迚も御産物と相成（不脱）、江戸表江相廻し手弘く売買可相成共不奉存候、就右古市山ハ勿論波賀野山共陶器細工石一旦　御上様江御引上ニ相成、改而陶器細工石売出し、取締り御用懸り被仰付自他売荷一駄ニ付銀五分位之御運上御取立被成候ハヽ、当時之姿ニ而も年分凡銀壱貫目程之御運上銀高ニ相成可申、尤右古市山ニ而石掘出之儀、此後数年掘出し候而も容易ニ難取尽見込ニ御座候間、永世御国産之一ツニも相成可申奉存候一王地山陶器所ゟ陶器土ニ付而御益銀相納候訳ニ而も無之哉ニ承居候、然ル処波賀野石他ゟ直段下直ニ買取候様ニ而者、壱番桶之下土を相納、三番桶之上土者他へ売出し候道理故、王地山陶器品柄相劣り候様ニ相成申候、他同様之直段ニ買取為相納候ハヽ御領分之事故、自然上品之石王地山へ相納候様相成候ハヽ、陶器上品ニ出来捌口宜儀ニ奉存候
一御運上立ニ相成候得者古市山之石并波賀野水車も夫々一緒ニ売買致候ハヽ、稼方便利ニ相成、古市村石元并駅場之廉も相立差障候筋も無御座、双方睦間敷渡世可相成哉ニ奉存候
右之趣愚意奉伺上候、御差図被成下候ハヽ、難有奉存候、以上

（嘉永三年）戊八月

古市組取締
園田七郎左衛門

南組御代官様

この史料の内容は次の①～⑥にまとめられる。①藩領古市山で良質の陶石が取れたので王地山陶器所で使うことにしたらどうか。②古市山の陶石は三田に出しているので、移出量を減らすと立杭焼陶土との関係もあって「故障」となる。③今まで移出してきた藩領波賀野山の陶石は埋蔵量が減少し、質も良くなく、三田・姫路の磁器職人が良質の陶石を探している。④しかし、良質の陶石を他領の者に使われては王地山焼に「差支」となる。⑤そこで古市石・波賀野石とも一旦、藩が買い上げてそれを運上金をかけて売り出してはどうか（藩による「専買」と「専売」）。⑥そうすることで年間約一貫目程の運上が見込まれ、良質の陶石を使うことで王地山焼の品質も向上する。(29)

園田七郎左衛門はこの願書で、立杭焼改革で失敗した原材料の領内確保という問題点を解決するとともに、他領

への移出制限（実質的には藩「専買」による移出禁止）や、運上金の賦課という点にまで言及し、陶磁器の純国産を目指している。第二章で見たように、篠山藩では化政期から豪農商による献策をもとに国益策が進められてきたが、多くが失敗であった。この陶石移出制限と王地山焼の再興は、篠山藩財政再建策の最後の切り札であったと言える。翌四年九月には古市村内の陶器石採掘場は安政三年（一八五六）までの五年間、篠山商人加茂屋長兵衛が請け負う旨の願書が出され、二カ月後の十一月十日、藩から加茂屋長兵衛に対し正式に許可がおりた(30)。

篠山藩による陶石専売買策は比較的順調に進んだかのように見えるが、内実は非常に複雑で時間がかかった。それは陶石の他領移出制限という事態が篠山藩だけで完結する問題ではなかったからである。園田七郎左衛門の願書にあるように、三田の陶磁器職人達が陶石の採掘目的で篠山藩領に出入りしていたことから、問題は藩領を越え、三田藩にも影響を及ぼすことになる。

加茂屋長兵衛による陶器石採掘場の請所願い上げと時期を同じくして、三田側にも篠山藩の意向が伝えられたようで、三田藩大庄屋所福井與市右衛門は事態の打開を土取り場支配人森鼻安左衛門に頼んでいる(31)。史料3はそのことを示す史料である。

〔史料3〕

御領分古市村ゟ申談来り候処①此度　御領主様ゟ他領出し御差留被　仰出候趣、右ニ付而ハ当所陶器山職方始水車挊候もの迄職業相止ミ甚難渋之趣、依之古市村へ是迄通り送り被下候様相頼候得共、何分　御領主様ゟ御差留之事故村方之手ニ難及趣ニ付、甚職方之者当惑仕職業相止ミ候てハ家内及渇命候間、当御役場へ願立、御添翰頂戴いたし篠山様御役所歎願仕度段我々迄申出候得共夫ニてハ大行ニ相成、殊ニ恐多き事故、何分篠山様ト当方様とハ外様ゟハ御義理合深ク殊ニ御隣領と念、御藩中御内縁続多き御中（仲）、既ニ②篠山様御領分立杭村職方之もの当領分之土、往古ゟ取来り候事故、自他相分候得共御同領同様之御中、御添翰沙汰ニ不及共、先様郡御取締園田御氏迄尊公様ゟ前文職業之もの難渋之次第下拙共ゟ貴公様迄添書致し候趣ヲ以、乍御面倒園田御氏迄御書面差遣被下候ハヽ、是迄通り陶器焼地石〔虫損〕□続出来候様可相成哉と奉存候
右之趣水車拵鍵屋甚七ゟ願出候間此段申上候、猶委細之儀ハ本人ゟ御聞合被下、可然御取計い被下候、先者右之段申上度早々如此御座候、以上

（嘉永四年）九月十五日

三田大庄屋所
福井與市右衛門

右御支配所
森鼻安左衛門様

これによれば、傍線部①から篠山藩の陶石専売買策に戸惑う三田側の職人達の様子が伺い知れ、篠山藩領古市村も藩の決定であるので「手ニ難及趣」であると困惑している。傍線部②には立杭焼の陶土が三田藩領から採掘されているにもかかわらず、三田側は「自他相分候得共御同領同様」に思っており、何とか陶石の他領移出制限が解除されるよう篠山藩の郡取締役園田七郎左衛門を通じて掛け合うよう森鼻安左衛門に頼んでいる。
これをうけて森鼻は園田七郎左衛門に対し、事態打開へ向けて藩首脳への取りなしを頼んでいる。それが史料4(32)である。

〔史料4〕

尚々三田表大庄屋所ゟ申来候伝書之写シ別紙ニ相添候間、御高覧之上厚御勘弁之上穏便之御取計い宜敷奉頼候

一筆啓上仕候、日増ニ冷気相増候得共先以其御地御全家被為揃、弥御壮健之由珍重不斜奉存候、然者三田表茶

碗山陶器焼地石之儀ハ先年より其御領分古市山ニて申請来候所、此度　御領主様ゟ御差留之趣ヲ以被相断候ニ付、右茶碗山掛り之者共并ニ職人・水車挊之者共迄数人渇至り困窮仕候ニ付、無拠地頭役場へ御添翰願出笹山御役所様へ歎願仕度趣、左相成候てハ第一恐多ク且ハ大行ニも相成儀ゆへ、先一応軽子共ゟ尊公へ右之始末御頼入候様大庄屋所ゟ申来り候ニ付不得止事推参仕度存意ニ候得共、先達ゟ少々風邪ニて引籠罷在候、無拠乍失礼以急札御願申上候、相成儀候ハ、厚御憐愛ヲ以何卒御地頭様表御取成し被下、是迄通り御許容被成下候ハ、自他共ニ大悦不過之候、何分ニも宜敷御勘考之程偏ニ奉希候、先者右御面倒御頼申上度何れ不遠以参可得拝眉、

恐惶謹言

（嘉永四年）九月十五日　　森鼻安左衛門

園田七郎左衛門様

森鼻安左衛門は大庄屋所福井の意見をほぼ踏襲する形で書状を認めている。森鼻は郡取締役として藩内にパイプのある園田七郎左衛門に「御地頭様表御取成し」を頼んでいるが、三田藩からの添翰をもって公式に「笹山御役所様へ歎願」すれば大仰になってしまうので、「穏便之御取計い」（内済）となるように頼んでいる。

ここで森鼻の立場が興味深い。三田大庄屋所福井が直に篠山郡取締役園田へ書状を届けてもよかったのだろうが、そうはならず、森鼻の書状が付けられた。それは森鼻が陶磁器生産を仲立ちとした地域社会のキーパーソンと認識されていたことを示している。

この後、篠山藩では三田側の願い出を無視する形で当初の計画通り、陶石専売策を貫徹するのであるが、早くも半月後、事態は急変する。三田側は内済で解決しないとみるや、篠山へ出訴に及んだ。嘉永四年（一八五一）十月九日には加茂屋長兵衛・園田七郎左衛門が藩に呼び出されている[33]ことから、この時に三田側への対応が話し合われたものと思われる。結局、三田側と約定を結ぶが、それが史料5[34]である。

〔史料5〕

約定書之事

一其許殿陶器土石水車踏渡世被致度ニ付、御留山之土石応意を以兼々御頼ニ付其段御地頭表へ願出候処御聞済ニ相成、依之当亥十一月ゟ来ル辰年十月迄丸五ケ年之間我等御請負所ニ被仰付候上者、其許無差支土石掘渡し御地頭表者我々中引受御運上銀請取方之義者、被差入候一札之通壱ケ月ニ銀百八匁三分四厘宛毎月晦日限り可請取約定、又笹山行水干土之義も同様毎月差送り可被下約定、此水干土直違銀之義者別紙取引通へ在来之通書添可渡候、但し御運上場之土石者不申及、存寄之類等ニ至迄自儘三田表職人へ売渡申間敷候

一辰之年十月ニ至迄何事も無申分無難出情被下候得者、其許渡世之儀ニ付不相変様重年請負之義可奉願上候

前書之通相違無御座、為後証約定書依而如件

土石請負元
丹州多紀郡古市村
加茂屋長三郎

多紀郡取締役
同所　辰巳分
園田七郎左衛門

（嘉永四年十月）

土石取捌水車元
摂州有馬郡三田町
鍵屋甚七殿

陶器山持主　同町
向井喜太夫殿

この約定締結の前に三田側から出された「差入申一札之事」(35)には、三田側から運上金年間一貫三〇〇匁を上納し、篠山王地山陶器所で必要な陶土については、「笹山入用之水干土之義も陶器山之手支ニ不相成様差出し可申候」と

して差し支えのないようにし、採掘は「壱ケ年入用丈土石掘取、聊も貯石掘取申間敷候」として、みだりに採掘することを禁止する旨が記され、三田町年寄小谷屋常蔵の奥印が加えられた。

その「差入申一札之事」を踏襲する形で約定が結ばれたが、両者で大きく異なり、かつ重要であった点は一条目の「但し御運上場之土石者不申及、存寄之類等ニ至迄自儘三田表職人へ売渡申間敷候」（傍線部）という但書の部分であった。「篠山国産」を目指し、王地山陶器所において新たな磁器生産を目指していた篠山藩にとって、良質の陶石他出は致命的であった。しかも、磁器生産に関しては三田藩において大成されており、全国市場での劣勢は必至であった。であるから、篠山藩にとっては出来るだけ他領移出を避けたかったに違いない。

陶石専売買策が具体化する一年以上も前から様々な準備をすることで、国益策を推進してきた園田七郎左衛門にとっても、三田側との約定は自らの思惑と齟齬を来たす結果となった。翻って史料2を見るとき、園田七郎左衛門の献策において、王地山陶器所での良質の磁器生産や陶石に運上金を賦課するなどの点は成功したと言えるが、純国産を掲げ、他領移出制限による藩経済の自立化を目指した点は失敗に終わり、当初目指していた原材料・製品双方の「専買」による国益策および藩財政再建策は骨抜きにされる結果となった。こうした政策転換の背景には、陶石移出制限の対抗措置として、立杭焼陶土の供給停止が三田側から提示されたため、篠山側は否応なく態度を軟化せざるを得ない状況があったと推測でき、原材料が藩領を越えて分布する当該地域の特徴をよく表している。

いずれにしても、近世後期から幕末期にかけて自国経済の自立化を各藩とも志向するが[36]、そこにはすでに様々な形での経済圏が成立しており、独善的に諸品の他領移出禁止策や流入禁止策を一藩のみで行なえ得る状況ではなくなっていたことを、前記の事例は示していると言えよう。

第四節　地域社会と豪農

では、前節までの考察をふまえて地域社会のあり様について述べておこう。篠山・三田両藩領を越える形で、陶磁器生産を仲立ちとした地域社会が広がっていたことは先程の検討から明らかである。陶磁器生産には陶磁器を作る職人だけでなく、原材料を供給する者、原材料を加工する際の水車稼ぎの者、燃料としての薪を採取する者、製品を運搬する荷駄稼ぎの者、そして売り捌き商人など多くの職種から成り立っており、いずれの一つが欠けても成立しない社会であったと言える。ただし、陶土の採掘範囲が拡大するにつれて、村同士の対立や土取り場支配人と村との対立など地域社会内部での対立が顕著となり、地域社会として一様ではないことがわかった。それは、最終的に篠山藩と三田藩という藩領国によって、陶磁器生産の地域社会が分断される事態を陶石移出制限の事例で見ることが出来た。この点は地域社会が議定を結び、領主支配の枠を越えて村々が結集し、訴願闘争を繰り広げる畿内農村[37]とは様相を異にする。

こうしたなかにあって地域社会の公共性を体現したのが、三田藩では森鼻家であり、篠山藩では園田家であった。しかし、両家の行動を見ていくなかで両家はいわゆる中間支配機構に組み込まれながらも、異なる動きを示す。森鼻家は土取り場争論に際し、紛争解決に向けて対応していくが、自らの権益が侵されるような場合、紛争の調停者ではなく当事者としての側面が顕在化することとなる。すでに橘の指摘にあるように、森鼻家自らが関わらない争論は比較的短期間に終結するのに対し、自らが当事者となった場合、土留めが長期間にわたるという[38]。これは自らの権益を守ろうとする姿勢の現れであり、地域社会の融和を自らが積極的に主導するタイプの豪農ではないことを示している。

三田藩においては篠山藩との対外的関係を見たとき、自らの土取り場支配人としての権益を守ろうとする森鼻家の姿は、三田藩の国益と重なって、森鼻家の権益を追認することが三田藩にとっては好都合であった。三田藩にとって「土の上」＝生産物は年貢として徴収しなくてはならないが、「土の下」＝陶土に関しては領主権力が権限を行使せずとも、「土年貢」徴収は森鼻家に一任するという姿勢が見られる。その点で、森鼻家は近世の徴税体系の「隙間を縫う」ような権限を保持し、領主権力がそれを追認することによって、自らの権益を拡大させていったと言える。

一方、園田家はもと藩領北西部の大山宮村で持高五〇〇石余を誇る藩内随一の豪農であったが、第四章で見るように近世後期の荒地開墾策の一環として今田組小野原村の一部を開墾、辰巳村とし、藩から「永地主」となることを認められ、五代当主園田庄十左衛門の弟・七郎左衛門が弘化五年（一八四八）に入植したことに端を発している。篠山藩としては藩領の中央部・北部に豪農が多く存在するのに対し、藩領南部は農業生産が低調な上に有力な豪農が存在しなかったことをうけて、豪農の財力をもって地域社会の成り立ちをみようとした。第一・二章ですでに述べたように、園田家が講じる様々な殖産興業策は地域社会に滞留していた人々に就業機会を与え、「百姓成立」を補完した。

こうして見てくると両者の違いは歴然としてくる。園田家は立杭焼座方経営において、原材料および商品流通を森鼻家に掌握されている状況下での座方改革に限界を認め、王地山焼再興によって、「篠山国産」への新たな可能性を求めた。原材料は自らが郡取締役として管轄する古市山・波賀野山の権益を握ることによって、三田・姫路の陶磁器職人に対する自衛策を講じた。そこでは、地域社会における篠山・三田両藩および、園田・森鼻両家の相克を様々な形で見ることが出来た。そして、なにより両者の決定的な相違は、旧来の権益に立脚した経営を行ない、領主権力の承認を後ろ盾に自らの存在基盤を固めた森鼻家と、第一章で見たように近世中期からの土地集積を嚆矢として、金融業・酒造業と経済発展を成し遂げるなかで、打ちこわしなど地域社会との対立を克服し、自らの存在基盤を地域社会の中に求めた園田家との、地域社会に対する意識・行動の相違であった。

おわりに

以上、篠山・三田両藩領に広がる地域社会の特色を、陶磁器生産に関わる争論や地域社会に存在するヘゲモニー主体を通して考察してきた。当該地域は他の陶磁器生産地とは異なり、原材料の分布が藩領を越えて存在していたことから、様々な問題が惹起されることとなった。

篠山・三田両藩の間では、近世後期に見られる藩際交易・藩連合による専売統制(39)の可能性を含みながら、それを実現できなかった点に幕藩体制の限界がある。また、地域社会の繋がりも領主権力に分断されるという事態を招いたが、それ以前にも地域社会内部において争論が繰り返されるなど、地域社会のあり様は一様でなかった。そこに存在する地域社会のヘゲモニー主体(40)についても、森鼻・園田両家とも地域社会の成り立ちに十分に対応していたとは言い切れず、地域社会結合の脆弱性やヘゲモニー主体の脆弱性、さらに領主権力による藩経済自立化の動きが起因し、地域社会は分断される結果となった。

しかし、分断後も三田藩領内の水車稼ぎ人に限定的ながら、雇用機会が確保されるようになり、明確な「線引き」が長続きしたわけではなかった。その点を考えると、実際の生産活動圏・経済圏は近世の国境・藩境を越えて広がる可能性を絶えず孕んでおり、たとえ強大な領主権力を以ってしてもそれを領内に封じ込めることは不可能であった。その意味で近世社会は現代社会同様、ボーダーレス社会としての一面を持っていたと言えよう。

註

（1）立杭焼の起源は鎌倉時代にまで遡るが、立杭に窯が移ったのは宝暦期以後である。製品としては、壺・徳利が有名である。なお、立杭焼を歴史的に考察した研究として、嵐瑞澂「丹波立杭焼」（『兵庫県の歴史』五号、一九七二年）、大上昇・竹岡敬温「丹波焼の歴史と風土」（『大阪大学経済学』一・六巻一・二号、一九七六年）がある。

（2）三田青磁は寛政十一年（一七九九）、陶工内田忠兵衛が三田の豪商神田惣兵衛の援助をうけて開窯した。文化七年（一八一〇）、京都の名工欽古堂亀祐によって大成され、化政期に最盛期を迎えた。

（3）当該地域を概説的に述べたものとして、『今田町史』（一九九五年）がある。

（4）国益概念については、藤田貞一郎『近世経済思想の研究』（吉川弘文館、一九六六年）、『国益思想の系譜と展開』（清文堂出版、一九九八年）を参照。

（5）『九州史学』四一号、一九六七年

（6）森鼻家の由緒について『三田市史　下巻』（一九六五年）には、「森鼻氏の先祖は藍加賀守と称する藍氏である。藍本の城山に城を構えていたが天正年間明智光秀に攻められて城を出で郷士となり帰農したと謂う」（二二一頁）とあり、中世においては武士であったとしている。

（7）「丹波立杭焼における土取り場支配の構造―近世後期を中心として―」（『市史研究さんだ』四号、二〇〇一年）

（8）篠山藩における「組」とは、慶安二年（一六四九）に藩主松平康信が初期藩政改革の一環として、藩領を三つの大組に分け、その下に十数カ村から成る「組」（小組）を設置した。なお、今田組の様子については第四章参照。

（9）「土取場一件」（三田市所蔵森鼻家文書二五五一〇二四。以下、森鼻家と略記）

（10）篠山藩における大庄屋は「組」の設置と同じ慶安二年（一六四九）に設置され、小組を管轄範囲として上層農民一〜二名がその任に当たった。

（11）前掲註9

（12）立杭焼の座方経営については、岡光夫「座方経営による立杭焼」（『村落産業の史的展開』新生社、一九六七年。初出は一九五六年）に詳しい。

(13) 森鼻家二五五三四〇一三
(14) この後、土取り場支配役は藍本庄村が担うが、わずか三カ月後には森鼻家が復帰している（前掲註9）。
(15) 前掲註1嵐論文
(16) 「御家人由緒明細記」（篠山市所蔵青山文庫）によれば、内藤はこの後、文政十二年（一八二九）九月十日、立杭焼座方御改法掛を仰せ付けられ、座方改革の実質的な指揮を執ることとなる。
(17) 篠山市所蔵園田家文書一二六
(18) 橘は「丹波立杭焼における土取り場支配の構造」（前掲註7）註15において、三田藩が立杭村から土年貢を取ることを篠山藩も同意していたと述べ、その根拠として、慶長十年（一六〇五）の年紀をもつ史料を挙げている。しかし、篠山立藩は慶長十四年であり、慶長十年に篠山藩は存在しない。また、橘が根拠とした史料は「土取場一件」（前掲註9）のなかに収められた写しであり、「土取場一件」と題された史料自体を再度検討してみる必要があるだろう。加えて、近世初頭に結ばれた約定が、近世後期の藩経済自立化の中でどこまで効力を有したか疑問であり、土年貢をめぐる篠山・三田両藩と森鼻家との関係は、新史料の発掘も含めて再考の余地がある。
(19) 原材料の確保は他藩でも当然の事ながら重要視されており、例えば徳島藩では、安永二年（一七七三）、藍染めに使用する砂までも専売としている。
(20) 篠山藩における郡取締役は天保二年（一八三一）に設置されたもので、小前に勧農・倹約を説き、諸入用を統括することが求められたが、それ以外にも争論の仲裁など地域社会の様々な懸案に対応した。
(21) 池田史郎「佐賀藩の陶磁器業」（『日本産業史大系　第八巻』東京大学出版会、一九七一年）、中元美智子「佐賀藩における陶磁器専売」（前掲註5）
(22) 「乍恐奉願上候口上」（関西大学文学部所蔵園田家文書一二五―三〇〇。以下、関大園田と略記）
(23) 「乍恐奉願上候口上」（関大園田一二五―一九〇）
(24) 前掲註1嵐論文
(25) 当初は御用窯として城外王地山の麓に開窯され、のちに民窯となる。三田青磁を大成した欽古堂亀祐を招き、技術の向上に努めた。

(26) 嵐瑞澂「篠山藩のお庭焼―山内焼と王地山焼―」(『兵庫史学』六一・六二合併号、一九七三年)

(27) 嘉永三年正月「御用日記」(関大園田一六三―五)

(28) 前掲註27

(29) 史料中の「姫路辺之職方」とは、姫路藩酒井家の御用窯であった東山焼の職人を指しており、藩営時代の天保二年(一八三一)から安政初年までの青磁・染付がとくに優れている。

(30) 嘉永四年九月「御用日記」(関大園田一六三―四)

(31) 関大園田一五九―エ―三一八

(32) 関大園田一五九―エ―三一七

(33) 前掲註30

(34) 前掲註30

(35) 前掲註30

(36) 例えば盛岡藩では、天保八年(一八三七)から側頭に登用された横沢兵庫による国益仕法が実施され、隣国仙台藩領農村との間に形成されていた広域経済圏を分断し、農民経済を領内に封鎖した(守屋嘉美「国益主法をめぐる諸問題―盛岡藩の場合―」『東北学院大学東北文化研究所紀要』一七号、一九八五年)。その点で盛岡藩の動向は篠山藩と同一であり、当該期における藩経済自立化の顕著な事例であると言える。

(37) 国訴については、津田秀夫『近世民衆運動の研究』(三省堂、一九七九年)や藪田貫『国訴と百姓一揆の研究』(校倉書房、一九九二年)が詳しい。

(38) 前掲註7

(39) 藩連合による専売品の統制については、和歌山・鳥羽・高知三藩連合による寒天専売(藤田貞一郎「専売制と『国益』思想―和歌山藩」(『近世経済思想の研究』吉川弘文館、一九六六年。初出は一九六一年)や、宮津・峰山・久美浜代官所三領合同による縮緬の統制・生産調整(足立政男『丹後機業史』雄渾社、一九六三年)がある。

(40) 豪農経営の発展と豪農による地域社会の編成・統合過程を分析したものとして、岩田浩太郎「豪農経営と地域編成—全国市場との関係をふまえて—」(『歴史学研究』七五五号、二〇〇一年)がある。

第四章　篠山藩における新田開発

――近世後期の荒地開墾型新田をめぐって――

はじめに

新田開発に関する研究は膨大な蓄積があり、なかでも近世新田の包括的研究として菊池利夫の『新田開発』(1)と木村礎の『近世の新田村』(2)が挙げられる。とくに菊池は新田村落の性格と構成をはじめ、耕地開発の地理的条件や地域構造のあり様などを説き、全国的かつ近世全般にわたる傾向を取り上げた。個別研究では、近世初頭の新田開発に関する研究が積極的に進められ、なかでも寄生地主制が日本の近代化を大きく規定したという観点から町人請負新田の研究が進展し(3)、この種の新田が資本家的土地所有および資本家的農業経営の萌芽として考えられた。

しかし、これまでの研究は近世後期における新田開発の重要性が指摘されながら、近世前・中期の新田開発が主たる研究対象であり、寄生地主制との関連から本来的に研究対象となるべき近世後期における新田開発は検討の対象とはならず、むしろ農村荒廃およびその復興に関する研究(4)に力が注がれた。

このように、新田開発と農村復興の両者は別々に研究されてきた訳であるが、本章では農村復興策・国益仕法の一つとしての新田開発と、それに伴う新田村の成立を豪農の役割を通して考察していく。

近世後期には、近世前期の新田開発とは異なり、地域社会の再開発的意義を持つ新田開発が行なわれ、のちに一村として古村から独立し、免状を下付される新田村が見受けられる。これを本章では、従来の町人請負新田や藩営新田など開発主体を冠して呼称する新田に対し、開発主体にとらわれることなく、近世後期の地域社会において様々な契機により成立する新田を「荒地開墾型新田」として捉え、この新田の成立過程やそこで見られる諸関係を考察していく。これは新田という新たに創出された地域社会を藩・豪農・旧来の地域社会が如何に捉えるのか、ということに主眼を置いているからである。また、地域的には関東に偏りがちな研究に対し、耕地の開発の余地がなかったとして看過されてきた畿内近国、とくに丹波国篠山藩領を取り上げ、具体的に検討を加えていく。

第一節　農村の荒廃と新田開発

1　新田開発に見られる諸特徴

本項では篠山藩領における新田開発の状況を概観しておく。地誌類から主な新田村を拾い出したものが表1であり、これによれば新田村の成立時期は近世前期と近世後期とに大別することができる。この傾向は、菊池が指摘した第一期開発隆盛期にあたる寛永から寛文までの五〇年間と、第三期開発隆盛期にあたる寛政改革から天保改革を経て明治に至る八〇年間の、この二つ時期[5]と合致し、全国的な傾向を篠山藩領でも見ることが出来る。

ついで地理的特徴を見れば、近世前期に成立した新田村の立地は篠山盆地の中央部や盆地に連なる比較的平坦な土地で、用水も川から取水することが可能な地域であると言える。これに対し、近世後期に新田村として成立した村は、谷あいや藩領南部の丘陵性原野にまで広がっている。とくに今田組[6]では荒廃が進んでおり、郡取締役[7]による数度の村立て直しが行なわれるが、実効は薄かった。こうした地域は次項で見るように、荒地開発の結果、新田村として成立することが多かった。また、これら地域の用水はため池によるもので、開発に際しては用水確保や土壌

表１　篠山藩領における主な新田村

	成立時期	西暦	村名・地名	村高	開発者	備　考
①	寛永　3 年	1626	今田新田村	140 石	味間奥村　波多野定政	藩主松平忠国の命により開発
②	寛永　3 年	1626	蘆原新田村	2 石	味間奥村　波多野定政	藩主松平忠国の命により開発
③	正保元年	1644	善左衛門村	94 石	渋谷善左衛門	三井善右衛門から 25 貫借りて開発
④	正保　2 年	1645	川北新田村	246 石	—	
⑤	承応　3 年	1654	北野新田村	78 石	—	
⑥	延宝　8 年	1680	後川新田村	30 石	—	
⑦	貞享　3 年	1686	吹新村	—	—	小中村百姓が再開発　寛延 2 年— 90 石
⑧	元禄　8 年	1695	杉村	316 石	杉本八右衛門	
⑨	文政　6 年	1823	間新田村	11 石	木村勘兵衛	のち園田庄十左衛門が再開発
⑩	天保　7 年	1836	荒子新田村	2 石	徳永村　中沢家	寛文 7 年から開発
⑪	天保 12 年	1841	佐曾良新田	31 石	小枕村　団野記平次	今田新田の原野を開発
⑫	天保 14 年	1843	辰巳村	135 石	園田庄十左衛門	粗悪な土地なので耕作放棄→園田家が再開発
⑬	嘉永　4 年	1851	草野新田	27 石	草野村村役人	
⑭	明治　2 年	1869	荻野村	—	本庄村　荻野利吉	
⑮	—	—	兵庫屋嶋	14 石	兵庫屋惣兵衛	延宝 4 年、東吹村の村高に編入
⑯	—	—	波賀野新田村	21 石	—	

註　『丹波志』、『多紀郡地誌』、各村の『村誌』、『丹南町史』、『今田町史』などより作成。

の改良という生産基盤の整備も必要となった。

表1にはあわせて新田開発の実質的な開発者も記したが、大きく藩主導（①②）・町人請負（③⑨⑮）・豪農主導（⑩⑪⑫）に区別できる。表1―①②に挙げた波多野家は大庄屋[8]役を務める家であり、中世以来の土豪の系譜を引く家と言われている。近世後期の開発に関わる園田家は大庄屋役・郡取締役を、団野家は郡取締助役をそれぞれ務める家で、これらの家は豪農として、もしくは藩の役務として開発を担っていたと考えられ、先に挙げた三区分は不可分であることがわかる。それを如実に物語っているのが、文政十二年（一八二九）二月からはじまる領内一円にわたる荒地・空地開発である。

次に挙げた史料[9]1は畑三左衛門が差し出した荒地・空地の開発願である。

〔史料1〕

乍恐意願奉伺上候口上書

御国益ニ罷成候儀存付候得者奉言上候様先達而被為仰出、去秋般若寺村大川筋開発之儀奉言上候処御見分被為遊、同村へ開発被仰付於私も難有奉存候、右般若寺村ニ不限御領分中ニ者大川筋之空地ハ勿論、野辺或ハ野山之内又ハ論所抔ニ相成、空しく荒場所モ数多之儀奉言上候迄も無御座、御地押被遊御見分之御儀ニ御座候、右等之場所空しく休置候者誠ニ無益・無冥加御事ニ付、当御領分空地一円世話支配之儀、私共被仰付被下候得者、論所等者和談為致、開発相成候分ハ其村々ニ世話人ヲ付開発為致、尤土地ニゟ且其村之盛衰、人家之多少ニより強ク開発為致候而も却而本田之害ニ相成候訳も有之、右等之場所ハ見計、地味相応之柎木ニ而も為植、御国益ニ罷成候様仕度、意願奉伺上候、何分御領内数多之空地空しく差置候ハ実以無益之御儀乍恐深ク御高考被為成、御憐愍之御沙汰ヲ以意願之通り御許容被為成下候ハヽ、端々迄も夫々見立趣法等目論見御伺申上度奉存候、尤御領分中広大之義一己ニ而者所詮行届不申、御聞届被為下候上者身柄之者両三人右掛り江被為仰付被下候ハヽ、難有仕合ニ奉存候、以上

文政十弐年丑二月　　　　願主　畑三左衛門　印

上組御代官様

これによれば、般若寺村の開発が認められたことに御礼を述べ、ついで領内の荒地・空地を開発するように進言している。藩にとっては「国益」となり、開発に関わる支配を自分たちに任せてくれれば、うまく取り計らうとも述べている。ただ、自分一人では行き届かないので「身柄之者」―これは他の豪農を指す―も御用掛に任命してほ

しいと願書を締めくくっている。藩では畑の進言を取り入れ、開発を藩が行なうのではなく、豪農や「身柄之者」に担わせることとし、願主畑三左衛門をはじめ園田庄十左衛門・荒木甚之丞・畑甚五右衛門・山本中右衛門・森五右衛門を呼び出した。呼び出された六名は当時、大年番役という中間支配機構を担う者たちであり、なかでも園田・荒木・畑甚五右衛門はのちに郡取締役に任命される者たちであった。[10]

その後、同年五月七日に開発場所の相談を行ない、自分たちの思い当たる場所五カ所を選定する。六月に入ると「我が儘の開キ」は禁止するよう藩に求め、藩からは開発するときには必ず御用掛に申し出る旨の触が出された。同じ頃、最終的に開発すべき場所として二一カ所、二五町にもおよぶ範囲を決定した。残念ながらこの開発がどれほど進んだのか判然としないが、これは近世後期において、藩主導のもと豪農が実現化を図るという、国益仕法としてはかなり大がかりな荒地・空地開発の一例であると言える。

なお、ここでいう「国益」とは荒地・空地開発による農業振興策であるが、この思想を領主のみならず豪農達が共有し、豪農自らが国益実現のための具体策を献言している点に注目しておきたい。[11]

2　荒地開墾型新田の事例

ここでは、近世後期に見られる荒地開墾型新田の成立を具体的に検討していく。

①町人請負新田―今田組間《あい》新田

まず初めに、新田開発の最も代表的な事例として、町人請負新田について見ていく。なかでも、町人請負から藩・豪農主導の開発へと切り替わる間新田の場合を取り上げる。

この開発について記した「新田地開発諸日記」[12]によれば、享和元年（一八〇一）十二月二十八日、篠山城下立町の町人木村勘兵衛と杉本八右衛門とが開発場所について話し合い、今田組木津村・立杭村境の空地を開墾することを計画した。しかし、杉本は以前、丹波国桑田郡肱谷村の開発を手がけた際、二貫目近い損失を出したことから藩の開発許可を得にくいとして、開発を木村勘兵衛が、諸取り扱いを杉本八右衛門が行なうことで藩へ申請した。その後、藩からの見分、木津・立杭両村との話し合いを経て、木村は開発に取りかかる。

しかし、文化十三年（一八一六）一月、土地所有者は木村勘兵衛・権兵衛父子から飯田茂助・垣屋吉左衛門へと移る。この間の詳しい経過は不明であるが、両者は木村父子から六貫四〇〇匁で新田を買い受け、二〇年後の天保七年（一八三六）四月十二日、売却する。新田の転売は簡単に進んだかのような印象を受けるが、実際は史料2に見られるように複雑であった。(13)

〔史料2〕

一河原町飯田茂助・垣屋吉左衛門所持いたし候立杭村・木津村之間ニ有之候木村勘兵衛開発場之義、実者立杭三ケ村ゟ銀子六貫四百目借り入、茂助方取替之形ニいたし居候処、右銀子渡り瀬村栄助方ニ而借用致し居、今度願付ニ相成、竈屋村多右衛門義身代限り之義ニ付、於大坂御番所手錠被仰付、右ニ付早々済口いたし不申候は而者、多右衛門難渋ニ相成候得共銀子方便無之候ニ付、垣屋・茂助へ出銀いたし呉候様掛合候得共、頓着不仕候ニ付、無拠乍内分御窺申上候処、双方不埒之次第ニ付是非茂助ゟ出銀為致候様被仰付、厳しく掛合見候得共茂助義一向取敢不申ニ付、又々御願申上、右地処名前替之義御聞置被成下候ハヽ、売地ニ仕度段歎願いたし候処御聞済有之ニ付、右新開場処絵図面并御水帳・御免定等請取、則左之通相対書取之内分御届申上候、尤木津村と論処之事故露顕いたし候ハヽ、木津村ゟ決而故障出来可申、実ハ立杭村ニも甚不埒之次第ニ候得共、御紀ニ相成候而者殊之外六ヶ敷次第ニ付、只何となく垣屋・茂助難渋ニ付売地ニ仕度姿ニ申込候、則下立杭村兼帯樋口庄左衛門・今田村源六・下立杭村源助・竈屋村角右衛門右四人、垣屋吉左衛門取締

詰所へ呼出し、双方対談いたし引取申候、四月十三日夜四ツ時相片付

（中略）

天保七年申四月十三日事済

今田組取〆　園田庄十左衛門 誌

関係図に示したように、茂助の新田買い取り費用は立杭三カ村（上立杭・下立杭・竈（釜）屋。以下、総称して立杭村と記す）が用立てたものであり、その出所は渡瀬村の栄助であった。栄助から返済を迫られた立杭村は茂助に掛け合うが相手にされず、栄助から大坂町奉行所に出訴され、竈屋村多右衛門の名義で金子を借りていたのであろう、多右衛門は手鎖となった。これに困った立杭村は郡取締役である園田庄十左衛門に相談、庄十左衛門の内済により、「只何となく……売地」（傍線部）にしたような形式を取った。

郡取締役である園田庄十左衛門に内済を願い出た背景には、町人との金公事であることのほかに、地域社会内の問題が存在していた。というのは、この間新田は開発が進んでも立杭村、木津村のいずれにも属さない、一村として成り立つことが両村の間で取り決められていたにもかかわらず、立杭村が新田買い取りの費用を用立てていたことが木津村に露見しそうになり、園田庄十左衛門の内済を頼んだのであった。このことは「木津村と論処之事故露顕いたし候ハヽ、……御糺ニ相成候而者殊之外六ケ敷次第ニ付」（傍線部）と述べていることからも推察できる。

こののち、間新田は藩から園田庄十左衛門に預けられ、間新田に関わ

〔関係図〕

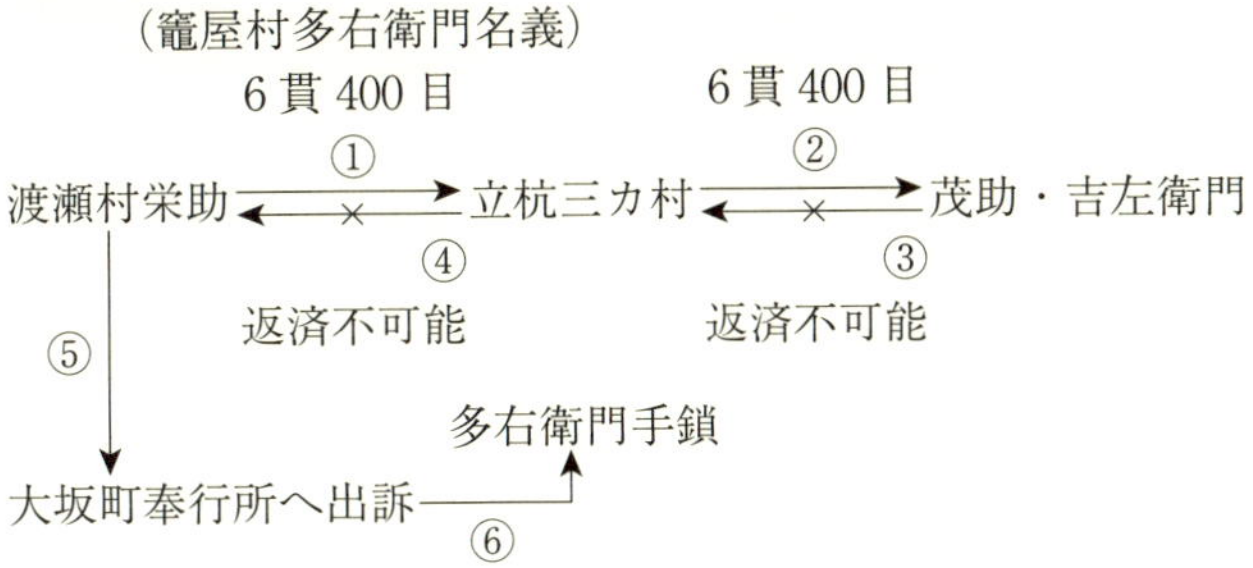

註1　それぞれの番号は争論の経過を示している。
註2　「天保八酉年ゟ今田組木津立杭之間新田諸日記」（篠山市所蔵）より作成。

る村々も園田庄十左衛門が新田を預かることに同意し、豪農による新田再開発が行なわれることになる。

②難村開発―今田組辰巳村

つづいて、今田組辰巳村の場合を史料[14]3から見ていく。

〔史料3〕

乍恐奉願上候口上書

上小野原村之儀以前と者追々家別相減、御田地手余り候ニ付而者、水谷・菖蒲谷之両坪厚奉蒙御慈悲色々御苦労被成下候得共、兎角相続不仕、夫而已ならす外御田面耕作行届兼罷在候ニ付、①何卒御上ケ地ニ被成下度奉意願候処、格別厚以御慈悲村方ニ而相応之者見立分ケ普請或者奉公ニ罷出居候者呼戻し、右地所差出候ハヽ、相応之御手宛も被成下候哉之御内意被仰下、誠冥加之程難有、此上之申上方も無御座て、奉畏義ニ御座候得共、右両谷相除キ外御田面銘々手強罷在、彼地江罷出候而者痩力之百姓共自然本田之分不行届ニ相成、厚御仁慮も空敷相成候而者奉恐入候ニ付、②何卒此上之御慈悲を以御引上ケ地ニ被成下、他ゟ作人御入被下候上、別御免・別村之姿ニ被仰付、山林・肥原并薪等刈取之地所迄も御仕訳ニ相成候共聊申分無御座候段申上候処、此度右地所園田庄十左衛門江御任地ニ被仰付候趣ニ付、猶亦御押方被仰聞奉畏候、右者前文奉申上候通御仕訳ケ在之候□も村方者勿論、出作并組内迚も少しも申分無御座候ニ付、意願通り被為聞召届被下候ハヽ、難有仕合奉存候、以上

（天保十四年二月）
卯□月

上小野原村
百姓惣代

組　頭
肝　煎
庄　屋
下小野原村
四斗谷村
組内庄屋惣代

御代官様

史料3によると上小野原村から、上小野原村の一部（のちの辰巳村）は低湿地という地味の悪さから耕作を放棄したい旨が申し上げられ、この願書が出された。「上ケ地」は領主権力が行使する権利であると考えられるが、ここでは地域社会側から「上ケ地」にしてくれるよう願い出ており（傍線部①）、不毛な土地の処分を藩に求めている。「上ケ地」はなにも領主権力にのみ存在するものではなく、地域社会から求めることが出来る権利であり、この背景には「百姓成立」を求める百姓・村とこれを補完していく領主権力との関係を見て取れる。

この願書をうけて藩では上小野原村の見分を行ない、土地の改良を御用掛に命じるが実効は薄く、上田のいくつかをつけて園田庄十左衛門に譲渡し、上小野原村から分村させ、辰巳村とした(15)。

一村立となってからも再開発は続き、弘化五年（嘉永元年、一八四八）二月には園田庄十左衛門の弟・七郎左衛門が辰巳村に移り住み、実際に指揮を執って土地の改良と入百姓による村の立て直しを計画する。ここでの入百姓政策は他地域で難渋人となった者を救済する目的であったが、その目的は達せず、「極難之者計り相集候義付、又々未進出来候(16)」という有様であった。こうして自らの資金二〇貫目に加え、播磨国加東郡太郎太夫村近藤文蔵家から借りた二五〇両(17)を投資したにもかかわらず、村高一三五石余のうち、依然として悪地救引が七三石もあるなど、辰巳村の再開発は進まなかった。明治期に入っても悪地の状態が続いたようで、明治二十年代には一村独立の姿にも見えず、同四十五年（一九一二）には耕地整理組合を設立し、耕地整理を行なうことになる。(18)

以上二例ではあるが、近世後期に見られる荒地開墾型新田の事例を検討してきた。この型の新田の特徴は、近世前期の新田のように開発主体を単純化出来ず、①で見たように当初は町人請負であり、町人の投機対象としての新田であったとしても時を経るに従って、再開発の主体が藩・豪農へと変化している点にある。(19)こうした開発主体の移動は、②で見たように近世後期の地域社会の変容、例えば村々の困窮や「百姓成立」への危機感を如実に反映していることに留意しておきたい。

第二節　新田開発に見られる諸関係

本節では前節の具体的検討をもとに、新田開発によって新たに創出された地域社会と既存の団体との諸関係について考察し、新田村の特徴を明らかにしていく。

1　古村と新田村との関係

ここでは古村と新田村との関係を考察していくが、それは新田村が新しい集落と新しい耕地および用水・道路・寺社などの複合的な要素から成り立っており、いずれも古村と密接な繋がりをもって存在しているからである。なかでも、労働力としての入植者および生産基盤として不可欠な用水の観点から、古村と新田村との関係について考察していく。

まず入植者について、間新田では「耕作之儀新規ニ百姓御差入之儀ハ御無用ニ被成、当村人々江耕作被　仰付被下度奉願上候」[20]とあるように既存の村から入植し、外からの「入百姓」を拒否している。それに対し、辰巳村では「何卒此上之御慈悲を以御引上ケ地ニ被成下、他ゟ作人御入被下候」（史料3傍線部②）とあるように他村からの入植を願い出ており、正反対の対応を示している。この入植者のあり方の違いが古村と新田村との関係の疎密を表していると言える。実際、辰巳村に関しては上小野原村村役人をはじめ、今田組庄屋惣代が連名で「他ゟ作人御入被下候上、別御免・別村之姿ニ被仰付」（史料3傍線部②）と述べ、古村である上小野原村から分離するよう願い出ている。地域社会としてのまとまりは薄く、辰巳村が園田家の所有地となってから以降は地域社会から浮き上がるような形となり、これが「園田分」[21]のような一種、特権的な土地所有形態を形成する遠因となっている。

ついで用水問題については、間新田ではため池の造営に両者の関係が如実に表れている。それはまず、嘉永元年（一八四八）八～九月にかけての用水不足をうけて、新池の造営か堤の置き上げを新田百姓が園田庄十左衛門へ願い出たことに始まる。しかし、新池の場所をめぐっては古村である竈屋村との間に争論が起き、竈屋村との話し合いは不調に終わる。そこで新田百姓は再度、園田庄十左衛門に分水の相談と藩への仲介を頼み、翌年八月には藩からの見分がなされ、堤の置き上げが決定される[22]。最終的には十月四日、下立杭村・竈屋村と間新田との間で約定書[23]が取り交わされる。これによれば、第一条には「竈屋村耕地所持之者此度普請入用不差出候得共、谷水を以養来候廉も有之、自分池水尽候上者ヤケン池水ニ而御請所地同様、竈屋村耕地之分へも水当テ候筈ニ付、耕地用水池園田庄十左衛門ヨリ置上致候トモ可為勝手相互ニ甲乙無之様可致事」として、新田持の薬研池から竈屋村は用水を取れることが記され、第二条には「字西浦ト申下立杭村山林、竈屋村江譲受ケ新開御願申上候節者、御国益之儀ニ付新田請負人江竈屋村ゟ相応之水料差出候ハヽ、何時ニ而も割合水竈屋村新開場へ相渡可申事」として、新田側へ水料を払えば竈屋村の新開場へも用水を渡すことが取り決められている。

この約定書は既存の村（竈屋村）に有利な条件であり、用水の確保は新田村だけでなく、隣村にも影響を与えていることを物語っている。既存の村の要求を入れることで、古村と新田村によって形成された新たな地域社会における両者の融和が図られる形になっている。地域社会にとって新田開発は社会基盤を整備する絶好の機会であると共に、地域社会内の農民を入植させ、「百姓成立」させることで、潰百姓の多発を回避するという二つの大きなメリットがあったと言える。

しかし、これは間新田のような比較的良好な土地を開発した場合のことであり、辰巳村のように地域社会側から不毛な土地の耕作放棄が行なわれた場合、地域社会外からの入植者を募らなくてはならず、他地域での潰百姓を新田村に入植させ、「百姓成立」させようとするが、その結果は前節で見たように惨憺たるものであった。

以上のことから古村と新田村との関係は、近世後期における地域社会内の様々な矛盾とも重なって、荒地開墾型新田の成立自体を左右するものであった。

2　藩・豪農・地域社会の関係

前項では地域社会内部の状況について見てきたが、ここでは開発主体である藩・豪農と地域社会との関係を見ていく。この三者を設定するのは、近世後期における様々な社会変動に大きくかかわる要素であり、とくに豪農は政治的中間層として藩と地域社会との間に立って、当該期の社会状況を如実に反映する存在としてその意義は大きいと考える。加えて、豪農経営の発展過程で地域社会との関係は看過できないからである。なお、当該地域では町人請負新田も存在し、町人との関係も考察しなければならないが、近世後期の荒地開墾型新田との関わりは薄いと考え、本項では扱わない。

では、まず藩の動向であるが、いずれの場合も国益思想のもと豪農や村からの願書を聞き入れ、見分を行ない状況を把握しようとしている。しかし、それを実現化するのは御用掛に任命された豪農達である。藩独自の動向としては租率を低くおさえることや救引であり、言い換えれば消極的な政策であると言える。藩自ら開発するのではないので、開発に失敗しても藩財政にダメージは少なく、開発に成功すれば年貢増徴が見込めることになる。政策主体としては厳然として領主権力は存在するが、実行主体は豪農であるため、藩と地域社会との関わり合いは限定的である。前節の事例から、今田組のように豪農の存在しない地域の開発を他地域に居住する豪農に担わせることで、領主権力は豪農を介し、領内の経済的不均衡を是正しようとしている。

つぎに豪農について言えば、いずれも当初は御用掛・郡取締役の役務として関わり、開発の主体となる関係上、経済的負担は免れ得なかった。この点は第一章で述べた豪農の意識のなかでも、藩行政の末端を担うという意識に該当する。しかし、園田家が預かり地とした辰巳村で見たように、のちに「永地主」となった上に年貢減免を願い出ることで、園田家は自家の経営を有利に発展させようとする意識も見られる。加えて、園田庄十左衛門の弟・七郎左衛門が分家し、辰巳村に入ることで、園田家は同族団として確固たる基盤を築くことになった。また、この分家の創出は園田家にとって有効であるのみならず、藩や地域社会にとっては新たな豪農＝地域社会の新たな支柱・担い手の創出であったとも言える。

以上、新田に関わる諸関係について検討してきた。まず、古村と新田村との関係は古村の優位性をため池造営で見たが、その一方で、新田村が開発されることによって古村が抱えた問題をいくらかなりでも緩和する要素があったことを示した。

つづいて藩・豪農・地域社会の関係について、豪農を軸に荒地開墾型新田を見ると、一つは藩行政の末端を担う豪農の姿がある。今までの研究においては、領主権力と新田開発者との関係にはあまり関心が払われていなかったが、本章の検討結果から近世後期の新田開発では領主権力と開発者である豪農との関係は不可分であった。それは豪農が地域社会の実状に精通していることからも当然であり、荒地開発についても「地味相応之村木ニ而も為植」（史料1傍線部）というように、「本田之害」になるような土地では開発よりむしろ、植林など実状に応じた国益策を提示している。

また、豪農と地域社会との関わりについては、地域の者が入植した間新田の場合、ため池の造営など自らに預けられた個別の村だけでなく、地域社会全体に貢献する豪農の姿があり、豪農と地域社会との結びつきの強さを見ることができた。しかし一方で、地域外の者が入植し、園田家が藩から「永地主」として認められた辰巳村の場合は、間新田と様子を異にする。「当辰巳村之義此度私共譲受引越、御百姓仕候ニ付而者今田組ニ相加り可申処、上地被下置候以前御用懸り者共ゟ兼而奉願上有之候通、諸役御除被下候上者町分同様壱村限り組合御離し被下度乍恐奉願上候」[24]というように今田組という枠から外れたいと園田七郎左衛門は願い出る。また、地域社会側も園田七郎左衛門の願い出に対し、史料3で見たように辰巳村が今田組から分離することには反対しておらず、豪農と地域社会との関係は脆弱であった。これは藩が領内の経済的不均衡是正のため、様々な特権を認めた上で投入した豪農であったが、豪農自身は「永地主」となる志向を強く打ち出し、また地域社会もそれを認めたため、藩の思惑とは異なる行動を豪農はとるに至った。

このように園田家が関わった荒地の開墾を見ても、その対応は様々であるが、第一章で見た豪農の三つ意識（A自家の経営を安定させるという意識、B地域社会からの期待に応える意識、C藩行政を担う意識）を確認できる。そして、この三つの意識が相互補完し、また矛盾対立しているなかでいずれの意識が表面化し、具体的行動として現れるかは、新田村の成り立ちと密接に関係していることを指摘しておきたい。

おわりに

以上、篠山藩領における新田村の成立を見てきたが、時期的には近世前期と後期とに見られ、これは全国的傾向と合致する。また、地理的特徴にしても近世後期には山間・谷間にまで開発が進み、ため池による灌漑が見られるようになるのも全国的傾向と合致する。[25]そして、篠山藩領でも荒地開発から一村立となる事例―本章では「荒地開墾型新田」と呼んだ―を荒廃が進んでいた今田組村々から見ることで、近世後期における地域社会構造を解明するための一例を提示した。

全国的に新田を検討した菊池は近世後期、とくに天保期から幕末期に新田開発の最後の隆盛期を設定しており、[26]この時期確かに新田数は増加している。しかし、その一方で全国の総村高はほとんど増加していない。この矛盾点を解明するには本章の検討をふまえ、以下のように推測できる。

それは、①近世初期に検地された土地が、近世後期になると様々な要因により次第に耕作が放棄され、荒廃地となる。②それを国益策として藩や豪農が主導的に再度開発する。③結果、村数・新田数は増加する。④しかし、実際は荒地の再開発であるので全国の総村高自体にはほとんど変化がない、というように説明できる。

また、木村が近世後期、とくに幕末期の新田開発の研究がなされていないことについて、この時期の新田開発は停滞的であると述べた上で、「たしかにこの時期の封建領主は一般に古田の荒廃を恐れて新田開発をおさえる政策をとったが、農民としては年貢の安い新田は非常に魅力があったはずで、新田開発をめぐる領主と農民との対抗が存在したのではないかと思われる」[27]と推測したが、本章の事例からは木村の見解とは異なる結果を導き出した。

近世後期における新田村は、木村が描いた新田抑制策よりむしろ、荒廃農村対策や国益仕法のもとに展開される荒地・空地開墾策と結び付く形で創出された。そこでは、領主権力と農民との関係は対立的に表れるのではなく、むしろ地域社会の変化に対応していこうとする藩や豪農、とくに「地域社会の支柱」としての地域の成り立ちに腐心する豪農の姿が顕著に現れることになった。

註

（1）古今書院、一九五八年

（2）吉川弘文館、一九六四年

（3）代表的なものに、中井信彦「町人請負新田の性格と機能」（『史学』二四巻四号、一九五一年）、大石慎三郎「町人請負新田の成立事情」（『封建的土地所有の解体過程』御茶の水書房、一九五八年。初出は一九五一年）がある。

（4）関東農村の荒廃化に関する研究史整理は、長谷川伸三『近世農村構造の史的分析』（柏書房、一九八一年）を参照。

（5）前掲註1　一三〇〜一三一頁

（6）篠山藩の「組」とは慶安二年（一六四九）、藩主松平康信が藩領を上・中・南の三組（大組）に分け、さらにその下に十数カ村からなる組（小組）を設置した。藩領全体で二二組。今田組は藩領の南部に位置し、地理的条件から生業は農業よりむしろ窯業（立杭焼）が主であった。地域の状況については、岡光夫『村落産業の史的構造』（新生社、一九六七年）第五章、『今田町史』（一九九五年）に詳しい。

（7）天保二年（一八三一）に設置されたもので、園田、荒木、酒井、波部、畑などが任命され、小前に勧農・倹約を説き、村入用・郡割を統括することが主な役務であった。

（8）慶安二年（一六四九）に設置され、一組に一〜二名、篠山藩全体で二四〜二九名であった。

（9）文政十二年四月晦日「御領分空地并荒場開発記」（関西大学文学部所蔵園田家文書七―一二一。以下、関大園田と略記）

（10）文政元年（一八一八）、大庄屋役に代わり設置された。職掌については不明であるが、一年三名ずつの輪番制であり、大庄屋役を務めていた者に加え、村役人も登用されている。

(11)　近世後期に豪農を含めた民衆からの献策がどのように領主権力に受け入れられ、現実の政策としてどのように展開していくのかを検討したものに、畑中誠治「天保期における豪農の政治的意見―芸州山県加計村隅屋・佐々木氏の「内密頭書」によって―」（後藤陽一編『瀬戸内海地域の史的展開』福武書店、一九七八年）や、平川新「地域経済の展開」（『岩波講座　日本通史　一五』岩波書店、一九九五年）などがある。なお、篠山藩における国益策の展開については、第二章において詳述している。
(12)　篠山市所蔵園田家文書一五八（以下、篠山園田と略記）
(13)　「天保八酉年ゟ今田組木津立杭之間新田諸日記」（篠山園田一六三）
(14)　篠山園田三九
(15)　「大山日記写」（篠山園田一九九）
(16)　嘉永四年正月「日記」（関大園田一六三―六）
(17)　嘉永元年六月「借用申銀子之事」（篠山園田八八）
(18)　『今田町史』一一九～一二〇頁
(19)　表1⑮の兵庫屋嶋も寛政八年（一七九六）には篠山城下の商人上野屋と井筒屋の所有となり、のちに藩に収公されている（『丹南町史　上巻』一九九四年、七四七～七四八頁）。
(20)　「天保七申年ゟ　今田組木津・立杭之間新開発之儀ニ付、先前ゟ為取替等有之、并外ニ両村ニ所持致候新開用書類見当り候分者写置」（篠山園田一六二）
(21)　宝暦十一年（一七六一）、園田家の所有地が村高から切り離され、「園田分」という形で免状が発給されるようになった。詳しくは第一章註11を参照。
(22)　前掲註13
(23)　「為取替一札之事」（篠山園田一六八）
(24)　「乍恐奉願上候口上」（篠山園田二一一）
(25)　菊池は「溜池水源とする新田の開発隆盛期は一六二四～一六五七（寛永～明暦）年と一八三〇～一八五九（天保～

安政）年に出現」と述べている（前掲註1一二二頁）。

(26)　前掲註1一三〇～一三一頁

(27)　前掲註2二四九頁

第五章　幕末維新期における豪農の活動と情報

――丹波の豪農園田家を中心に――

はじめに

現代社会が情報化社会・ＩＴ化社会と言われて久しいが、われわれの生活においても情報の果たす役割は重要度を増し、その媒体の多様化に伴って情報はより身近なものとなった。こうした現代的状況をうけて一九九〇年代以降、歴史学においても情報を主題とした研究が多く見られるようになった(1)。

なかでも宮地正人は、全国各地に残る風説留を検討し、幕末の政治情勢について地域の豪農商や在村知識人が独自のルートを通じて情報を収集・分析し、それをもとに自らの政治的立場を創り上げていったことを指摘する(2)。しかし、宮地の言う「公論」的世界は豪農商によってのみ形成されるものではなく、地域社会に根ざしたところから醸成されていくものであり、彼らが知り得た情報をいかに地域運営に活用していったのかを見ていく必要がある。

この点に関連して高部淑子は、丹後地方の藩御用達商人や丹後縮緬の機業家を素材に「情報活動の実態とそれが地域社会でどのような意味を持っていたか」を考察し、中間層以外の地域民衆も独自の情報活動を展開し、中間層との間に情報交換の場が成立していたことを明らかにした(3)。しかし、高部の論考では情報の伝達に重点が置かれたこともあり、地域社会における情報の活用という点については十全でなく、なお問題点を残したままである。

また、岩田みゆきはこれまでの論考をまとめるなかで、「異国船問題といった具体的な問題を通して村落上層農民がどのような行動をとるのか、彼らを通して情報がどう流れたのか」という問題関心のもと、村社会や近世的情報社会の変質を検討しているが、岩田の研究はその事例が関東近郊の海辺に位置する相給村落に偏在している(4)。

本章ではこれらの問題点を踏まえ、豪農の情報収集という側面に注目しながら、藩や地域社会との関わりのなかで、地域社会の成り立ちを主導していく豪農の姿を明らかにしていきたい。なかでも、豪農の蔵書・写本・日記からその内容・情報入手ルートを検討することで、情報集積のあり方を明らかにし、それを踏まえ、情報が豪農によってどのように活用されるのか、またそれがどのような意識のもとに収集されるのかを考察する。なお、具体的に分析する対象は、丹波国篠山藩領の豪農園田家に残る文書群（関西大学文学部所蔵）である。

第一節　情報収集とその内容

豪農による具体的な情報収集活動を見る前に、収集された蔵書を概観することで、彼らが情報を受容するのにどれほどの素地があったのかを明らかにしておきたい。蔵書は巻末に買い求めた日付や金額、貸し借りの状況を示す書き込みがあることから、豪農の情報収集活動の一端を窺い知ることのできる恰好の素材であると言える(5)。

園田家には一五六種類にも及ぶ蔵書が現存しており、これらを種類別に分類すると、断然多いのが「漢学」で二六種類（構成比一六・七％）、ついで「通史」が一三種類（同八・三％）でつづく。このほかには大きな割合を占めるものはないが、政治に関するものから、和歌や謡曲のような趣味・教養に関するものまで、多岐にわたっている。多くが大坂・京都の書肆による出版であるが、なかには「大学衍義補」のように篠山藩版による出版物も含まれている(6)。

これほどの蔵書をそろえるには多くの資金を必要としたであろうが、園田家にはその金額を書き留めた記録は残っていない。ただし、嘉永四年（一八五一）十一月二十二日に藩主青山忠良の三男忠惇（のちに尾張藩付家老成瀬家へ養子に入り、成瀬正肥と名乗る）に「日本外史」二二冊、「国史纂論」一〇冊をそれぞれ金一両と金二〇〇疋で購入し、献上していることから、蔵書をそろえるにはかなりの資金を要したことがわかる。

同家にはこうした刊本のほかに、写本が一二種類残っている。これら写本のうち、筆写年がわかるものとして、水戸藩主徳川斉昭に関する「明君一斑抄」「水府集覧」「水戸の花」「水戸前中納言斉昭卿　内密言上之書」など合わせて八冊は嘉永六年七月に篠山藩藩校教授渡辺弗措から、また上杉鷹山の事績を記した「翹楚篇」は安政二年（一八五五）五月に篠山藩士佐治数馬から、それぞれ借り受けて筆写したことが記されている。この種の本が筆写された背景には、弗措が水戸藩の会沢安・藤田東湖らと親交があったことに加え、弗措の門弟であった七代当主多祐が幕末の政局に関わる情報を欲したことによる。弗措と多祐の縁は、多祐が藩校振徳堂に入校したときに始まり、多祐が農民身分であることを理由に退学させられてからも親交は続いた。その後、江戸詰になった弗措は自らが江戸で見聞きした事柄を多祐に書き送っていることから、弗措が多祐の情報収集活動に大きな役割を果たしたといえるだろう。

蔵書類のほかに同家に集積された情報を知りうる史料として、天保二年（一八三一）から明治四年（一八七一）までの「郡用日記」（全三六冊）がある。「郡用」という名称であることから丹波国多紀郡＝篠山藩領・篠山藩政にかかわる事柄のみを記していると思われがちだが、実際は安政の大地震をはじめ、将軍の上洛や禁門の変、長州征伐といった事柄などを記し、幕末の政治・社会を色濃く反映した「日記」となっている。

表1には三六冊残る「郡用日記」のうち、安政二年から慶応四年までの一〇冊を取り上げ、その目次を示した。例えば、安政二年の「郡用日記」の内容を列挙すると、江戸での大地震の様子、京都七口警護、梵鐘改鋳一件など

表1　『郡用日記』目次

年	項　　目
安政2年（1855）	江戸大地震
	京都七口御固
	公儀御巡見御延引
	梵鐘一件
	御帰城御出迎場所当年より京口
	高掛六百貫目
	手前へ被下御扶持一件
	御手馬一件
	先納人差年継
	向普請之手続
	福嶋大次郎廻村
	三丸大豆改法
	水車溝附かへ
安政5年（1858）	殿様御在城於御門御礼
	同夏栗山御鹿狩
	同於春日社内御能
	同草山組御見分
	公方様薨御
	家茂公将軍宣下
	銀納張紙直段当年ゟ三年之間小堀様御引附
	京都大火東本願寺焼失、八上迄御出馬并
	京都北野天神様ゟ御神像被為入
	高蔵寺開帳一件
	高倉村村名御聞届
	同村作左衛門母八十八歳手織木綿献上
	園田又一右衛門分人力油絞稼買取
	七ケ年目人別御改
	風深村変死一件諸取扱
	愛宕山へ大般若寄附
	製糸国産一件
	辰巳分・黒岡組・板井組御免御年継
	大豆不作御救三百石被下
	吉野遊行
	檜皮師職札下ル
	浄土寺本堂願
	北野天神様神輿堂
安政6年（1859）	皆済手形直段取曖
	小立村小右衛門一件
	浄酒様五拾年忌
	上番・中番祭礼故障
	新村女浄瑠璃
	新宅へ引移
	江戸城御本丸御焼失
	春琴之画内献上
	池尻谷、木ノ部と山論
	円通寺勧化
	新村中道定助縊死
	本来寺御遠忌
	北野人形浄瑠璃
	多紀郡地主免除之者
	福嶋大次郎借財
	追入若者一件
	大豆不作高掛り延納
安政7年（1860）	社倉一件
	殿様御参府
	金山妙見宮新建立
	追手森様石垣跡見分
	黒岡分家人口銀五百目ツヽ被下
	殿様大乗寺谷御鳥追
	追入観音様御開帳
	早皆済村々江糯米三升宛被下之
	米并大豆不熟御救引并下囲米
	百年相続献能一件
	百姓惑乱一件
	江戸桜田三月三日、彦根水戸浪士之騒動
	大三郎死去并永之助庄屋相続
	内蔵建替
	お幸、安久田江縁付
	御高掛之御達シ
	和宮様関東へ御下向
	御本丸炎焼ニ付高掛り
	米価高直ニ付御救一件并乞喰等様々有之
	古坂池置上普請

	新村・下村郷蔵建替
	北野村左谷池樋木願
	焼山御差止
慶応2年（1866）	大樹昭徳院殿長防御追討并大坂城ニテ薨御
	殿様大坂へ被為入
	郷夫多人数出坂
	助郷歎願ニ付出府
	薬師堂再建
	御作事扶持四千人外者米壱升五合ツ、被下
	大山江御巡村
	大津駅助郷并人々御賞美
	大洪水ニ付大見分
	当年ゟ米六百石
	御用蕨直段増し
	下板井村悪地三反五斗
	辰巳・郡家村悪地年継
	御家中入口御〆り
	鷲尾村趣法
	下村市場橋三貫目無利息
	下井根・浦井根・蛇穴・垣屋村井堰右口々大見分
	塀・壁普請
	下村矢倉川鍬下引
	新村板橋壱貫五百目御下ケ切
慶応3年（1867）	孝明天皇崩御
	一橋様御将軍職十二月御退職
	泉涌寺御固ニ付殿様御勤番
	国役金高百石ニ付金三歩ツ、
	北野村橋并井根御普請
	銀納直易ニ付千貫目献上
慶応4年（1868）	追入村新池鍬初
	地子免許
	御一新西園寺殿御通行
	銀納直段相改
	金三万両高掛り
	大豆大不作

万延2年（1861）	神田様碑一件
	御郡中ゟ献米一件
	惑乱御裁許
	米・豆米納方
	御開能
	矢倉川鍬下引
	小野原池買取
	再御融通講
	多祐元〆所御用
	安久田婿入
	山陽屛風、小倉ゟ来ル
文久2年（1862）	大殿様御隠居
	三丸平大豆御改法
	若殿様御家督
	江戸新幡院ゟ小屛風来ル
	追手森様拝殿建替
	京愛宕山勧化
	元〆所御日割受書
	黒岡組病難ニ付御救
	御融通講御賞美
	郡家村ゟ濱谷へ越高
	施米之人々御賞美
	橋風水車之願
	萱・飼葉之調
	福住、■貴寺開帳之願
文久3年（1863）	大樹御上洛
	殿様御上京
	御初入之恐悦
	大山へ御遠馬
	八月京都境（堺）町御門内騒動
	戸川様御通行
	江戸御本丸炎上
	郷町郷夫一件
	権次郎牛市
	多祐御賞美
	寒谷新井根願
	駅場一件

幕政に関わる事柄を筆頭に、上級藩士の騎馬の飼葉を領民が負担することになった「御手馬一件」や徴租法改正の「三丸大豆改法」、そして園田家に関わる「御扶持一件」、居宅の「普請之手続」「水車溝附かへ」などが記される。このほかに、村役人の交代や芝居興行の申請など、村々からの願書をはじめ、郡取締役としての日常業務が記される。

日記の内容は大きく分けて①全国的な政治情勢、②篠山藩政の動向、③多祐が郡取締役を務める管轄地域内での動向、④園田家自体に関わる事柄の四つに分けることができる。なかでも②③といった地域に関わる事柄が八割を超えるが、これらはきれいに分かれるわけではなく、全国的な事柄に関しては①と②が、園田家が郡取締役として存在している以上は③と④の事柄が、それぞれ密接な関係をもって成り立っている。こうした傾向はなにも安政二年に限ったことではなく、多くの「郡用日記」に共通していることであり(7)、郡取締役としての職務を遂行する上で、多くの情報が同家に集積されていったものと考えられる。

さらに園田家には「杞憂漫筆」(8)と名づけられた風聞書があり、各地の風聞や張り紙、また幕府の機密事項などを収録する。この史料は文久三年（一八六三）に起こった八月十八日の政変の記事から始まり、表紙には慶応二年（一八六六）八月までの三年間の記事を収録すると記すが、実際には慶応四年の西園寺公望山陰道鎮撫総督通過の記事までを収録する。途中、綴じがはずれてしまっており正確な丁数は判断しがたいが、現存する部分だけでも一〇〇〇丁を超える大部なものである。この史料の作成者は筆跡から当主の多祐であることは間違いないが、なかには異なった筆跡も混ざっており、少なくとも三人以上が作成に関わっていたようである。

「杞憂漫筆」の特徴は政治的な情報を詳細に収録することに終始しており、大坂の米相場のような経済的な情報はほとんど見当たらない。しかも、収録された事柄に対してコメントが付されていないのも特徴の一つである。彼の藩内での立場を考えれば、経済情報よりむしろ政治情報を収集しなければならず、情報の選別が行なわれていたことがわかる。

この多祐の手になる二つの史料、「郡用日記」と「杞憂漫筆」とには相関関係がある。一つには「郡用日記」に詳しく書き留められなかったものを「此一件者杞憂漫筆ニ委しく記ス」として、「杞憂漫筆」にその詳細を記している場合である。例えば、慶応四年一月四日に始まった鳥羽伏見の戦いの様子や、万延元年（一八六〇）と明治二年（一八六九）に領内で発生した百姓一揆の様子などである。

二つには「杞憂漫筆」に記されたものを再度、「郡用日記」に書き留めるという場合である。後に史料2として挙げる、兵庫開港を求めた米・英・仏・蘭の列強艦隊の様子を記した播州加東郡太郎太夫村近藤文蔵からの書状をはじめ、他領で起こった大規模な百姓一揆である、播州多可郡一揆の様子などがこれにあたる。

以上のことから、自らの意思で情報収集したと考えられる「杞憂漫筆」の方が情報の質・量ともに豊富で、その中から藩政に必要な情報が取捨選択され、藩に上申する過程でその内容が「郡用日記」に書き留められたと考えられる。このような文書の成り立ちを考えると、「杞憂漫筆」が「郡用日記」や各種願書の母体となっており、多祐の政治的行動に果たした役割は大きいと言える。

第二節　情報の入手ルート

では、こうした情報を園田家ではどのように入手していたのであろうか。情報を入手するルートとしては、大きく分けて三つのルートがあったと考えられる。一つは居村を中心に広がる広域的な親類・縁戚関係であり、さきほどの近藤文蔵や丹波国氷上郡柏原の土田文七郎、同郡小倉村の田文平などがこれにあたる。とくに田家とは数代にわたり婚姻関係を結ぶなど緊密な関係があった上に、一〇代当主文平は郷里を離れて諸国の文人墨客と交わることが多かったことから、(9)様々な情報が園田家にもたらされた。

文平が多祐に送った書状の中で、元治二年（一八六五）二月十日付のものは、自らが聞いたという第一次長州征伐に参加した人足の話を記している。それによれば、長州藩の様子は京都で噂されているのとは大きく異なり、家老の吉川監物が素足に一本差しという姿で征長総督である徳川慶勝の本陣に現れ、国司・福原・益田三家老の首を差し出し、山口の城については石垣を突き崩し、本丸まで見分させる有様であったという。文平はこの人足の話を「実事と被存候ニ付書取置申候」とし、自分がそれまで京都市中で聞いていた長州藩の強硬な態度とは裏腹に、恭順の意を表したことを示すものとして、多祐にその内容を送っている。

二つ目として考えられるのは、藩士からのルートである。郡取締役として藩政の末端に位置している関係から、篠山や江戸のほか、幕末には京都詰の藩士たちとの交流があり、とくにその職務柄、郡代・郡奉行・代官との関係は緊密で在職時のみならず、退任後もつきあいがあったようである。

園田家が収集した情報のうち、安政二年（一八五五）二月の蝦夷地上知については郡奉行岸与三左衛門から、同年十月の江戸大地震の被害状況については前郡奉行の浦山半十郎から、それぞれもたらされた情報であり、伝達者である藩士を特定できる。また、多祐は幕府と朝廷のあいだで取り交わされた書状や諸大名からの建白書、ひいては幕閣内部で取り交わされた文書なども書き留めているが、これらはさきに述べた渡辺弗措からもたらされており、多祐は丹波にいながら江戸の弗措を介して必要な情報を得ることが可能であった。

さらに、幕末維新期において篠山藩は京都警護に就いたことから、多くの藩士が京都に滞在することになり、彼らとの交流で得た京都からの情報は豪農と地域社会の成り立ちを左右する、非常に重要な情報であった。とくに慶応四年（一八六八）一月四日の鳥羽伏見の戦いから、十三日の西園寺山陰道鎮撫総督通過までの混乱期にはなおさらのことであったようで、かつて郡代・郡奉行を務めていた京都詰の藩士佐治数馬・大石勇太郎からもたらされた、鎮撫総督進駐に関する情報などは事細かに収集・分析しており、その進行に備えている。ここでは幕末維新期の政情がより身近なものとなり、地域秩序の安定を図るために事前に周到な準備を進める豪農の姿を見ることができる。

以上の事例は上級藩士でしか知り得ない、入手困難な情報であったが、多祐は藩政に関わることで入手できたと言え、多祐と藩士とのあいだに強固なネットワークが形成されていたことを示している。そして、それはただ単に職務上の繋がりであるばかりでなく、「音信帳」と題された史料が示すように、郡代・郡奉行・代官をはじめ、町奉行や家老に至るまで節季ごとの挨拶が行なわれ、金銭の授受を伴う緊密な関係が成立していたのである。

さらに三つ目として、日常の経済活動を通じて形成されたルートがある。園田家の場合、自家で醸造した酒を江戸へ回漕したり、藩の専売品である茶や立杭焼を生産・販売する過程において、近隣の在郷商人のみならず、大坂の伊勢屋藤四郎や江戸の伊達龔之助、京都の菱屋丈助といった藩御用達商人たちとの関わりのなかで独自の情報ルートを形成していったと思われる。

また、大坂や江戸といった大都市ばかりでなく、酒や立杭焼を船に積み込むための港であった播州高砂など物流や交通の要衝における情報交換は、自らの経営とも関わって重きをなしており、山村の豪農にとっては様々な情報を得る絶好のチャンスであった。

第三節　情報の活用と地域運営

これまで見てきたように、豪農が入手した情報は多岐にわたり、それに応じてさまざまな入手ルートが存在していた。では、このように入手した情報を、豪農たちはどのように地域運営に活用していったのであろうか。

まず一つには、地域秩序の安定を図るために自らが入手した情報を利用している場合である。なかでも積極的に収集した情報として、百姓一揆や打ちこわしの情報がある。こうした行為は地域秩序を乱すものと考えられ、他領で起こった一揆であっても、領内において一揆を誘引する危険性を孕んでおり、豪農にとっては地域秩序の安定を図ると同時に、打ちこわしなどから自らを守るためにも出来るだけ早く情報を察知し、それに対応することが必要であった(10)。

では、一揆の情報とその対応について、以下の二例を見てみよう。篠山藩領東部に位置する福井組から広がった万延元年（一八六〇）四月の一揆は、折からの天候不順で農作物の不作が続いた上に、手形と現米とを交換する際の「差米」が商人たちによって、一石あたり二斗近く取られていることに反対し、救民と差米全廃を求めて起こされたものであった。篠山で起こったこの一揆は、同年八月には福知山へ、十一月には丹波国船井・天田両郡へと波及していった(11)。

「郡用日記」には日を追って一揆勢の動向が記されている。それによれば、四月一日朝五ツ時半頃、福井組村々から四八〇人もの小前が郡取締役波部六兵衛方へ塩岡村重助が取り扱う手形の差米について嘆願に来たことが発端と記され、三日にはほかの村々へと騒動はより一層拡大した。これを見かねた藩側は四日、会所に郡代・郡奉行・代官・郡取締役を集め対応を協議したが、その間にも野々垣村では近郊の山へ一揆勢が集まり、篝火を焚き、ほら貝を吹き、寺の鐘を無断で撞くなど乱暴を働いた。

五日には多祐が管轄する中組でも不穏な動きが見られ、六日朝には多祐の住む大山地域へも一揆勢が押し掛け、同族の園田仁左衛門宅が打ちこわされた。しかし、七日にかけて郡奉行・代官が一揆勢を捕縛したことで一応の収束を見た。九日には郷宿預けになった者たちが一旦、村に戻って来たとも記されている。

このなかで、園田仁左衛門や上板井村明山権太夫が一揆勢の標的になった理由について多祐は、「差米を全廃して欲しい」という小前たちの要求に対し、「四日庄屋・頭分之もの会所へ被召出、御代官中ゟ上打いろいろ内談之折柄、五升位ナレハ下方承服可致候」と仁左衛門・権太夫が発言し、小前たちの要求を十分に聞き入れなかったことがその原因であると指摘し、「何故下方へ相談なしニ五升と申上候哉之恨ミ」のためであったと分析する。

また、慶応四年（一八六八）一月十七日に起こった播州多可郡一揆では、一揆の様子を多祐は村人を使って探索させており、「郡用日記」にはその様子が詳細に記されている。そのなかには、「右六軒焼払候由、尤百姓計ニ而者無之、浪人体之者も交り居候由、竹鎗抔持参致し、人数者千人余ニも及候風聞」や「所々米商人抔価引下何石売払候ニ付、焼払宥免いたし呉候様、自分張書抔致し居候もの多分有之、殊之外混雑之よし申居候」という記述が見え、一揆の規模や動向、さらには打ちこわしに怯える米商人の様子を書き留めている。また、「右一揆趣意不相分候得共近年諸色高直ニ而難渋仕居、当節御地頭様も無之姿ニ付其虚ニ乗し、人望を失居候品有之者を目差し、暴挙致し候哉ニ御座候」というように一揆の原因について分析を加えている。

このほかにも、隣藩柏原藩が警備のために出兵した様子などを書き留めるが、こうした内容からは領内に一揆が波及した時に備え、郡取締役として十分に対処できるように、詳細に情報を収集・分析していたことがわかる。

園田家による積極的な情報の収集・分析は、藩が目指す地域秩序の維持を補完するのみならず、同家と地域社会との関係においても必要不可欠であった。当該地域は万延元年の一揆以降、翌年にかけても「中秋米・豆大不作、酉春ゟ格別六ケ敷年柄」であったようで、園田家では同じような一揆を起こさないために、二度にわたる粥施行と米の安売りを行っている。また、万延二年からは地域の水がめである古坂池の築堤工事を園田家の自普請として行っている。このことは、一揆が起こる原因を分析した結果、小前との融和こそが重要であると考え、地域に滞留している難渋人を人足として雇用することで地域社会の再生を図ろうとしていることの表れであり、豪農は入手した情報を活用することで地域社会内の課題を解決し、さらに自らの存在基盤を堅持する方法を見出したと言える。(12)

こうした豪農による情報の収集・分析は、必ずしも藩にとって有利に働くとは限らなかった。豪農は地域社会の代弁者として自ら収集した情報を盾に、小前層からの要求を藩に主張し、時には藩との対立を生じることもあった。

幕末維新期に篠山藩では京都警護や敦賀表応援などのため、度々郷夫の徴発が行なわれた。文久三年（一八六三）二月から慶応元年（一八六五）末までの三年間では、のべ一七万五四四五人もの郷夫が徴発され、領民は困窮を極めた[13]。そこで豪農たちは連名で以下のような嘆願書[14]を藩に提出した。

〔史料1〕

乍恐奉願候口上之覚

当春以来　御上洛ニ付二条御警衛被為蒙　仰、格別之御役儀無御滞　被為勤恐悦之御義奉存候、尚又引続京都并周山村御固メ等之郷夫差出し、当春ゟ此頃迄凡三万四千人余之出高ニ御座候、右郷夫差出し方之義先達而奉伺候処、寛政之度郷町為取替有之ニ付、御差図難被成旨被仰出奉恐入候得共、右郷夫割合之義多年昇平之御恩沢ヲ奉戴候、御領内家別并御高江半分宛割合仕、此後迚も不時ニ御人数御出張等之節者、猶又無御差支郷町ゟ人足差出シ御手支ニ不相成様仕候義、乍聊御恩沢ヲ奉報候御儀と奉存候、然ル処郷町割方之義是迄者為差儀茂無之、約定通り割来候得共、右割合千人ニ付町方ゟ拾人之義何ヲ以取極候事哉、筆記等も手荒、年数茂相立候事ゆへ濫觴も相分り不申候得共、蒙御恩沢罷有候者郷町共一様ニ御座候処、割合不連綿之義郷方一統納得難仕候ニ付、春来ゟ掛ケ増銀未タ割合得不仕罷在候、素より御百姓之義出張中たり共専耕作仕候は而者御上納ニ手支、①殊ニ拾八歳ゟ五拾歳迄之屈竟(強)之もの撰立、度々人夫差出候処、出張中相互農事助ケ合仕候而も事実行届不申、終ニ者御田地荒廃之基と奉存候、右ニ付耕作手支候とて自己之相対ヲ以町人共相頼候ハヽ、多分之掛ケ増銀無之而者中々罷出呉不申、既ニ此度抔も無余儀もの者相対ヲ以多分之掛ケ増銀仕、町人ヲ相頼候趣承及候、是以詰り者百姓之費弊(疲)と相成歎ケ敷奉存候、乍恐寛政之度為取替仕候節者当時と違、平穏之折柄ニ付当節之如キ御軍役之見込も無之、当御役所様江奉伺取定仕候義と乍恐奉存候、②尤当時御変革之御時節御近領亀山・園

部・柏原様等承合候処、火急之義ニ付郷町之無差別人夫罷出候趣ニ御座候処、再応歎願仕候而も当御領分ニ限り寛政之度下方為取替有之候ニ付、御差図難被成下と申儀納得不仕、私共農民之身分ニ而申上候義恐入候得共、元来御百姓共ハ年々御田面耕作仕、御上納課役等相勤候義国家之基と奉存候、当時之御体勢ニ而者成丈ケ農民之気力を養ひ、課役を御弛メ勧農を第一と為致、精々貧苦ニ不迫様仕置申度奉存候、既三田様ニ而者当夏神崎川筋御出張之節郷夫御遣無之、下方人気御養被遊候御儀と承及候、惣而不仍何事一旦被　仰出候御事ニ而も時勢ニ相当不仕候節者、御変革被為在候御儀と奉存候、況七拾年前取極候而当時不相当之義再願仕候迄も無之、早速御聞届被成下、郷町ニ不拘御領分中平等ニ相成候様御差図被成下候義乍恐御仁政と奉存候、此儘ニ而者郷方之もの人気ニ拘り、以後御不都合之義出来可仕と私共深恐入奉存候ニ付、何卒春来掛ケ増銀并此後之出人足者当御領分人別割掛ケ増銀者御高江半分、家別江半分ニ割合、郷町同様差出し候様被成下度、偏ニ奉願上候、右之趣御聞届難被成下御義ニ御座候得者、乍恐春来罷出候人足之分御下ケ銭八拾文之外掛ケ増銀之義私共ニ而割合得不仕御断奉申上候、左候得者此後火急之人足被　仰出、二ツ鐘・三ツ鐘等ニ而も人足罷出申間しく、御差支と相成候義必定之義と奉存候、左候迚申諭方も無之、私共取締之廉も相立不申御役御免被成下候ゟ仕方無御座候、依之前件之次第何卒願之通御聞済被為成下候様、伏而御願奉申上候、以上

（文久三年）
亥七月

園田仁左衛門
団野記平次
羽田源右衛門
石田又左衛門
波多野万次

園田又一右衛門
樋口庄左衛門
園　田　多　祐
波　部　六　兵　衛

三組御代官所

この願書の主な主張は傍線部①～③に示されているが、なかでも傍線部②にあるように篠山の近隣、亀山・園部・柏原の諸藩では「郷町之無差別人夫罷出」るようになっており、さらに三田藩では「当夏神崎川筋御出張之節郷夫御遣無之、下方人気御養」うことが領民の「百姓成立」を実現するととらえていたことから、篠山藩でもこの点を考慮して欲しいと述べている。

これに対し藩では、郷夫を完全に撤廃することは出来ないと回答したものの、譲歩する姿勢を見せ、傍線部②③の主張を聞き入れる形で近隣諸藩同様、郷町の差別をなくし、領内平等に賦課する方法に切り替えた。

この願書で豪農たちは近隣諸藩の様子を聞き取り、領民が疲弊しないような方策を求めているが、他藩の状況を引き合いに出すことで、客観的根拠を提示して自らの主張に説得力が増すような工夫をしている。こうした動きは幕末になればなるほど顕著となり、慶応四年（一八六八）一月の農兵徴発に際しても同様の願書を提出していることから、客観的な情報を有効に利用することが、地域社会の利益を守るのに有意義であることを豪農たちは認識していたと言える。

加えて、近隣諸藩の状況を彼らが知り得たということは、藩や国という単位では収まりきらない、広域でしかも共通の情報社会が、領主権力に対抗する民衆たちによって形成されていたことを示しており、この点にも注目しなければならない(15)。

第四節　情報選択のあり方

情報量の増加に伴って、地域に情報を共有するような一種の情報社会が形成され、そこでは当然のことながら複数の家に同じ情報が存在することになる。(16)しかし、それは一様のものではなく、彼らがどのような情報を必要としていたかや、彼らの置かれた立場によって収集される情報に差異が生じる。本節ではその一例として、篠山と接する摂津三田の商人鍵屋重兵衛が残した慶応元～二年の「諸事風聞日記」(17)と園田多祐の「杞憂漫筆」を素材に、如何に情報の選択が行なわれているのかを考えてみたい。

まず両者で共通する事柄は、①兵庫津への列強艦隊入港、②篠山藩主青山忠敏の出坂の様子、③将軍家茂の死去、④第二次長州征伐の様子、⑤畿内各地での大雨・洪水の様子であり、このほかの大部分は異なった事柄が記されている。それぞれに見られる傾向として、鍵屋重兵衛は商人らしく米相場の変動など経済情報を詳細に記すが、多祐は当該期の政治情勢を丹念に収集している。

さらに両者の意識の違いを見るためには、共通する事柄を両者がどのように書き留めているかを見ることで判断できると考え、三田・篠山の近隣で起こり、彼らに大きなインパクトを与えたであろう、慶応元年（一八六五）九月に起った列強艦隊の兵庫津入港を取り上げて考察する。

この列強艦隊兵庫津入港事件とは、将軍が長州征伐のため大坂に滞在するのを機に、米・英・仏・蘭の四カ国が京都の朝廷に軍事的圧力をかけ、条約勅許と兵庫開港を実現しようというものであった。こうした列強の強圧的な行動の背景には、幕府が攘夷運動激化を理由に兵庫開港を延期してきた経緯があり、この事件をうけて幕府は列強各国に対し、朝廷から条約勅許を取り付ける代わりに兵庫開港の中止を求めることになる。(18)

では、以下に列挙した関連史料から両者の意識を見てみよう。

まず、園田多祐が記したのは、史料[19]2として挙げた近藤文蔵からの書状のみであり、それを藩の代官所に提出して以降、この事件に関する記事は一切出てこない。

〔史料2〕

当月十八日兵庫津碇泊之異船英吉士《イギリス》兵船五艘并仏蘭西《フランス》三艘・虹倫壱艘と申事、何角別紙之書附差出し候趣、右者翻約（訳）致候事と被存候、兵庫津中百人計上陸、小買物致し候由、右ニ付此程中閣老白川（河）侯・御城代・御奉行・御目附追々御応接有之趣ニ御座候、交易筋歎委細者難相分、大坂川口江も弐艘参り居候由、一昨廿七日姫路高須様上下千人計之同勢ニテ御出馬大坂江御出張と申事、兵庫表も御奉行出来候由、既に四、五日前御着と申事ニ御座候

内容としては、兵庫沖に碇泊する軍艦の数や列強が乗組員の上陸を要求していること、「閣老白川侯」＝老中で白河藩主の阿部正外が応接にあたることなどが記され、これらの点について情報は正確である。また、オランダのことを「和蘭」「阿蘭陀」とは記さず、「虹倫」という字を当てているが、これは中国語でオランダを指す「荷蘭」と発音が似ていることによる。このことから、この書状の情報源が中国人、あるいはそれに関わる人々であると考えられ、そうした人物とのつながりが推測できる。しかし、「兵庫表も御奉行出来候」という箇所については、兵庫奉行はすでに元治元年（一八六四）十一月に設置されていることから、誤りである。

「杞憂漫筆」にはこのあとに、「同月廿九日醜夷ゟ申出ル五ケ条」が書き留められるが、これはフランス公使ロッシュから幕府に提出された征長意見であることから、多祐の関心が終始、当時の政治問題にあったことを示している。

それに対し、鍵屋重兵衛は十月八日に列強各国が退去するまで、九回にわたって様々なことを記している。なか

でも、目をひくのが史料3[20]に挙げたような列強各国との交易に関わる記事である。

〔史料3〕

①一兵庫沖へ九月十七・八日ニ蛮船五ツ来る由、廿日朝天保山沖へ壱ツ着、江戸交易当九月切ニて年限ニ相成候ニ付、先達而兵庫ニて交易之沙汰有之候、将軍ゟも近高下々江亥冬か子春かニ御触有之、当表京都へ兵庫交易御願之所、御免無之候ニ付、兵庫ニ交易出来不申候、丑ノ三・四月頃ニハ兵庫ニていよ〳〵出来ル由ニて、御老中弐人京都へ参り、壱人兵庫・大坂・堺海道見分有之候、此度之蛮船ハ兵庫交易願ニ来る由也蛮船来ると直ニ兵庫市中へ百文之品物ヲ三百文ニ高直ニ蛮人江売候様御触ニて、其通りニ致し候処、蛮人能存居候ニ付、江戸表ゟ大高ニ候間、此通りなれば、此方ニ其つもり有と願出候ハヽ、早速元の通り直上ケ無シに売候様被仰出候、何か日本将軍之位なき事ニて御座候

②此度ノ嘶ニ、兵庫沖へ蛮船入来り候人、丑ヲ買取由ニ候、ばくろ丑ヲ拾疋百八十両ニ売候処、蛮ノどろ銀ニて鉛りの如し、悪銀ニ付不通ニ候間、日本奉行へ其由申上ケ、我方ゟ取替仕候か、御窺申上ると申候へば、奉行此方ゟ応対可致と被仰引合ニ被成候処、百八十両の銀正銀百両遣し、此内其々ニ士雑用ニ引ケ、ばくろの手四十両ゟ入なしと申事ニ候

③一兵庫ニて蛮人江売物五わり高直ニ売候様之御沙汰ニて、蛮人江売候ハヽ、公儀之役人跡ゟ来り余分之高利ハ公儀へ御取上ケ也

史料3で挙げた行為が実際に行なわれていたかどうか真偽の程は定かではないものの、こうした記事を書き留めるところに、鍵屋が外国との交易のあり方や外国人そのものに強い関心を持っていたことがわかる。

史料2・3において共通している点は、列強各国が兵庫開港や交易の開始を目的としていること、それに対する幕府側の対応などである。一方、異なっている点としては、多祐がフランス海軍提督の書状やロッシュの征長意見を書き留めるのに対し、鍵屋は列強との交易のあり方に力点をおいて記述する。なかでも、史料3①の傍線部「早速元の通り直上ケ無シに売候様被仰出候、何か日本将軍之位なき事ニて御座候」や③の傍線部「余分之高利ハ公儀へ御取上ケ也」といった記述からは、幕府の朝令暮改的で理不尽な態度に対する鍵屋の強い批判が感じられる。

こうした両者の差異は、兵庫開港問題という重大事に対する捉え方の違いを表している。多祐はこれをすぐさま代官所に提出し、今後の列強各国の動きに対して、警戒を怠らないよう藩に注意を喚起しているのに対し、鍵屋は藩組織に組み込まれていないこともあって、むしろ自らの商業経営の観点から交易のあり方を分析し、幕府の対応を批判している。

このように見てくると、多祐が経済情報をあまり重視していないかのような印象を与え、鍵屋との違いを際立たせるが、実際はそうではない。園田家に残る経営帳簿を見る限り、幕末維新期には時宜に応じて米の売買を行ない、多額の利益を得ていることから、自らの経営において有利となるような経済情報を入手していたことは想像に難くない。しかし、そうしたことを詳細に書き留めるか、書き留めないかを選択するところに、両者の置かれた政治的立場が如実に反映されており、結果、彼らが選び取る情報に質的・量的な差が生じたと言える。

おわりに

以上、豪農の情報収集活動に注目しながら、幕末維新期における豪農の行動を明らかにしてきた。本章の検討結果と本書各章における豪農研究を通じて、豪農は自ら知り得た情報を自家の経営基盤の安定や地域社会の秩序維持のために有効に利用し、自らのアイデンティティーを確立するとともに、地域社会におけるプレスティージを獲得していったと言える。たとえば、多可郡百姓一揆の情報や兵庫津に入港してきた列強艦隊についての情報など、領内の治安を脅かすような事柄については積極的に情報収集を行ない、その結果を藩に上申する一方、入手した情報を分析することでそれに対する解決策を講じていった。

本章で見てきたような、豪農による情報収集活動が活発化する背景には、藩がそれまで構築してきた公的な情報網が十分に機能しなくなっており、藩では豪農層を郡取締役などに任命することで、地域に関わる情報を収集させることになった。藩のこうした対応は、豪農の情報収集能力やそれに立脚した政策立案能力に頼らなければ、領内で起こる様々な課題に対処できなくなっていることを露呈しており、ここに豪農が持ちえた能力の高さを窺い知ることができる。

豪農たちは血縁関係や政治的・経済的活動を通じて、自らの情報社会を広域化・重層化していったが、その一方で情報を集積することによって、豪農を中心に地域の合意が促されるような情報社会を形成していった。それは藩領を越えて広域化するとともに、上は幕府・朝廷から下は百姓までを見通すような、身分を越えた情報社会の重層化をもたらした。それを可能にしたのが、近世後期から幕末維新期にかけての社会状況であり、その所産がこの時期に地域リーダーとして地域社会の成り立ちに腐心し、明治維新後には新たな仕組みのなかで、地域社会からの殖産興業を主導していく豪農・名望家たちであった。(21)

註

(1) 丸山雍成編『日本の近世　六　情報と交通』(中央公論社、一九九二年)、大藤修『近世農民と家・村・国家』(吉川弘文館、一九九六年)

（2）宮地正人「風説留から見た幕末社会の特質―『公論』的世界の端緒的成立―」（『思想』八三一、一九九三年）、『幕末維新期の文化と情報』（名著刊行会、一九九四年）、『幕末維新期の社会的政治史研究』（岩波書店、一九九九年）
（3）高部淑子「一九世紀後半の情報活動と地域社会」（『歴史学研究』六六四、一九九四年）
（4）岩田みゆき『幕末の情報と社会変革』（吉川弘文館、二〇〇一年）、『黒船がやってきた―幕末の情報ネットワーク―』（吉川弘文館、二〇〇五年）
（5）小林文雄「近世後期における『蔵書の家』の社会的機能について」（『歴史』七六、一九九一年）
（6）藪田貫「丹波篠山藩における大庄屋の研究」（平成六年度科学研究補助金一般研究（C）研究成果報告書、一九九五年）
（7）園田家文書研究会「幕末期における丹波の豪農―安政二年『郡用日記』（文学部所蔵園田家文書）の紹介―」（『関西大学博物館紀要』一〇、二〇〇四年）、「史料紹介　篠山藩郡取締役日記―安政三年『郡用日記』の紹介（一）・（二）―」（『関西大学博物館紀要』一二・一三、二〇〇六年・〇七年）
（8）関西大学文学部所蔵園田家文書一二四―一（以下関大園田と略記）
（9）松井孝禎編『田艇吉翁略伝』（田艇吉翁寿像建設委員会、一九三九年）
（10）宮崎克則「一揆情報の内と外」（丸山編『日本の近世　六』中央公論社、一九九二年）
（11）岡光夫『近世農民一揆の展開』（ミネルヴァ書房、一九七〇年）
（12）第一章参照
（13）宮川満編『大山村史　本文編』（大山財産区、一九六四年）、兵庫県史編集専門委員会編『兵庫県史　第五巻』（一九八〇年）
（14）文久三年「郡用日記」（関大園田一六三―八）
（15）久留島浩「移行期の民衆運動」（歴史学研究会・日本史研究会編『日本史講座　七』東京大学出版会、二〇〇五年）
（16）高部淑子「『人のうわさ』考―情報空間の展開―」（滝沢武雄編『論集　中近世の史料と方法』東京堂出版、一九九一年）

(17)　桑田優編『諸事風聞日記―北摂三田鍵屋重兵衛（朝野庸太郎）家文書―』（敏馬書房、二〇〇五年。初出は一九九九年・二〇〇〇年）
(18)　新修神戸市史編集委員会編『新修神戸市史　歴史編Ⅲ』一九九二年
(19)　前掲註8
(20)　前掲註17
(21)　第六章参照

第六章　園田多祐と国益策

――地域社会の繁栄をめざして――

はじめに

日本の近代化は、中央集権国家を目指す明治政府によって強力に開明政策が推し進められ、地域社会においても比較的スムーズにその開明政策が浸透していったと言える。こうした背景には、明治政府の政策を受容できる素地が地域社会には醸成されており、そこには「地域社会の支柱」として、地域の成り立ちに腐心する豪農の存在があった。

第二章では、近世後期における地域の成り立ち＝国益策の展開を検討したが、地域社会に大きな変化をもたらすであろう明治前期の国益策については触れることが出来なかった。そこで本章では、近世近代移行期においてどのように国益策が展開していくのか、地域社会にとって最も重要な課題であった道路改修や鉄道敷設などを主導した豪農の行動を中心に考察していく(1)。

具体的には、丹波国多紀郡大山宮村（明治二十二年の町村制施行に伴って、近隣一五カ村とともに大山村となる）の園田家を取り上げる(2)。多紀郡は丹波国のほぼ中央に位置し、城下町である篠山を中心に大阪から丹後・但馬へ抜ける街道が通るなど交通の要衝であった（図1）。しかし、篠山藩では一七〇〇～一〇年の年貢量三万五四〇〇石を最高に、その後もこの水準を超えることはなかった[3]。

そうした中、領国経済の自立化を目指し、様々な国益策が試みられたが、それを地域において実質的に主導していたのは園田庄十左衛門・多祐父子であった。地域的影響力の大きい同家の経営と政治的活動の実態を分析するこ

園田多祐頌徳碑

園田多祐

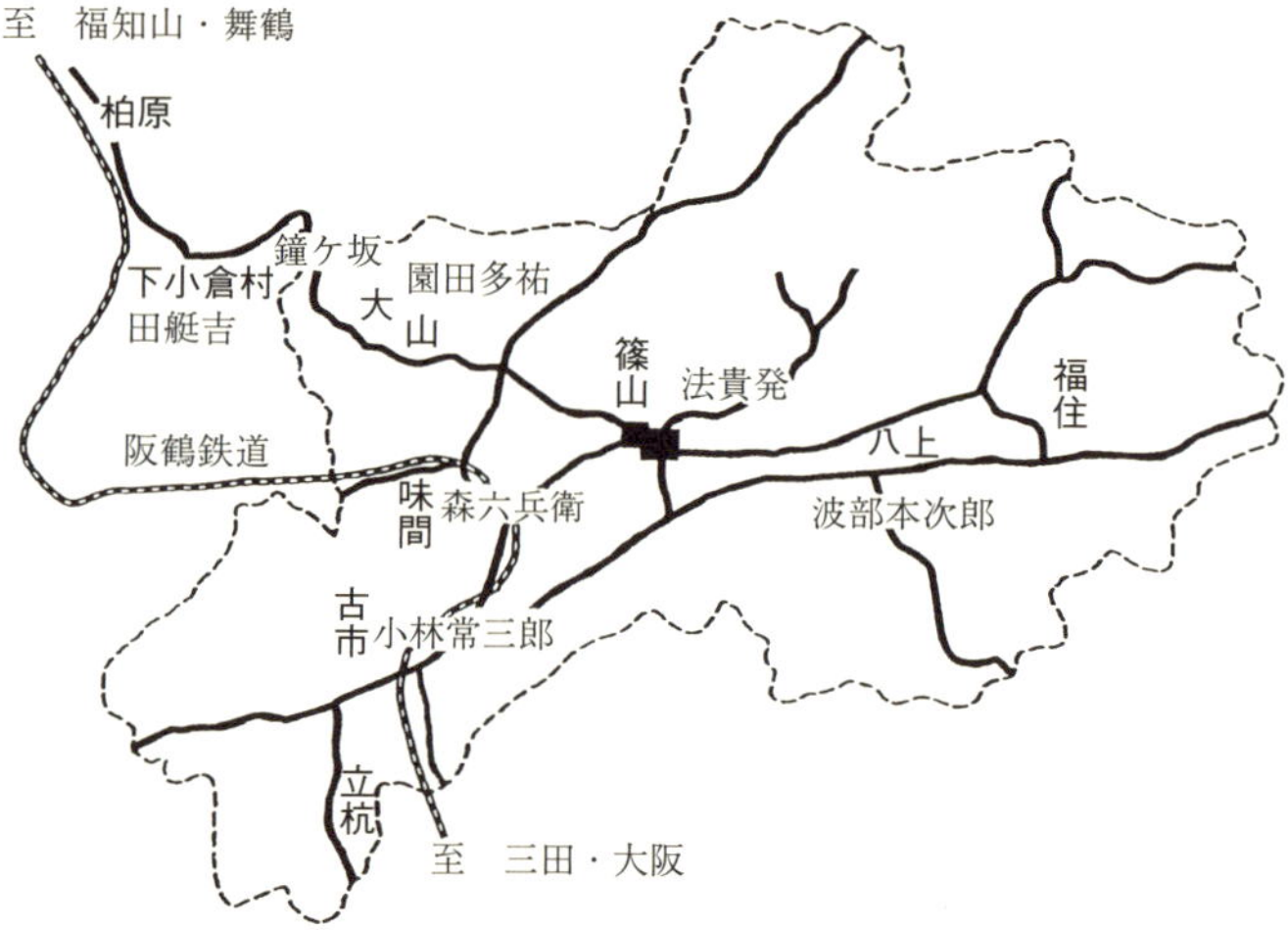

図１　兵庫県多紀郡略図

註　太線は街道を示す。

とで、国益策へのかかわりを明らかにし、さらにこれまで個別に議論されてきた豪農と地方名望家それぞれの概念を有機的に結び付ける端緒としたい(4)。

本章ではとくに、近世近代をほぼ半分ずつ生きた七代当主多祐を取り上げるが、彼の事績については、『丹波人物志』(5)に以下のように紹介されており、彼の経歴(6)の一端を知ることができる。

園田多祐、諱は定業、字は成功、抱甕と号した。その先祖は藤原秀郷七世の孫成実が上野国新田郷園田に住み、因つて氏とした。十八世の孫氏経が多紀郡大山村に移り刑部と称した。多祐はその八世の孫である。嘉永三年廿一歳で大庄屋を襲ぎ、篠山藩の用達を勤め、藩主の信任を得て要務に膺り、心を地方の事に用い、藩命により難村の救済に従事し、貯水池を造りて旱害に備え、あるいは義醵し米を社倉に積み、貲材を藩庫に納めること数次、幕府に請うて多紀郡助郷免除を得た。藩主はその功を賞して俸米二十石を給い、且つ永く戸租を免じた。これは特典である。明治維新の前後は大里正、区長、学区取締、県会議員となり、また銀行頭取となり、およそ公共の事に尽力せぬことなく、その最も著しき者は鐘坂《ママ》の開鑿である。人みなこれを便とした。明治十九年その功を以つて藍綬褒章を授けられ、卅二年八月十八日歿した。年七十。翁は資性温厚誠直、父母に孝養を尽し、家道益々賑い、義に勇み施を喜び、恵沢一郷を感孚し、大正九年頌徳碑を篠山城内に建てられた。

同時期の兵庫県下では加東郡太郎太夫村の近藤文蔵(7)や同郡小野の三枝篤治・五郎兵衛父子(8)などのように独自の国益策を献策し、それが明治政府に取り上げられる者も存在した。しかし、多くは多祐のように、政府に献策を行なわなくとも、地域の成り立ちを考え、そこに根ざした活動を行なっていたはずである。そうした人物が近世から近代への激動期を「どのように生きたか」を、地域の成り立ち＝国益をキーワードに読み解いていきたい。

第一節　当該地域の様子と園田家の経営

1　地域社会の概要

当該地域における農民各層の土地所有については、明治十年（一八七七）の「現地反別収穫地価一筆限明細帳」が参考となる。これによれば、一〇町歩以上の地主が五人おり、全戸数のわずか一％に過ぎない彼らが、全反別の三二・五％にあたる一〇七町六反余を所有している。これに対し、全戸数の二五・四％にあたる一二七戸は無高であり、また四二・〇％にあたる五反未満層の所有地は全反別のわずか一二・一％に過ぎない。[9]

こうした様子は明治期を通じて見られたようで、明治末年に編纂された『大山村誌』にも、一〇町歩以上の地主一〇人（人口比〇・九％）、一～一〇町までの中産者一三二人（同一二・五％）、五反～一町までの「生計ニ余裕ナキモノ」七三人（同六・四％）、一～五反までの「生計困難ナルモノ」一五一人（同一三・二％）、一反以下の「困窮者」七七八人（同六八・〇％）と記されており、当該地域が多くの困窮者を抱えていたことがわかる。[10]

地域の産業の様子については、明治十七年十月作成の大山地域各村「村誌」[11]によれば、「農ヲ業トスルモノ」が三一三戸と最も多く、ついで「農商ヲ業トスルモノ」八三戸、「農ニシテ工作スルモノ」「農ニシテ力役スルモノ」がつづき、主たる生業として農業を行なう者が全戸数の八三％に上っている。

以上のことから、当該地域では農業を生業としながらも、それだけでは生計を立てることが困難であったと推測できる。下層民が地域に滞留することから、幕末維新期には二度にわたる大規模な百姓一揆が起こっており[12]、さきに見た状況はなにも大山地域に限ったことではなく、旧篠山藩領＝兵庫県多紀郡全体を覆うような社会状況であった。非常に不安定な地域社会の中で園田家がどのような経営を行なっていたのか、次項ではその点について検討し

現在の園田家

ていく。

2　園田家の経営

同家の資産を最も端的に示したものが、「明治三十二年財産総目録」(13)である。この「目録」は多祐の死去をうけて作成されたものであるが、これによれば当時同家が保有していた財産は、居住地である大山村を中心に土地一三二町五反余、実収米五四三石、現金八六円三〇銭、株式は多祐が頭取を長く務めた第百三十七銀行の五〇株（額面二五〇〇円）をはじめ、共同貯蓄銀行六〇株（同三〇〇〇円）、阪鶴鉄道五株（同一二五〇円）、兵庫県農工銀行三株（同六〇円）を保有していた。多祐は地域にかかわりの深い企業の株を保有しており、投資として利潤のみを追求すると言うよりは、地元企業や地域にかかわりのある企業を支えるという意味合いを含んでいたと言える。

このように明治後期には寄生地主化した同家であったが、多祐が家督を継いだ嘉永七年（一八五四）は最も経営が困難な時期であった。その原因は多祐自らが「臨時無之且又田地買取不申候ハヽ、格別之喰込ニ而も無之候様何分田地

表1　明治中期における園田家の経営状況

明治(年)	西暦(年)	所有地の内訳	持高(石)	地租(円)				税金(円)				播州水害臨時地方税	収支(円)
				田	畑	宅	山林	村税	地方税	村費	雑費		
14	1881		576.896	714.807				—	98.908	53.269	—	—	2030.811
15	1882		522＋α	579.83＋α				22.262＋α	166.641	18.1＋α	9.816＋α		1645.238
16	1883		599.041	740.059				55.388	158.904	—	20.712		338.763
20	1887		603.646	732.754				61.856	99.488	86.068	123.349		661.388
21	1888		530.503	732.946				50.748	105.594	10.156	23.433		1027.782
22	1889	大山村	470.379	572.206	30.945	30.778	7.685	—				—	1739.944
		上瀧村	70.057	79.368				55.416					
		合計	540.436	720.982				55.416＋α					
23	1890	大山村	470.379	476.706	24.937	33.276	7.685	63.6	85.71	—	—	—	1999.14
		上瀧村	70.057	64.858				53.297					
		合計	540.436	607.462				202.607＋α					
24	1891	大山村	469.529	475.822	25.687	32.97	7.68	60.098	88.964	20.149	171.95	—	2232.51
		上瀧村	70.057	64.858				58.854					
		合計	539.586	607.017				400.015					
25	1892	大山村	425.569	475.822	25.595	32.97	7.672	78.440	104.568	22.509	143.004	80.801	1760.072
		上瀧村	67.950	63.22	0.025	0.546	3.992	9.223	12.123	20.399	—	9.539	
		合計	493.519	609.842				480.606					
26	1893	大山村	467.381	475.822	25.595	32.97	7.696	82.856	86.167	26.747	138.552	88.919	2247.562

註　「自明治拾四年家徳記」（園田家文書）より作成。欄内の「—」は帳面に記載のないことを示す。＋αとは帳面が欠損しており、数値を確定できない場合に付した。

も不得止（中略）且稀成旱魃ニ付余程六ケ敷年」[14]と嘆息するように、旱魃とそれに伴う小前層からの田地買取にかかる出費が嵩んだことにあった。こうした中で当主に就いた多祐は、田畑や備蓄米を処分するとともに、出費を制限するという家政改革を断行した。この成果もあって、安政四年（一八五七）には資産がプラスへと回復する。[15]

その後の経営は判然としないものの、明治十〜二十年代の経営については「家徳記」[16]の記載および、それをもとに作成した表1から明らかとなる。まず、所有地は居村である大山村のみならず、氷上郡上滝村（現丹波市）にまで広がっており、持高は五〇〇〜六〇〇石に上っている。安政五年段階で四八〇石余りであったことから、その後も順調に土地を集積していったことを窺わせるが、さきに見た地域社会の状況や松方デフレ下であることを勘案すれば、所有地の増加は小前層の没落に起因している。

収支のうちでとくに目を引くのは、税金に関す

表2 「棚卸勘定帳」にみる利貸の状況

（単位：円）

明治(年)	西暦(年)	出金	入金	小計	臨時	合計
6	1873	3489.242	2785.089	－704.153	—	－704.153
7	1874	2604.277	2069.91	－534.367	—	－534.367
8	1875	2846.35	2331.85	－514.5	—	－514.5
9	1876	539.08	3144.96	－394.12	—	－394.12
10	1877	3271.06	3179.522	－91.538	—	－91.538
11	1878	1869.16	2640.12	770.96	—	770.96
12	1879	2025.037	2301.822	276.785	—	276.785
13〜14	1880〜81	8862.157	8742.773	－119.384	748.115	－867.499
15〜16	1882〜83	5410.70	5600.08	189.38	2776.573	－2587.193
17〜18	1884〜85	5624.062	7358.16	1734.098	1320.58	413.518
19〜20	1886〜87	4636.121	8536.536	3900.415	1544.41	2356.005

註 「従明治七年　明治拾弐年迄　棚卸帳」「明治十三辰秋諸棚卸勘定帳」（園田家文書）より作成。欄内の「—」は帳面に記載のないことを示す。

る支出額の大きさである。地租については田方が五〇〇円、全体では六〇〇〜七〇〇円となり、それに加えて地方税や村税などが賦課された。地租は地租軽減運動を行なった結果、減少していく傾向にあるが、村税は行政事務負担が増えるにしたがって増加していく傾向にあった。

小作料から地租・各種税金を差し引いた収支は二〇〇〇円前後の利益を出している年が多いが、極端に利益の薄い十六年は嘉永六年（一八五三）以来の大旱魃で「米価非常之下落」となったためである。二十年から二十三年にかけては米価が乱高下するものの、同家の収支は安定的で順調に利益を出し、二十三年以降は二〇〇〇円前後を推移するようになる。多祐の経営手法は、米価が「高値ニ成候節ハ持米無之」という言葉が示すように、投機的な米売買をしていたことを窺わせるが、米価が低い値段で取引される年の経営はかなり苦しかったようで、米価が一石あたり四円二九銭より安価となる年は、実質的には近世期より重税となった。

ついで利貸については「棚卸勘定帳」[17]の記載および、それから作成した表2をもとに検討していこう。同家に残る近世期の「棚卸勘定帳」には、毎年の決算時に同家が保有している資産を銀に換算して記載されていたが、明治期には金銭の貸借のみに特化している。

まず年度ごとの状況は、明治六〜十二年では六年のように七〇〇円以上の赤字を出す年がある一方、十一年のように同額の黒字を出す年もあり、不安定ながらも大きな負債を抱え込むようなことはなかった。

十三年以降は出入金とも額が増加しているように見えるが、これは二年分が一括して記載されているためであり、一年間に扱う出入金の額に大きな変化はない。また、この年からは「臨時」という項目がつくられ、それはさらに地域や学校への「寄進」、難渋村・難渋人への「合力」、自らの家に関わる「買物」「普請」、そして火事や洪水への「見舞」の五項目に細分化されて記されるようになる。

なかでも十五〜十六年の臨時費の増加は、後述する鐘ケ坂隧道開鑿への寄附金四〇〇円と公債買取一六〇〇円が原因であり、全体の収支もこの一五年間で最悪となる。つづく十七〜十八年も多額の臨時費が計上されているが、これは「辰巳売払候而も負債不済ニ付大損」と記すように、天保期に園田家が私財をなげうって開墾した古市村辰巳[18]の土地を売却したものの、それまでの負債を穴埋めできなかったことを示している。

小前層からの土地の買取としては、十七年に一件・二〇円、十八年は五件・六九八円三〇銭、十九年は三件・二六〇円九八銭とあり、件数は少ないものの松方デフレの影響を見て取れる。

以上のことから同家の経営は、明治十年代後半の松方デフレを克服し、地主としての基盤を強固なものとするが、明治中期までの経営のあり方はほぼ近世期の経営と同じく、小作米を時宜に応じて換金することで利ざやを得るという方法であった。その中で多祐は農業経営を基本としつつも、十二年には第百三十七国立銀行[19]を興し、公債を買い取るなど、地域の金融秩序を新たに「銀行」という形で再編し、その利益を地元企業への株式投資に充てるなど、投資家・地方企業家としての側面も併せ持つようになる。

こうした経済活動の中で、多祐は寄進や合力・見舞という形をとりながら地域社会へ富の還元を図っていたが、十五〜二十年にかけての臨時費増加が示すように、名望家的活動は自家の経営を危うくするという危険性をたえず

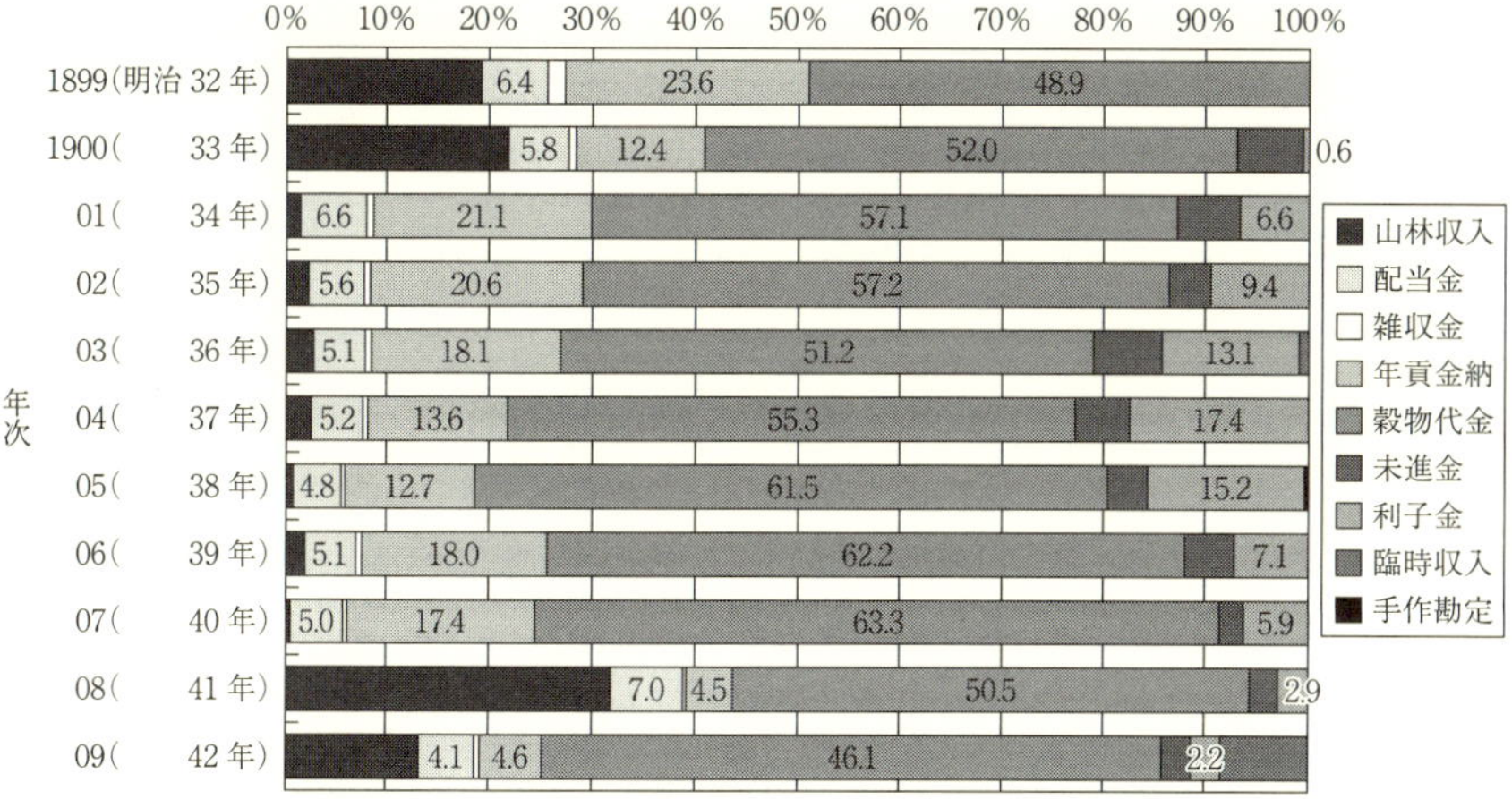

図 2　明治後期における園田家の収入構成比（明治 32〜42 年）

註　「総勘定元帳」「原簿」（園田家文書）より作成。

孕んでいた[20]。

多祐死後の経営状況は「総勘定元帳[21]」および「原簿[22]」から作成した図2に詳しい。「手作勘定」はいずれの年もまったくと言っていいほど見られず、小作料を反映した「穀物代金」や「年貢金納」が全収入の七〇％を超えている。山村地主としての特徴である「山林収入」が四〇％を占める年もあり、五〜七％と決して多くはないが株式投資による利益も見られる。また、大正十三年（一九二四）六月に農商務省農務局が行なった五〇町歩以上の大地主調査[23]においても、一〇代当主寛は農地一〇三町四反（田五一町・畑五二町四反）と小作人一六七人を数え、兵庫県下では一〇位に入っている。

第二節　多祐の諸活動と国益策

前節では地域社会の概要と多祐の活動の基盤とも言うべき、同家の経営状況について考察してきた。本節ではこれらの点を踏まえ、彼の生涯をいくつかの時期に区分し、それぞれの時期で彼が国益策として取り組んだ事柄を取り上げ、考察していく。

1　郡取締役時代（嘉永三年〜明治四年）

篠山藩では天保二年（一八三一）に郡取締役が設置され、多祐は嘉永三年（一八五〇）からその任に就いた。彼にとっては二〇歳から四〇歳という、自らの前半生と重なっている。この時期に見られる主な活動は、第一章で見たように難渋人への救恤や難渋村の立直し、池の自普請などである。

彼がこうした事柄に積極的にかかわるのは、地域社会からの強い要請があったからである。それは、万延二年（一八六一）の古坂池自普請に見られる、彼と地域社会との関係に最も顕著に表れている。地域社会内には下層民が滞留しており、彼らは「何分ニも格別米価高直ゆへ老人子供抔家内多之もの者糊口之いたし方無御座候ニ付、畑田成開発ニ而もいたし召使呉候様組頭共ゟ頼出候」(24)、「当御領民之内百日挊ニ罷出候もの少く、多分在宿罷在此節夫喰ニ差詰候而大山上村・宮村両村のもの共夫喰ニ困窮仕、何レ共為相働呉候様園田多祐方江頼出候」(25)と、米価の高騰や酒造稼ぎの禁止によって困窮を極めている現状を解決してくれるよう多祐に求めた。この求めに応じ、多祐は池の自普請において地域社会に滞留している下層民を人足として雇用し、同時に行なわれた植林事業においても、植林した木が育つまでの枝打ちなどを難渋人の余業として実践した。

この時期に見られる多祐の国益策は、地域社会に滞留する失業者への対策を第一義と捉えていたため、地域内で雇用機会を確保できる農産物生産や陶磁器生産に頼るものであり(26)、当然、藩領を大きく越えて展開するものではなかった。

2　区長時代（明治六〜九年）

多祐は廃藩置県後、明治四年（一八七一）に仮戸長、五年に大郷長を務め、大区小区制施行にあたっては、第二十大区区長に任命され、豊岡県が兵庫県に編入される九年までその任に就いた。

この時期、彼が主にかかわったのが六年から務めた「田松川通船事務掛」であり、その職務は篠山―三田間に新たに開削された運河（田松川）を航行する船を管理するものであった。この田松川―武庫川の舟運は、丹波の物産を篠山から三田へ経て西宮に運ぶ新たな物資輸送路で、最終的には大阪・神戸両港に運搬することを目的とした。(27)このルートのうち、篠山―三田間については当初、摂丹街道の整備が計画されたが、近世以来の舟運を利用する方が安価で開発できるというメリットを、篠山・三田双方の住民から進言された兵庫県令神田孝平は豊岡県参事田中光儀とともに、この計画を推進した。(28)山間の盆地に位置しながらも、地域経済の中心である篠山にとって、三田・西宮・大阪・神戸が一本の水路によって結ばれることは、丹波の物産をこれまでよりも大量かつ迅速に移出することを可能にし、多くの利益をもたらすものとして期待された。

六年十一月には区長である多祐に意見の具申が求められ、「当勢至当ノ確論、成功ノ上ハ国益モ亦タ尠カラス」(29)と述べ、賛成の意を示した。また、篠山側の主唱者平野恭蔵も「封建割拠ノ体裁ナレハ他方へ便ヲ通シ候儀ハ却テ土地ノ要害ヲ失」うとして、近世期には流通が盛んになることに対して領主層は懐疑的であったが、明治となった今、計画を進めなければ「数百年来運輸不便ノ国損」になると述べた。(30)こうした考えは、それまでの国益策とは異なり、物流を盛んにすることが国益につながるという考えを示したものであり、多祐や平野を含めた豪農商にこうした考えが広く受容されつつあったことを物語っている。しかし、篠山に繁栄をもたらすと考えられたこの事業は、田松川の水深が浅く、水が枯れると船が通れないことから、わずか数年で頓挫することになった。

こうした物資の流通について福澤諭吉は、経済発展の本質とは商品の生産よりもむしろ集散にあると捉え、「富国には商品の集散が盛大となることが必要」と述べており、(31)こうした考えは早くから多祐の知るところであった。(32)というのも、多祐は青山忠誠（最後の藩主青山忠敏の養子）が私費を投じて設立した篠山中学舎の監督を務め、福澤門弟の長島芳次郎・佐々木長次郎が同校に教員として着任するや、(33)彼らとの親交を深めており、こうした経験が多祐の行動に大きな影響を与えることになった。

3　各種議員時代（明治十二〜三十年）

多祐は明治十二・十八年に県会議員を、十七年からは多紀郡町村聯合会議員を、二十九年からは郡会議員を歴任しており、この時期は彼の後半生にあたる。こうした政治活動は大山村や多紀郡といった自らの政治的・経済的基盤の見直しを迫る契機ともなった。なぜなら、九年に豊岡県は兵庫県に編入され、多紀郡は兵庫県域のほぼ中央に位置することになったが、新兵庫県は摂津・播磨と丹波・但馬とのあいだに大きな経済格差をもって立県することになったからであり、それが県会などでの政治活動を通じて強く意識されることとなった。

こうした意識の中で、まず彼が主導した国益策は父庄十左衛門から継承した植林事業であった。これは天保期に庄十左衛門をはじめ、大山地域の地主が土地を出し合った「趣法山」に植林したのが始まりで、現在の大山財産区の基礎となっている[34]。そのほかに、地域の水不足を解消するために溜池・水路の改修や、橋の架橋・学校の設立などを行なった。

この中で、多祐の事績として最も著名なものが、多紀・氷上郡境の鐘ケ坂隧道開鑿である[35]。大阪・神戸から丹波を経て丹後・但馬へ抜ける「京坂街道」にあって、鐘ケ坂は多紀・氷上郡境に位置する険峻な峠道であり、これが「京坂街道」最大の難所であると言われた。明治十三年二月十八日付け『大阪朝日新聞』に「丹波国氷上郡金ケ阪（鐘ケ坂）は険阻にして人馬の通行に困難なりしが、此度柏原近村の大家が夫を申合し、阪（坂）を切りて京阪街道を便利にせんと尽力中なり」と報じられ、この工事が広く世間に知られることとなったが、それ以前から多祐や氷上郡長田艇吉ら有志たちは、県庁へ補助金を申請する一方で、地元での協力者を募り、寄附金を集めることに奔走した。

その際、協力者に配られた「多紀・氷上郡連貫京坂街道修良ノ議」[36]は多祐をはじめとする発起人たちの意図を最もよく表している。この趣意書は六条からなり、第一条ではその要点を略記するが、最も注目すべきは第三・四条である。

〔史料1〕

多紀・氷上郡連貫京坂街道修良ノ議

第一　交接愈開ケテ文化益進ミ運輸愈便ニシテ諸業益栄フ、此ニツノモノ尽ク道路ノ開修ニ因ラサルナシ、今多紀・氷上両郡ヲ貫通スル京坂街道ヲ修良セハ大略左ノ便益アリ

一　通行人々ノ労苦ト時間ヲ省ク

二　東西諸国民播州廻リノ往返ヲ控制シ、此本街道ニ因ラシメ為ニ両郡間ヱ利益ヲ播カシム

三　物貨運輸ノ便ヲ開キ、商業交通物産蕃殖ノ媒助ヲナス

（中略）

第三　此路線タル但馬・因伯・隠岐等ト京坂及東国諸方ト往還ノ本道タリ、然ルニ近来生野鉱山ヨリ姫路ヘ馬車道ヲ開カレ、続ヒテ但馬城崎ヨリ南生野迄一昨年来同国ノ協議費ヲ以同様ノ大道ヲ開修接続セシ故、其神坂地方ト相距ルノ里程ハ丹波道ヨリ遠ク、即チ迂路ナリト雖モ、全ク道路ノ好良ナルヲ以テ東西往返一ニ此路線ニ転依スルコトトナリ、元来当国鄙僻ノ地ヲシテ益寂寥ノ冷境タラシメ、①丹波ニ落ツヘキ利益ハ悉ク去テ他所ノ肥トナルニ至レリ、是必竟天為ノ然ラシムルニ非ス、皆人民自ラ取ル所ナリ、②故ニコレヲ挽回スルニハ一日モ早ク鐘坂ノ嶮ヲ去リ左右道路ヲ修繕スルニ如カス、然シテ能ク播州ノ往返ヲ控制シ、専ラ此道ニ因ラシメ、且漸次諸道路ヲ修良シ四通八達絡繹旁午ノ街道トナサハ、為ニ二郡内ヘ散敷スル利益蓋解（鮮）少ナラサルナリ

第四　③特産ヲ産出スルハ農工ニシテ商賈交易売買ヲ紹介シ、相須ツテ用ヲナシ利ヲ興スモノナレハ、各其富盛

ヲ致スハ物産蕃殖商業広通ニアリ、蓋此事各自ノ勉強ニ依ルト雖モ多クハ運輸ノ便否ニ関ス如何トナレハ、物産ノ元費少ナケレハ廉価ニ估却スルヲ得テ需用必ス多ク、需用多ケレハ産出者・商賈共ニ利ヲ占メ、且其産物永ク価格ヲ堕サスシテ、之ヲ作為スルコト随テ増殖スルヲ以テナリ、然ルニ其元質及培養又ハ装飾ノ費用即チ原価ハ甚タ低廉ナリト雖モ、運搬費ノ為ニ非常ノ高価トナレハ、需用者・買手日々ニ減少シ、若シコレヲ強テ低価トセハ供給価（商人并物産産出人共）損益相償ハス、詰リ衰廃ニ至ラシメ、他ヨリ購求スルモノモ又運搬費ノ為ニ高価トナル、コレ用給共ニ損失ヲ免カレサルモノト云ベシ、故ニ世間熱閙ノ地ニシテ運輸ノ道開ケサルモノヲ見ス、蓋厚生利用ハ人々日々夜々ニ経営スル処、④世界各国富強ヲ競フモノ一ニ物産蕃殖商業広通ヲ主トセサルナシ、殊ニ当国ノ如キ天産乏シキニ非サルモ運輸不便ノ為ニ利ヲ収ムル事少ク、又運輸不便ナルカ故ニ人造物産甚稀ニ輸出極メテ少ク、人民概ネ貧窶ニ困シム現況ナレハ、物産蕃殖ノ道ヲ講スルコト最も焦眉ノ急務ト云フヘシ、鐘坂ヲ穿通スレハ永遠運搬上ノ大便利ヲ開キ、必ス前言ノ目的ヲ達シ得ヘシ、試ニ其一例ヲ挙タレハ多紀郡ノ俵米ハ五升込ナルニ大山・篠山辺ニ於テ時トシテ氷上郡ノ込米ナキモノト粗ホ価ヲ均フスルコトアリ、殊ニ薪・炭・材木等僅ニ鐘坂ノ東西ニテ其価ハ氷上ノ半ニ及ハスト云フ、是等皆単ニ運搬ノ不便ニ因ルノミ、若シ一旦⑤鐘坂ヲ洞開セハ蓋シ多紀郡米穀・木材・其他ノ物産ハ氷上郡物産ト売買交換大ニ開クルノミナラス、直ニ当郡本郷稲継村辺へ車送シ、夫ヨリ舟筏ニテ佐治川ヲ下リ高砂ニ出ルコトヲ得テ、著シク輸出ノ道ヲ開キ品価ヲ増進シ、随テ山林耕地ノ実価品位迄ヲ貴フシテ、頓ニ各財産ヲ加倍スルニ至ルヘク、其他諸商業上ニ於テ有無相通シ、互ニ一層ノ繁栄ヲ視ルコト毫モ疑ヲ容レサルナリ、コレ鐘坂洞開ニ付ヒテ最モ大ナル利益ノアル所トス

第三条傍線部①・②では「丹波ニ落ヘキ利益ハ悉ク去テ他所ノ肥」となることを防ぎ、「播州ノ往返ヲ控制シ、専ラ此道ニ因ラシメ」るためにも、丹波廻りの街道を改修する必要性を説く。ここには、丹波廻りの街道を改修す

ることで兵庫県下における播磨と丹波との経済格差をなんとか是正したいという意図が見える。

第四条傍線部③・④では富国のためには「物産蕃殖・商業広通」することが不可欠であり、とくに多紀・氷上両郡は「運輸不便ナルカ故ニ人造物産甚稀ニ輸出極メテ少ク、人民概ネ貧窶ニ困シム現況」であり、これを解決するためには整備された輸送路を確保することで「大ナル利益」が生じると記している。また、傍線部⑤では陸路のみに頼らず、水運を利用し、高砂へ運搬することで更なる利益の増大を企図している。このことは、六年に計画された新路線の篠山—三田—武庫川—西宮というルートではなく、旧来の大山—柏原—加古川—高砂というルートをとる。これは近世以来、大山・柏原地域に形成されていた流通圏を援用することで、地域経済の中心である篠山とは異なる流通ルートの確立を目指している。その点で鐘ケ坂隧道開鑿は大山地域にとって、より一層重要な意味を持つことになる。

鐘ケ坂隧道は十六年九月に完成し、これによって「京坂街道」沿いの追入・大山宮を中心に約一五％の人口増加が見られた。とくに、鐘ケ坂のふもとに位置する追入では農業以外の商工業（農業との兼業も含む）に従事する者が人口の五〇％を超え、「力役」を生業とする者も二三％に上り[37]、街道沿いの大山上・大山下でも追入と同様の傾向が見られた[38]。

では、隧道開鑿によって物流はどのように変化したのであろうか。表3は隧道完成後間もない明治十七年十月段階において、大山地域のうち鐘ケ坂のふもとに位置する三カ村（追入・大山宮・大山上）から移出された物産とその移出先を示したものである。米・大豆・薪といった日常品は篠山・古市など近隣地域へ移出される一方で、茶は神戸以外には移出されていない。これは茶が当時の輸出品の最たるものであり、それが神戸の後背地である丹波から供給されていたことを示している。茶のほかには生糸・繭が京都・福知山といった絹織物生産地に移出されていることが特徴的である。なお、当該地域における製糸工場の設立は、阪鶴鉄道開通後の明治四十年代を待たなくて

表3　大山地域三カ村主要物産移出先

移出先＼生産地	兵庫県					大阪府	京都府	
	多紀郡		氷上郡		神戸	大阪	京都	福知山
	篠山	古市	柏原	氷上				
追入	米 大豆 木綿	米 大豆			生茶　600貫 緑茶　290貫		生糸 350貫	
大山宮	米 大豆 薪	米 大豆		繭 250貫	緑茶　150貫		生糸 800貫	繭 250貫
大山上	米 大豆 薪 木綿 葉たばこ	米 大豆	繭 350貫		生茶　1500貫 緑茶　400貫 葛　300斤	氷豆腐 50荷		

註　明治17年10月の各村「村誌」（篠山市立中央図書館所蔵）より作成。

はならない[39]。

このように篠山・古市といった多紀郡内はもちろんのこと、京都・大阪・神戸をはじめ、柏原や福知山といった地域経済の中心地と広く結びついていることを考えれば、隧道開鑿・道路改修は地域振興に大きな役割を果たしたと言えるだろう。

以上、限られた事例からではあるが、近世近代を通じて地域の中からその振興に尽力した多祐の生涯について、国益策とのかかわりを中心に考察してきた。しかし、そのような彼であっても、地域に対する晩年の思いは複雑であったようである。多紀郡では、明治二十年代末に「精米及製油事業ヲ営ミ、傍ラ肥料・米穀其他諸物産ノ売買ヲ以テ営業ノ目的[40]」とする多紀郡興業株式会社が設立されることになった。地域振興を担う新会社設立に際し、多祐は会社発起人への参加を促され、創立時の会社運営について相談を持ちかけられているが、彼は荀子の言葉を借りて、「事柄者至極結構ニ御座候へ共、故人も所謂治法有リテ治人なしと被申候、此度之御企御尤ニ候へ共、其主任之人材得候実ニ難かるべくと奉存候、小生ハ老年と申至儀兎角旧習ニ泥ミ候、旁ヲ以発起等此度ハ御辞退仕候[41]」と返事を送り、会社経営にはそれ相応の人材が必要であるが、今般の状況ではそうした人材を得ることが困難であることを指摘した。この手紙に記された言葉は、長年地域社会において実業を主導してきた多祐だからこそ、発することのできる言葉であると言える。この後、第百三十七国立銀行が国立銀行営業満期となり、株式会社化されて普通銀行へと変更になるのを機に彼は頭取を辞任し、明治三十年、実業界の第一線から退いた。

第三節　多祐の意識と人的ネットワークの形成

前節では多祐の生涯をいくつかの時期に分けて、彼が主導した国益策を考察してきたが、それらの検討結果を踏まえ、本節では国益策にかかわる多祐の意識・意図を明らかにしていきたい。あわせて、様々な国益策が多祐一人で実現できるものではなかったことから、彼を取り巻く人的ネットワークを分析することで、当該地域における地方名望家のあり様を描き出してみたい。

1　国益策に見る多祐の意識・意図

前節で区分した時期によって、多祐の国益策にはどのような変化があるのだろうか。特徴的なこととしてまず第一に、国益策の展開する範囲が拡大することである。近世の国益策が藩領を越えないものであったのに対し、近代に入りその範囲は篠山―三田通船や鐘ケ坂隧道開鑿に見られるように郡域を越えて、最終的には大阪・神戸といった経済先進地域と結びつくことを意図している。これは、郡取締役・区長が多紀郡内の事柄に終始していたものが、県会議員や実業家になることで、自らの基盤となる丹波と摂津・播磨との経済格差についての認識を得、それを如何に克服していくのかを考えるようになったことに起因している。

第二には国益策の質的変化である。近世後期に庄十左衛門の示した献策がいずれも成功せず、産業がわずかに窯業や製茶業しか根付かなかったことは[42]、庄十左衛門の国益策が近世における限界点であったことを示している。園田父子における違いは、庄十左衛門が地域社会に根ざした原材料を用いて行なう、藩領国における地域循環型の国益策であったのに対して、多祐の国益策は社会基盤の整備を進め、地域に自立を促すための物流に注目することで、地域社会の繁栄を築こうとする利益導入型の国益策であったと言える。その具体策として考え出されたのが、地域への殖産と流通拡大のための道路改修や鉄道敷設であった。こうした考えは鐘ケ坂隧道開鑿の際に最もよく表れており、史料2[43]にも見ることができる。

〔史料2〕

凡国家ノ富強、社会ノ開明ヲ図ルハ人智ヲ開達シ物産ヲ蕃殖スルヨリ先ナルハナク、人智ヲ開達シ物産ヲ蕃殖スルハ交通運輸ヲ便ニスルヨリ急ナルハナシ、故ニ道路ヲ修メ水利ヲ通スルハ方今ノ急務ニシテ、其国家ヲ利スル鮮少ナラス、西哲道路ヲ開クヲ富強ノ基本又文明ノ先導ト云トカヤ（中略）（隧道完成によって）世人ノ憂ハ全ク消散シ、大ニ交通運輸ノ便ヲ開キ、将来人智ノ開達物産ノ蕃殖期シテ俟チ得ベシ、実ニ我二郡（多紀・氷上両郡）遠大ノ幸福ト云ベシ、豈二郡ノミナランヤ、実ニ国家ノ幸福ナリ（史料中の（　）内は筆者註）

第二節1で取り上げた古坂池自普請や植林事業における失業者対策は、鐘ケ坂隧道開鑿の際にも見られた。兵庫県下各地の道路が改修されるに及んで、「京坂街道」も「道路改良ノ好機会ニシテ一日モ忽センスヘカラサルヲ信ス、殊ニ目下米価騰貴細民難渋ノ折柄ナレハ、ソレヲシテ土役へ従事セシムルコト済窮ノ一術トナル[44]」として、下層民の雇用促進を目論んでおり、加えて「其費金多クハ両郡内ヨリ出ツル土功人足賃トナレハ、只官ト富豪ノ懐ヨリ細民ノ手ニ移ス迄ニテ、必竟救済ニ比シキ金銭ノ融通ニ属シ、之ヲ郡内ニ平均セハ損失ナクシテ便益ヲ収ムル[45]」と述べ、豪農が出した寄附金は人足として雇われる下層民の手元にいくとの考えを示している。

しかし、こうした失業者対策だけでは永続的な国益とはなりえなかった。政府は明治十一年（一八七八）に三新法を制定し、限定的ではあるが、町村が自治を行なえるようにすると同時に、それまでの官営工場を中心とする政府主導の殖産興業策から、地方税による地方行政団体主導の勧業策へとシフトしていった。しかも、十四年には従来国から交付されていた土木費の国庫補助費が廃止された。地域においてもさきに見たように困窮者が増加する中で、豪農たちは政府や県に頼らない、地域の実情に即した施策を見出さなくてはならなかった。

たしかに、隧道開鑿や道路改修といった土木工事は一過性の失業者対策だと思われがちであるが、実際は開鑿後に物流が盛んになることによって、荷駄運びなどの余業が創出され、下層民の自立を促進することにつながった（第二節3において詳述）。

こうした地域の実情に即した国益策は、近世以来、地域社会とのかかわりの中で自ずと豪農の中に培われてきたものである。第一節で見たように自家の経営が不安定な時期であっても、多祐は利益の一部を地域社会に還元しており、彼らが直接・間接にかかわっていくことで地域の成り立ちが補完された。また豪農にとって、自家の経営安定や地域社会での位置付けを考えれば、地域社会からの名望なしには存在し得なかったと言える。

2　国益実現のネットワーク

こうした国益策の実現には様々なネットワークの形成が必要不可欠であった。その第一は略系図（図3）に見るように、田艇吉・健治郎兄弟[46]や小谷・土田といった血縁関係が挙げられる。とくに艇吉は多祐の従兄弟おさきを母に持ち、自らも多祐の娘千勢を妻として娶っていた。園田家が多祐のあと、義三郎・稔と当主を若くで亡くし、絶家の危機に陥った際、艇吉の三男寛が園田家を継ぐことになる。こうした血縁関係は隧道開鑿・鉄道敷設のみならず、その後、田艇吉・健治郎が中央政界に進出する際の支持基盤ともなった。

図３　園田家略系図

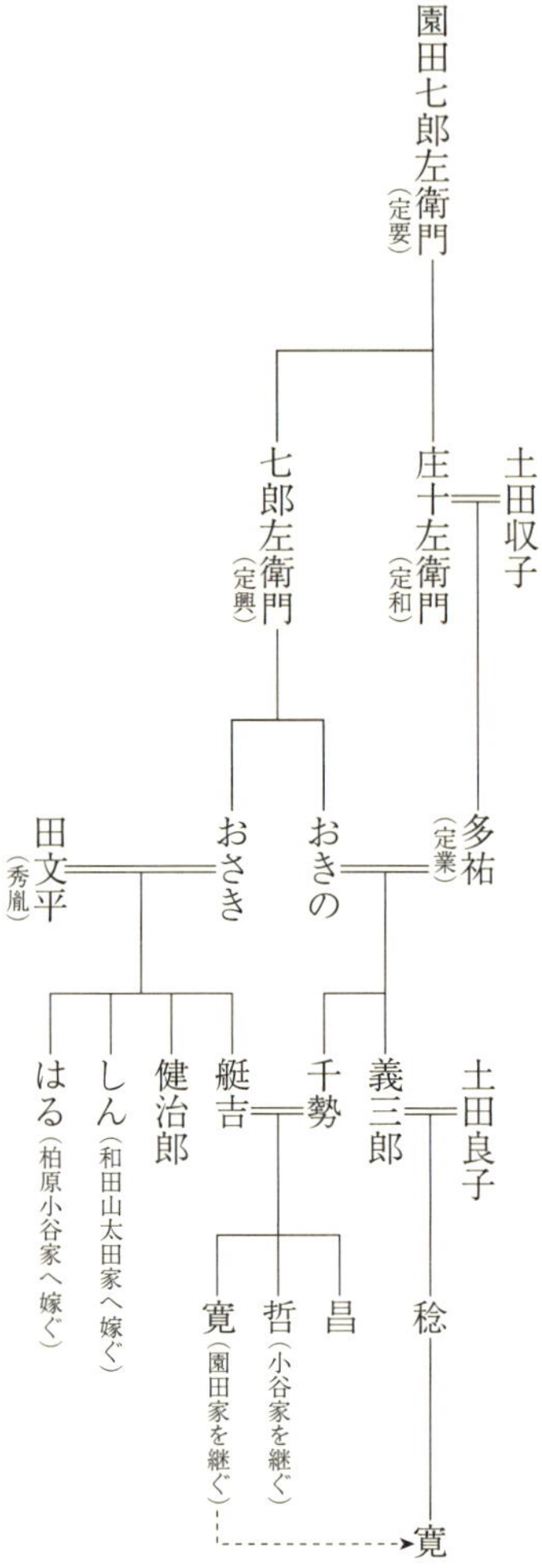

第二は政治活動や経済活動を通して形成されたものである。例えば、明治二十六年（一八九三）から始まる大阪と舞鶴とを結ぶ阪鶴鉄道（現在のＪＲ福知山線）の鉄道敷設誘致に際しては氷上郡長・衆議院議員を務め、のちに同社社長となる田艇吉の政治力が大きく物を言ったが、地域においては多紀郡の多祐や中道伊兵衛、氷上郡の小谷保太郎などが同社設立趣意書に名を連ね、主導的な役割を果たした。

彼らが主導的な役割を果たしたのは、郡中心部に基盤を置く名望家たちとは意識を異にしていたからである。それは地域経済の中心である篠山とは異なり、周辺農村部においては、地域の成り立ちのためには豪農自らが行動しなくてはならなかったからであり、彼らには利害や政治意識を同じくするネットワークが形成された。

地域社会における政治的・経済的リーダーはこの時期、各地で輩出されており、多紀郡に限ってみても図１に示したように、阪鶴鉄道の古市駅を誘致した古市村の小林常三郎や丹波大山駅を誘致した味間村の森六兵衛[47]など枚挙に暇がない。なかでも、八上村の波部本次郎は郡取締役・県会議員を歴任し、共同貯蓄銀行の経営に携わるなど多祐とのかかわりも深く、地域においては篠山―大阪間の大阪街道の改修に尽力した。

多祐や波部を中心に、こうしたネットワークが形成されていったことを考えれば、当該期における国益策の展開は地域経済の中心部にではなく周縁部に、新たな政治社会の形成と名望家の成長を促すことになった。

さらに、このことを考える上で明治十五年十月に起こる福地源一郎篠山招聘問題は示唆に富む。多祐らが福地の講演会を催すにあたって認めた手紙(48)は、以下のような内容であった。

〔史料3〕

方今政党・政社ノ類各処ニ起リ、既ニ本郡ニ於テモ先覚者其人モ不尠、種々尽力相成リ居リ候由ニ有之候得共、何分掌大之郡ニシテ殊ニ山間ニ僻在シ、往来交際モ甚ダ便ナラズ、為メニ名家ノ高論卓説ヲ聞キ、以テ自己之志操ヲ確定スルコトモ無之、生等ニ於テモ五里霧中彷徨罷在候次第ニ有之、然ルニ今般東京福地源一郎氏西京滞在之由ニ付、主義ノ異同ハ兎モ角何分有名ノ人物ナルヲ以テ、右相迎エ一序之演説ヲ承リ候ハヽ、多少之裨益可有之ト存シ候ニ付、右同氏江及照会候処、早速承知来篠相成リ候ニ付、来ル廿三日東岡屋村幡龍庵ニ於テ午後二時頃ゟ懇親会相開キ、尚翌廿四日早朝ヨリ芝居小屋ニテ演説会相催シ度候条、可成ハ御繰リ合セ右廿三日午後第二時ヨリ幡龍庵ヘ御来車被下度、此段御案内申上候也

十五年十月廿一日

多紀郡
井上寿太郎㊞

中道伊兵衛㊞
園田多祐㊞

土田雅二様
葛山鉉蔵様
高田葭三様
三崎善七様
滝又右衛門様
加納勘右衛門様
安藤久次郎様
片山武平様
片山助右衛門様
谷忠右衛門様
小谷保太郎様

多祐は井上寿太郎・中道伊兵衛とともに、京都に滞在していた福地を篠山に呼び、時局講演会と懇親会を計画しており、多祐らの趣旨は傍線部に示されているように、丹波の山間部にあっても政治「志操」を確立するため、主義の異同は別にして有名人の講演を聞こうというものであった。

こうした行動は多祐の政治的立場を示している。多紀郡では自由民権運動はさほど大きな広がりを見せなかったこともあり、多祐と民権運動との積極的なかかわりを見出すことは出来ない。明治二十三年七月の第一回衆議院議

表4　福地招聘関係者と鐘ケ坂隧道寄附者

	郡	名　前	寄附金額(円)
差出人	多紀郡	園田多祐	400
		中道伊兵衛	350
		井上寿太郎	―
宛　先	氷上郡	土田雅二	400
		片山助右衛門	200
		片山武平	200
		安藤久次郎	150
		三崎善七	150
		小谷保太郎	100
		谷忠右衛門	75
		加納勘右衛門	20
		滝又右衛門	20
		葛山鉉蔵	10
		高田葭三	―

註　「土木費寄附並従事者名員」(園田家文書)より作成。

員選挙においても、保守党中正派(49)から出馬していることを考えれば、彼の政治的志向を窺い知ることができる。

このような多祐らの動きに対し、篠山において「自治社」を結成し、自由民権運動の活動家として名高かった法《ほう》貴《き》発《たかし》は(50)不快の念をあらわにしている。その様子は多祐に宛てた書状(51)からも明らかで、「然ルニ今諸君ハ福地カ唱道スル主義ノ何如ヲ顧ミス、之ヲ誘引シテ政談演説ヲナサシムト、況ンヤ彼ノ貴顕ノ提燈持ナル幇間奴ノ福地ヲ招待シ、之レト懇親ヲ結ブニ於テヲヤ、嗚呼諸君何ソ思ハザルノ甚シキ」、「当郡ノ人民ハ既ニ戊辰ノ際ニモ又明五廃藩ノ節ニモイツモ〳〵因循姑息ノミ、猶今日ニ至ツテモ矢張リ因循姑息既ニ業ニ世人ニ廃棄セラレタル官権家福地ヲ御招待相成ラントハ（中略）実ニ篠山ノ名折ニナリ、扨モ〳〵残念千万遺憾無限事ニ候ハズヤ」と述べ、呼びかけ人だけでなく、多紀郡の人々が因習に絡め取られ、事の善悪・人の善悪の判断もつかないと嘆いている。また、「小林・中道・井上ノ御三方ニハ未ダ拝晤ヲ得候事モ無之候得共、園田君之如キハ復客気アルノ御方ニ無之ハ信シテ疑ハザルニ（ママ）処ニ有之、返ス〳〵モ深ク御推察アランコトヲ」と記し、儒者渡辺弗措(52)の同門として旧知の仲であった多祐には変心を促しており、この書状からは多祐と法貴との政治的立場の違いを見ることができる。

この福地招聘問題とさきに見た鐘ケ坂隧道開鑿は、ほぼ同時期に起こった事柄であり、表4は福地招聘問題に関係する人々が鐘ケ坂隧道開鑿にどのようにかかわっているのかを示したものである。これによれば、多祐が手紙を認めた相手は氷上郡柏原町およびその周辺の有力な町人・地主であったようで、多額の寄附を行なっており、ここでも篠山の士族である法貴と周辺農村部に広がる名望家との間には、政治的な立場に大きな隔たりがあったと言える。

以上、国益策展開における多祐の意識と人的ネットワークの形成について考察してきたが、多祐にとって「国」とは大山地域を中心に郡を越えて氷上郡をも含み込む地域であったことがわかる。たしかに茶の移出を通して見られる「国益」とは、神戸での輸出に用いられることから「日本国の国益」を指してはいるが、それとは異なる次元で自らの地域＝「国」という意識が存在したのではないだろうか。近代に入り、「国」の範囲が拡大していくなかで、「国」「国益」といった概念も重層的に存在していたと言えるだろう。なかでも多祐が強調する「国」とは、自らの存在基盤であるばかりでなく、篠山や他地域の村々とは異なる地理的・経済的要件に起因する問題―例えば、第二節で見た流通の問題など―を孕み、それを解決しようと連携を図るような人々の集合体・地域と捉えることができる。それは郡や県を跨ぐようなかたちで物資のやり取りや婚姻関係を通じて形成されていく地域であると考える。

近代において、このように「国」が意識化されるのは、さきに見たように政府の勧業政策の転換や国庫補助費の削減を背景に、地域間の経済格差が広がっていく状況の中で、住民自らが地域の成り立ちを標榜するようになるからであり、また逆に、国益策によって利益を誘導することで地域の統合を図ろうとしたからでもある。

おわりに

以上、丹波に生きた豪農園田多祐の生涯を通して、地域における国益策の展開を跡付けてきた。ここでは、各節において詳述出来なかった支配との関係に触れ、国益策と豪農・地域社会とのかかわりについてまとめることで、結びにかえたい。

幕末維新期を経て最も大きく変化したのは支配のあり方であり、第三節で見た多祐の意識の変化は支配のあり方の変化とも対応している。多祐にとって藩主との関係は切っても切れないものであり、明治四年（一八七一）、旧藩主青山忠敏・養子忠誠の東京移住決定に際し、郡取締役連名で藩主引き止めの嘆願を行なっている[53]。それが叶わないと見るや、藩主の縁者を篠山に残すため屋敷地と田畑を提供するなど、旧藩士や豪農を中心に藩主を地域のシンボルとする動きを見せている。こうした動きはのちに、藩主を祭神とする青山神社の創建へと結びついていく。

近代に入り、強大な権力を持つ国家のもとで政治・経済・軍事の各分野において組織立ったシステムが構築され、豪農たちは近世後期に見られたような、領主の仁政を代務する必要はなくなった。しかし、地域社会の成り立ちには様々な面からの支えが必要であり、また、諸制度が整えられていく過程においても、政府の諸政策を下支えする役割は豪農が担わねばならず、地域からの名望と国家からの期待という点では、「地域社会の支柱」としての役割は形を変えながらも残存することとなった。そうした役割を果たす人物が個人として存在するのみならず、県や郡といった行政単位を跨いだ形で連携を取り合いながら存在していた。こうしたネットワークの範囲こそが、行政単位とは異なる地域社会であり、その中での近代化は豪農たちの主導のもと比較的スムーズに行なわれた[54]。

さらに、国益策の展開と地域社会・豪農については、地域社会が疲弊し、園田家自らが地主化すればするほど、その対立は先鋭化せざるを得なかったが、豪農は小作からの搾取のみを追求するのではなく、自らが得た富を如何に地域社会へ還元、再分配するかに心を砕くようになる。国益が地域の成り立ちの議論であるならば、近代においては誰がその成り立ちを補完するのか、近世において「御救」として具体化されていたホスピタリティーを誰が担うのか、こうしたことが問題となった。政府の勧業政策・国庫補助費のあり方が変容していく中で、地域社会の自助努力・相互扶助によって地域振興を進めなくてはならず、豪農単独で行なうため池普請や植林といった失業者対策に重点を置くような小規模の国益策から、豪農どうしが連携をとりつつ、より多くの階層の人々に利益が還元され、それが広範囲に展開される国益策へと質的な変化を伴いながら進展していった。

それを鐘ケ坂隧道開鑿に即して見てみれば、①開鑿工事中は下層民を人足として雇用することで失業者対策としての意味合いを持っていた点、②隧道完成後は物資の輸送に携わる新たな就業機会の創出につながった点、③さらに広範囲の物流を可能にした点の三点に表れており、これらの要素が複合的に存在していたからこそ、地域の成り立ちを実現できたと言える。

また第二・三節で見たように、隧道開鑿や鉄道敷設がひとり豪農の利益とはならない、地域社会の繁栄をもたらすものであると考えられ、それが近世後期のように一藩単位での、しかも農産物やプロト工業化製品を軸とした国益策ではなく、全国的な物流に目を向け、それとともに「物産蕃殖・商業広通」していく方法を採用した点は近代的であると言える。

本章での分析を通して、国家的な視野に立った国益の成立には、それを支える地域社会において、まずは地域の実情に合った最善の方法によって醸成された民力・民富が必要であることを多祐の意識や行動から再確認することができた。

註

（1）国益と村役人や豪農とのかかわりをめぐる研究としては、谷山正道の一連の研究「近世近代移行期の『国益』と民衆運動」（『ヒストリア』一五八、一九九八年）、「『国益』と民益」（『地方史研究』二七八、一九九九年）、「大和国の元村役人・落合平助と『御国益』」（佐々木克編『それぞれの明治維新』吉川弘文館、二〇〇〇年）がある。また、民衆運動と地域・国家とのかかわりのなかで国益を扱った研究として、藪田貫の「国訴・国触・国益—近世民衆運動と地域・国家―」（『民衆運動史　三　社会と秩序』青木書店、二〇〇〇年）がある。
（2）近世後期における園田家の経営および地域社会とのかかわりについては、第一章参照。
（3）山崎隆三「江戸後期における農村経済の発展と農民層分解」（『岩波講座　日本歴史　一二』岩波書店、一九六三年）
（4）丑木幸男『地方名望家の成長』（柏書房、二〇〇〇年）では、豪農・名望家概念の整理がなされ、近世の豪農が近代に地方名望家として成長していく過程を地域社会の中から描き出しており、この問題を考えるにあたって示唆に富む研究と言える。
（5）松井拳堂『丹波人物志』（『増訂丹波史年表』刊行会、一九六〇年）
（6）本文中で取り上げた多祐の経歴については、昭和十年（一九三五）に土田卯之助が著した『抱甕園田多祐翁之伝』（未刊）に拠るところが大きい。
（7）近藤文蔵の国益策については、藤田貞一郎「幕末・明治前期播州一豪農の国益思想」（『国益思想の系譜と展開』清文堂出版、一九九八年）に詳しい。
（8）三枝は地域金融安定化のための建言を由利公正に行ない、地域において太政官札の流通を担う存在となった（『小野市史　第三巻』二〇〇四年、第一章第一節二項）。
（9）宮川満編『大山村史　本文編』（大山財産区、一九六四年）第一三三表
（10）註9第一三四表。『丹南町史　下巻』（一九九四年）二三二頁。
（11）篠山市立中央図書館所蔵
（12）万延元年（一八六〇）には藩領東部の福井組村々が篠山商人による米手形の買占めに反対して一揆を起こし、明治二年（一八六九）には藩領南部の今田組村々が小作料減免・質物元銀請戻しを要求して一揆を起こしており、いずれも藩領全体を巻き込む一揆となった。これらの一揆については、岡光夫『近世農民一揆の展開』（ミネルヴァ書房、一九七〇年）に詳しい。
（13）関西大学文学部所蔵園田家文書二一―三三。以下関大園田と略記。

(14)「自嘉永四亥春　文久元酉春迄　拾壱ケ年間勘定記」(関大園田一九—六)
(15)前掲註2
(16)「自明治拾四年　家徳記」(関大園田一六五—九七)
(17)「従明治七年　明治拾弐年迄　棚卸勘定帳」(関大園田二一—三四)、「明治十三辰秋　諸棚卸勘定帳」(関大園田一六五—九六)
(18)園田家による新田開発については、第四章参照。
(19)第百三十七国立銀行は資本金五万円をもって篠山町に設立され、明治二十七年(一八九四)には柏原支店を置き、資本金を七万五〇〇〇円に増資した。その後、昭和十七年(一九四二)に神戸銀行と合併している(『篠山町七十五年史』一九五五年、五九〜六〇頁)。なお、多祐は明治二十一年段階で四万三一八〇円分の公債を保有している(『伊丹市史　第三巻』一九七二年、表9)。
(20)谷本雅之の研究(「関口八兵衛・直太郎—醤油醸造と地方企業家・名望家—」竹内常善・阿部武司・沢井実編『近代日本における企業家の系譜』大阪大学出版会、一九九六年)や西向宏介の研究(「近世近代における尾道豪商の経営活動と文書」『広島県立文書館紀要』五、一九九九年)は、名望家的活動と商業経営とを関連付けて検討した研究として、多祐の行動を考える上で参考となる。
(21)関大園田三九—三
(22)関大園田三九—一・二
(23)『五十町歩以上ノ大地主』(『日本農業発達史　第七巻』中央公論社、一九五五年)
(24)「乍恐奉願上口上」(万延二年「郡用日記」関大園田三一—一六)
(25)「古坂池堤改修ニ付願上」(万延二年「郡用日記」関大園田三一—一六)
(26)第二章参照
(27)田松川開削の経緯については、「兵庫県史料」(内閣文庫所蔵「府県史料」マイクロフィルム版　第二三四巻　兵庫県七、雄松堂フイルム出版、一九六二年)に拠る。

(28) 篠山側は篠山の町人平野恭蔵が、三田側は近世期に有馬郡惣代庄屋を務めた田中狭児や、三田藩大庄屋を務めた福井與一右衛門がその主導的立場にあった。この事業は地域の豪農商によって担われており、田中はその後、県会議員になっている。
(29) 前掲註27
(30) 前掲註27
(31) 斎藤修「幕末・維新の政治算術」(斎藤修・三谷博編『年報近代史研究　一四　明治維新の革新と連続　思想状況と社会経済』山川出版社、一九九二年)
(32) のちに公立篠山中学校、私立鳳鳴義塾となる。多祐はのちに鳳鳴義塾幹事を務めている。
(33) 『90年のあゆみ』(兵庫県立篠山鳳鳴高等学校、一九六六年)
(34) 明治十七年十月「丹波国多紀郡大山宮村誌」(篠山市立中央図書館所蔵)。『大山村史　本文編』三一三～三一四頁、五一五～五一六頁。
(35) 鐘ケ坂隧道開鑿の経緯については、「明治十三年一月ゟ同十六年十二月迄　隧道略沿革」(関大園田一四―七七)、「金山隧道一件」(関大園田一四―一)に拠る。
(36) 関大園田一四―三
(37) 明治十七年十月「丹波国多紀郡追入村誌」(篠山市立中央図書館所蔵)
(38) 明治十七年十月「丹波国多紀郡大山上村誌」、「丹波国多紀郡大山下村誌」(篠山市立中央図書館所蔵)
(39) 前掲註10『丹南町史』三五一頁
(40) 「諸綴入　西園田店」(関大園田一六五―六一)
(41) 前掲註40
(42) 第二章参照
(43) 「丹波国鐘坂隧道概記並略図」(関大園田一四―四)
(44) 「聯合町村会議案」(註35「金山隧道一件」)

(45) 前掲註36
(46) 兄・艇吉は県会議員、氷上郡長を経て自由党所属の衆議院議員となる。住友家の支配人を務めたこともあり実業界に明るく、阪鶴鉄道・帝国電灯会社などの社長を歴任、明治四十二年（一九〇九）には大阪市会議員になっている（松井孝禎編『田艇吉翁略伝』田艇吉翁寿像建設委員会、一九三九年）。弟・健治郎は熊谷県に出仕し、のち逓信次官となる。明治三十四年（一九〇一）には立憲政友会所属の衆議院議員となり、三十九年には貴族院議員に勅任。以後、逓信大臣・台湾総督・農商務大臣を歴任している（田健治郎伝記編纂会編『田健治郎伝』田健治郎伝記編纂会、一九三二年）。
(47) 註10『丹南町史』一七七～一七九頁
(48) 関大園田一六四―九一
(49) 保守党中正派は明治二十一年（一八八八）、鳥尾小弥太によって結成され、欧化主義の排除と「臣民」の権利義務の保全を主張した。同党については、真辺将之「議会開設前夜における保守党中正派の活動と思想」（『史観』一四二、二〇〇〇年）、「帝国議会開設後の保守党中正派」（『歴史学研究』七八四、二〇〇四年）に詳しい。なお、多祐がどのような経緯によって入党したのかは不明である。
(50) 弘化三年（一八四六）、篠山藩士法貴新治の次男として誕生し、長じて藩校振徳堂で学んだのち、藩命により昌平黌に入校する。廃藩後は大蔵省や福岡県に出仕するが、肺患となり篠山へ帰郷してからは子弟の教育に当たるかたわら、自由民権運動にかかわり、板垣退助らと親交を結んだ。県会議員を経て、第一回衆議院議員選挙で当選を果たすが、病状が悪化、登院することなく明治二十三年（一八九〇）に死去した。
(51) 関大園田一六四―九二
(52) 文政元年（一八一八）、篠山に生まれ、二四歳の時、藩校振徳堂の教導方となり、佐藤一斎・藤田東湖・会沢安らと親交を結ぶとともに、藩内においては藩校督学にまで昇進する。廃藩後は公立篠山中学校や神戸師範学校などの教授を歴任した。
(53) 「辛未正月6　日記」（関大園田一五一―五五）

(54)　近世後期から近代にかけての、地域社会の変容に対応していく村役人層の地域運営能力については賛否両論あるが、久留島浩は「移行期の民衆運動」(歴史学研究会・日本史研究会編『日本史講座　第七巻』東京大学出版会、二〇〇五年)において、これまでの研究をまとめたうえで、「中間層のもつ独自性も、諸階層のさまざまな運動のなかであらためて検討する必要があろう」と述べている。

第二部　河内の豪農と地域社会

第一章　近世後期における河内の諸相

はじめに

畿内農村では早くから商品作物生産が盛んであり、それを基盤とした富農経営が広範に見られた。研究史においては、富農経営の成立をブルジョアジーの萌芽ととらえたことから、日本の資本主義化を解明するために富農経営の分析が進められた。なかでも戸谷敏之によって措定された「摂津型農業経営」は、戸谷が分類した農業経営の一形態で、商品経済に巻き込まれることで農業経営が困窮していく「西南日本型経営」の特殊形態、つまり「他地方の農業経営と異り兎も角剰余を示す」経営のことであり、これが資本主義生産の原初的形態として注目された[1]。

戸谷の指摘をうけて、戦後には摂津型農業経営の実証が図られ、西摂武庫郡上瓦林村の岡本家を分析した八木哲浩[2]をはじめ、津田秀夫[3]・竹安繁治[4]・山崎隆三[5]・中村哲[6]の各氏によって畿内の地主制研究は大きく進展した。

また、地主制の成立と密接な関連をもつ農民層分解については、山崎が畿内や瀬戸内の一部に見られる「ブルジョア的分解」と後進地帯に見られる「質地地主的分解」という二類型を示した[7]のに対し、佐々木潤之介は農民層分解が「宝暦期に、全国的に、いっせいに諸変化」するという見解を示し、山崎が示した富農経営についても豪農経営の一形態と指摘した[8]。

このように研究蓄積のある畿内農村において、本章で取り上げる河内、とくに中河内は摂津や和泉と同様、木綿を主とする商品作物生産が盛んであることから、経済先進地域ととらえられ、摂津型農業経営の実証的分析とも関わって個別研究は進んだが、一方で河内全体を俯瞰するような意識は希薄で、南北に長い地形的特徴に由来する河内国内の地域差は等閑視されることとなった。

そこで本章では、河内国内の地域差に留意しつつ、河内農村の特徴を明らかにすることを目的とする。分析するにあたっては、河内を地域的に北・中・南の三地域に分け、地域的特徴を形成するにあたって不可欠な①所領の構成、②商品作物生産の状況、③階層分解の進展度、④地主経営の特徴、⑤地主小作関係の実態といった五項目について考察する。時期的には、農村部においてこれら五項目の特徴が最も顕著に現れる近世後期から幕末維新期を設定した。このような視点から河内の諸相を描き出すことで、畿内農村のあり様を再検討できると考えている。

なお、河内国の位置および河内国内各郡の位置については図1・2に示したが、本章で用いる地域区分については、「北河内」を寝屋川以北の茨田・交野・讃良《ささら》の三郡（現在の枚方・交野・寝屋川・門真・守口・四條畷・大東の各市）、「中河内」を寝屋川と大和川に挟まれた渋川・若江・河内・高安・大県《おおがた》の各郡（現在の東大阪・八尾の両市、大阪市・柏原市の一部）、「南河内」を大和川以南の八上・丹北・丹南・志紀・安宿《あすかべ》・古市・石川・錦部の各郡（現在の堺市美原区、柏原市の一部、松原・藤井寺・羽曳野・大阪狭山・富田林・河内長野の各市、南河内郡各町村）というように区分した(9)。

第一節　所領構成の特徴

畿内近国では「碁石を打交候様」と比喩されるように所領の入り組みが顕著であり、それは河内も例外ではない。

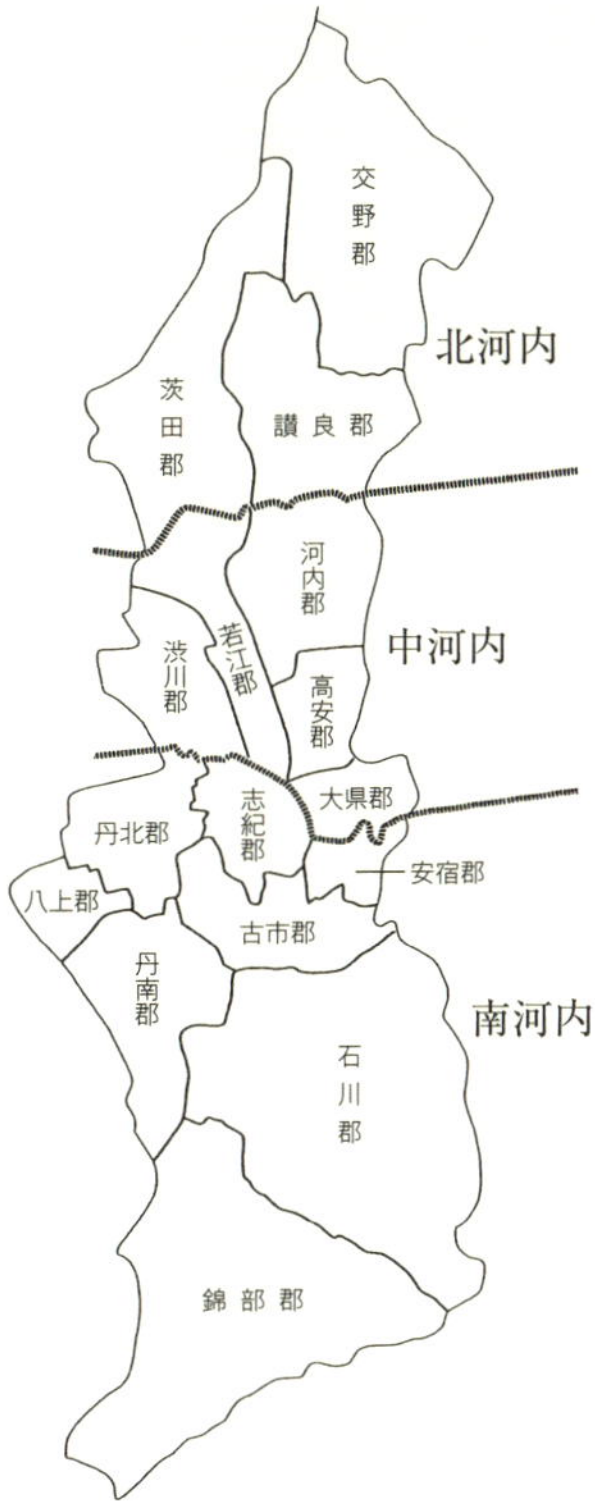

図2　河内国各郡の位置

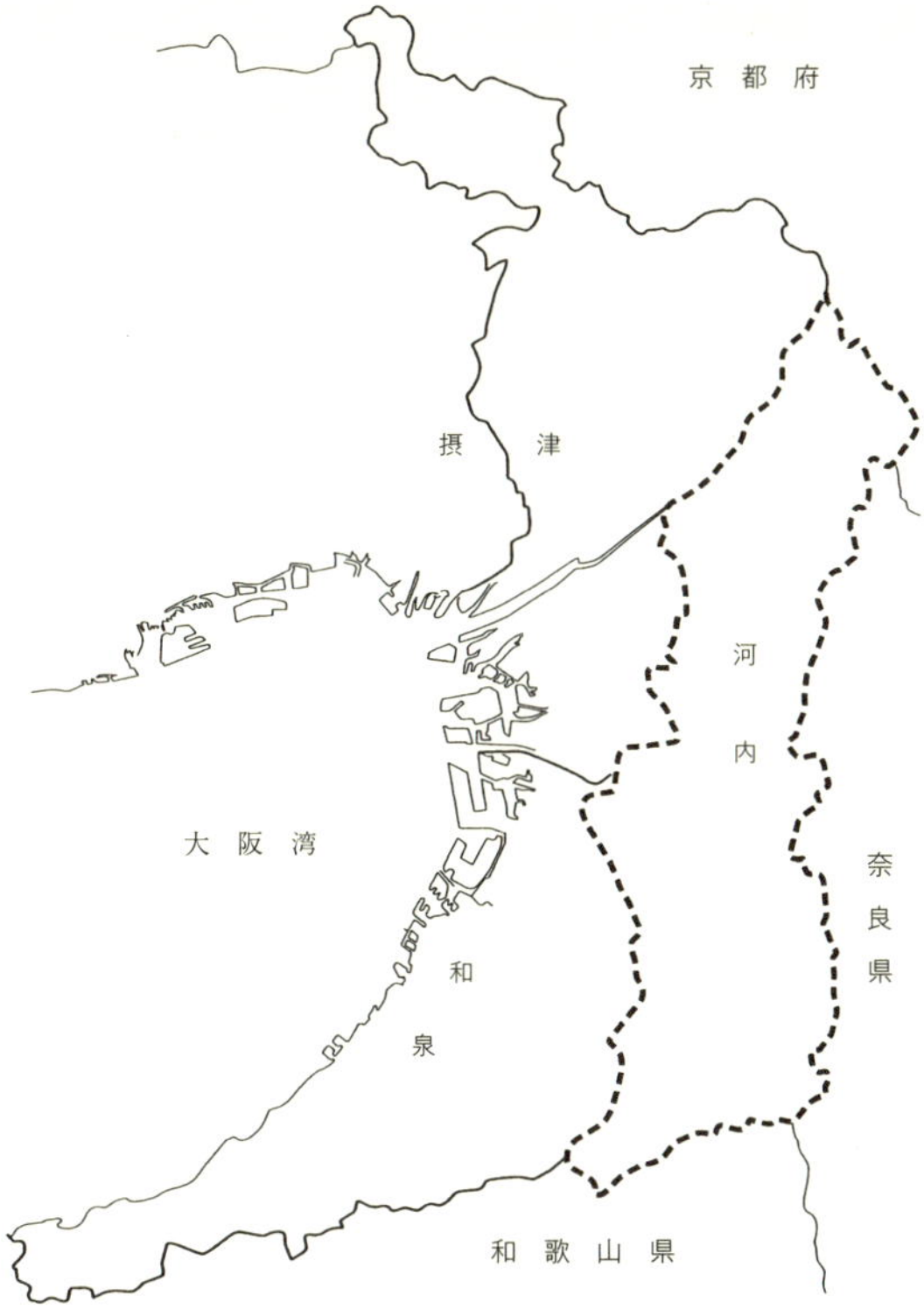

図1　現大阪府域における河内の位置

では、さきに区分した北・中・南の各地域においては、それぞれどのような特徴があるのだろうか。本節では、「旧高旧領取調帳」をもとに作成した表1～3を用いて、各郡における所領構成のあり方を確認しておこう。表1は領主別の支配村数を示したものであり、表2は各郡内において幕府領・大名領・旗本領のいずれの割合が高いかを示したものである。また、表3は領主別にどの郡での割合が高いかを示したものである。

表1～3を通して判明することは、いずれの郡においても大名領の割合が高くなっている点である。地域別特徴を見てみると、北河内茨田郡においては幕府領・旗本領の村数および所領の割合ともに高く、とくに幕府領は河内全体の約三割を占めている。中河内に

表１　各地域の領主別村数

（単位：村）

地域	郡名	幕府	大名	旗本	寺社	相給 幕/大	幕/旗	大/大	大/旗	大/寺	旗/旗	その他	合計
北河内	茨田	61	11	12			2				1	1	88
	交野	2	20	11	1			1	3		1		39
	讃良	15	14	3		1			1	1			35
小計		78	45	26	1	1	2	1	4	1	2	1	162
中河内	渋川	14	16	1	1	1			1				34
	若江	29	28	5	1	1					1		65
	河内	7	15	4			1		1		1	1	30
	高安		10			1		1	1	1			14
	大県	1	6	2			1		1				11
小計		51	75	12	2	3	2	1	4	1	2	1	154
南河内	八上		11										11
	丹北	10	32	3				1				1	47
	丹南	18	28	4				1					51
	志紀	2	15	1	1		1			1		1	22
	安宿	1	2	1									4
	古市	2	6	1	1				3			1	14
	石川	17	22	7		2							48
	錦部	2	27	5	1	3		5	5	1			49
小計		52	143	22	3	5	1	7	8	2		3	246
合計		181	263	60	6	9	5	9	16	4	4	5	562

註　「旧高旧領取調帳」をもとに、『角川日本地名大辞典』などで補足のうえ作成。相給の欄の「幕」は幕府、「大」は大名、「旗」は旗本、「寺」は寺社をそれぞれ示す。「その他」には公家領との相給や二給以上の村を含む。空欄は該当のないことを示す。

表２　各郡における所領の構成比

（単位：％）

地域	郡名	幕府領	大名領	旗本領	寺社領	公家領	各郡合計
北河内	茨田	74.93	4.35	19.91		0.81	100
	交野	10.66	59.74	28.15	1.45		100
	讃良	30.52	44.99	21.04	3.45		100
中河内	渋川	41.75	54.13	4.03	0.09		100
	若江	40.35	47.46	12.11	0.08		100
	河内	26.75	44.89	28.30	0.06		100
	高安	4.28	92.36	3.36			100
	大県	10.05	63.43	26.52			100
南河内	八上		100.00				100
	丹北	21.88	71.81	6.31			100
	丹南	32.88	62.96	4.13	0.03		100
	志紀	14.51	68.47	8.75	4.57	3.70	100
	安宿	57.15	30.01	12.74	0.10		100
	古市	31.68	59.08	5.24	4.00		100
	石川	52.17	38.16	9.67			100
	錦部	6.40	63.55	27.43	2.62		100
河内国内における各領主の割合		33.71	51.18	14.03	0.81	0.27	100

註　「旧高旧領取調帳」をもとに、自治体史や『角川日本地名大辞典』などにより補足・修正のうえ作成。

表３　各領主における郡別割合

（単位：％）

地域	郡名	幕府領	大名領	旗本領	寺社領	公家領
北河内	茨田	28.2	1.1	18.0		37.5
	交野	2.6	9.6	16.5	14.8	
	讃良	4.9	4.8	8.1	23.3	
	小計	35.7	15.5	42.6	38.1	37.5
中河内	渋川	9.7	8.3	2.3	0.9	
	若江	16.3	12.6	11.7	1.4	
	河内	4.4	4.9	11.2	0.4	
	高安	0.3	3.7	0.5		
	大県	0.5	2.0	3.0		
	小計	31.1	31.5	28.7	2.7	
南河内	八上		8.3			
	丹北	5.4	11.6	3.7		
	丹南	7.4	9.4	2.2	0.3	
	志紀	2.0	6.2	2.9	26.3	62.5
	安宿	1.5	0.5	0.8	0.1	
	古市	2.3	2.9	0.9	12.4	
	石川	13.3	6.4	5.9		
	錦部	1.2	7.7	12.1	20.2	
	小計	33.0	53.1	28.5	59.3	62.5
合計		100.0	100.0	100.0	100.0	100.0

註　「旧高旧領取調帳」をもとに、自治体史や『角川日本地名大辞典』などにより補足・修正のうえ作成。

おいては、村数には多寡があるものの、所領の割合はほぼ均一である。大名領が多いにもかかわらず、各所領の割合が均一であるということは、村高の小さい大名領が多いということになる。南河内においては、八上郡のようにすべてが大名領である地域を含んでいることから大名領が断然多く、河内における大名領の約半分が南河内に存在している。

さらに具体例をあげながら、地域の特徴を見ていこう。北河内茨田郡に幕府領が多いことはさきに指摘したが、表3を見ると中河内・南河内ともさほど大きな開きは見られない。表1から、北河内で幕府領の村数が多いのにもかかわらず、割合的にはさほどの差がないということは、村高の小さい村が幕府領となっていることを示している。また、北河内では旗本領が河内全体の半数を占めるが、茨田郡の旗本領は近世前期に山城淀藩主であった永井氏が分知を繰り返し、多くの旗本家を生み出した結果である(10)。一方、交野郡における旗本領の多さは、近世前期に大坂東町奉行を務めた久貝正俊が交野郡長尾・藤坂・杉・津田・田口・片鉾・倉治の各村（合計五七〇〇石）を有し、久貝氏の支配がそのまま幕末まで続いたことに起因している。

ついで大名領について見てみると、中河内高安郡や南河内八上郡では郡内における大名領の割合が九〇％を越え、志紀・錦部・大県といった中河内・南河内に位置する郡がそれに続く。とくに中河内各郡において注目すべきは淀藩領の存在であり、全淀藩領のうち中河内の所領（高安・渋川・若江各郡）が一五％を占める。もともと淀藩は永井氏の時代には北河内に多くの所領を持っていたが、初代尚政が所領を分知したため、北河内の所領は旗本永井氏の所領となった。つづく、石川氏・松平（戸田）氏は南河内に所領を与えられることが多かった。

享保八年（一七二三）には淀藩主であった松平乗邑が享保改革の勝手掛老中として抜擢されたのを機に、それまで下総佐倉藩主であった稲葉正知が乗邑と入れ違いに淀に入部することになるが(11)、淀藩稲葉氏の所領構成は山城に二万石、近江に三万石、摂津嶋下一万一〇〇〇石、河内高安・渋川・若江で一万四〇〇〇石、和泉和泉・南・日根で五〇〇〇石、下総・常陸・上野で二万石となった。畿内において彦根藩・大和郡山藩につぐ規模の譜代藩でありながら、城付きの領地が二万石の淀藩にとって河内の所領は比較的まとまった領地であり、藩にとって米作や商品作物生産の重要な拠点ととらえられた。

稲葉正知の淀入部にあたって問題となったのが、拝領高の大幅な差である。淀には代々六～八万石クラスの大名が入部していたが、稲葉氏は一〇万二〇〇〇石を有しており、この差を埋めなくてはならず、そこで河内にある幕府領や役知領を淀藩領として付け替えるという措置が採られた。このとき付け替えられたのが、渋川郡の衣摺・四条・恩智など中河内の村々である。

こうした中河内の状況に対し、南河内における大名領の割合は丹北郡で一〇％を越えるほかは、平均すると七％足らずと非常に低い。これは村数は多いものの、村高の小さい村を領有していたことを示しており、それがまた、所領の小さい大名や関東に所在する大名の飛び地として存在するという特徴をもつ。前者の例としては丹南・錦部郡に所領を持つ河内狭山藩（北条氏・一万石）や河内丹南藩（高木氏・一万石）、伊勢神戸藩（本多氏・一万五〇〇〇石）などであり、後者の例としては石川郡に飛び地を持つ相模小田原藩（大久保氏・一一万石）や上野沼田藩（土岐氏・三万五〇〇〇石）、常陸下館藩（石川氏・二万石）、八上郡に飛び地を持つ上野館林藩（秋元氏・六万石）などである。

なかでも伊勢神戸藩の所領は、延宝七年（一六七九）に近江膳所藩の支藩（西代藩）として錦部郡内において立藩したが、享保十七年（一七三二）に移封となったため、領地だけが南河内に残ることとなった。下館藩石川氏の所領に関しても同様で、石川氏が伊勢神戸藩主であった万治三年（一六六〇）に南河内で一万石を加増されるが、それが下館移封後も残ることとなった。以上のことから河内における大名領の特徴は、中小の譜代藩が転封を繰り返すことで藩庁所在地から遠隔地化することに加え、小規模な加増や分知が行なわれた結果、所領が分散化する傾向にあった。

第二節　各地域の生産力と商品作物生産の展開

1　土地の状況

商品作物生産は田畑の質が大きく影響することから、本項ではその様子について考察していく。その前提として、まず村の規模について触れておこう。河内国内の村高の平均は五二一・一四石であり、全国の村の平均と同程度であるといってよい。郡別に見ると村高の平均が最も小さいのは錦部郡の三七一石余であり、逆に最も大きいのは八上郡の一一三七石である。両郡のこうした差は、錦部郡が山地に囲まれ、生産力が低い地域であるのに対し、八上郡は河内平野の中心に位置し、生産力の高い地域であるという地理的条件に起因している。

さらに南河内では河内国平均とほぼ同じで五一二石、北河内が四七六石であるのに対し、中河内は極端に小さく一七五石となっており、中河内には小さい村が多かったことがわかる。それは大和川の付け替えによって、大和川支流の河床が耕地となったことで、小規模な新田村が多く生まれたことによる。

ついで地理的状況について見ておこう。北河内は標高一～三メートル前後で北から南にかけて緩やかに傾斜する低湿地帯であり、中河内は南北を寝屋川と大和川に囲まれた盆地状の地形を成し、北・中河内境の最も低い部分に深野池・新開池が存在した。しかし、大和川の付け替えや深野池・新開池が干拓されてからは遊水地がなくなったため、地域の排水機能が麻痺し、悪水に悩まされることとなった。

一方、南河内は山がちな地域が多く、用水不足が懸念されたことからため池灌漑が用いられ、その中核を担ったのが狭山池であった。狭山池から縦横に張り巡らされた用水路によって各地のため池に水が蓄えられ、悪水は北に

表4　各郡における田畑の種別構成

（単位：%）

区分＼地域	北河内		中河内		南河内	
	茨田	交野	渋川	河内	丹南	錦部
上々田			33.7	18.0	16.0	
上　田	17.6	27.2	21.2	32.8	43.7	47.7
中　田	21.0	28.8	5.6	11.8	11.5	21.3
下　田	47.6	19.2	0.1	3.3	3.4	14.2
下々田	0.6	7.7		0.5	0.1	0.3
小計	86.8	82.9	60.5	66.4	74.7	83.5
上々畑			24.6	12.6		
上　畑	1.6	4.6	9.2	4.5	8.8	4.8
中　畑	3.0	6.3	2.9	2.6	1.6	2.0
下　畑	1.7	3.6	0.1	1.2	1.9	2.8
下々畑	0.4	1.2	0.4	0.3		0.2
小計	6.7	15.7	37.1	21.1	12.3	9.8
屋敷地など	6.5	1.4	2.3	12.5	13.0	6.7
合計	100.0	100.0	100.0	100.0	100.0	100.0
集計した村	中振 嶋頭 三ツ嶋 北嶋	招提 甲斐田	太平寺 大蓮 衣摺	四条 吉田 日下 芝 横小路	岡 野中	彼方 錦郡
出典	枚方市史第三巻・門真町史	枚方市史第三巻	東大阪市史資料第六集	東大阪市史資料第六集	藤井寺市史第二巻	富田林市史第二巻

註　網掛けは、各郡において最も数値の高いものを示している。

位置する大和川へと排出された。

こうした地理的条件を踏まえて、各地域の地味の良否について見ておこう。表4は各地域から数カ村を抽出し、地味の傾向を見たものである。特徴的なこととして、中河内・南河内では上々田・上田の割合が全耕地の五〇％以上を占めるのに対し、北河内では中田・下田の割合が高く、とくに茨田郡では下田が四〇％を越えており、河内国内で最も高い数値を示している。茨田郡に下田が多いのは深野池・新開池といった湖沼と淀川とに挟まれた低湿地であるという地理的条件に起因しており、地域の人々はこうした状況を「水場」という言葉をもって表現した。たとえば、元禄十六年（一七〇三）に守口宿定助郷が組み替えられるにあたって、助郷村々から出された願書には、「大分之水場」や「水場百姓」、「河州第一之水場」といった表現が散見される[12]。

同様の言葉は各村の明細帳にも見ることができ、享保六年（一七二一）の門真一番上村の明細帳[13]には「惣而当村ハ水場所里ニ而多困窮仕候」と記され、宝暦十年（一七六〇）三ツ嶋村指出明細帳[14]には「田畑水損勝之所、河内国第一之地低水場所ニて御座候」「田方用水掛りハ格別地低故、立毛年々甲乙御座候」、天明八年（一七八八）の嶋頭村差出明細帳[15]には「当村之義ハ河内国第一之水場所ニ而御座候」などと記されることから、当該地域が水損がちで、ひとたび洪水でも起これば、困窮する農民が多かったことをうかがわせる。こうした記述は中河内・南河内に位置する村々の明細帳には記されておらず、北河内とくに茨田郡に特徴的な記述であるといえる。

2　商品作物生産の展開

こうした地味の違いを踏まえて、商品作物生産の様子について考察していこう。河内は近世中期から綿作地帯として認識されていたようで、元禄二年（一六八九）に東高野街道を旅した貝原益軒は『南遊紀行』のなかで、河内の木綿作について「凡河内国は木棉を多くうゝ。山の根の辺殊におほし。畠持たる者は余の物を作らず、悉くきたをうゝると云。此辺もめんをおほく織いだす。山根木綿とて京都の人是を良とす」と、信貴生駒山麓における木綿作の盛行を記しており、同様に喜田川守貞も『守貞謾稿』のなかで「今世河州を木綿の第一とし、又産すること甚多し」と述べている。

しかし、こうした様子は河内全般を表しているわけではない。そこで、本項では表5をもとに米作と商品作物生産の様子、とくに河内の特産とされる木綿作の様子を地域別に明らかにしていきたい。

まず地域別の様子を概観すると、北河内での木綿作は全耕地の一〇％程度にとどまっているのに対し、中河内では十八世紀半ばまで木綿の作付割合は五〇％を越えている。両地域の具体的な様子は明細帳などに明らかで、北河

内				南河内			
渋川郡久宝寺村				錦部郡彼方村			
稲（畝）	%	綿（畝）	%	稲（石）	%	綿（石）	%
3100	27.0	8400	73.0				
3300	28.7	8200	71.3				
				220.735	56.4	137.500	35.2
				262.713	67.1	110.353	28.2

内茨田郡嶋頭村明細帳(16)には「田方之内綿作少々御座候」とある程度で、他村においても木綿作の広範な展開は見られない。その理由として、天保十四年（一八四三）の交野郡田口村明細帳(17)には、「田畑木綿作之儀者土地不相応ニ御座候」として土地が木綿作に適していないことを示唆している。当然、木綿作の低調さは農閑余業としての木綿織にも影響を与えており、その様子は寛政三年（一七九一）の交野郡津田村届書(18)の「当村ニ而木綿織出シ売用仕候者一切無御座候、尤農業透ニ而者少々織候得共、我等家内着用之外木綿稼商イ等仕候者無御座候」といった表現や、弘化二年（一八四五）の交野郡招提村届書の「木綿機織候儀、当村者銘々家内着用丈ケ相拵、他へ売出し候程之儀者無御座候(19)」といった表現からもうかがえる。

北河内ではたしかに木綿作は低調であったが、菜種作は盛行で、寛政十一年の中振村では二二四石（村高の三九％）、天保八年の田口村では三三八石（同五五％）、十一年の甲斐田村では一六七石（同六一％）と、非常に高い作付率を誇っていることから、北河内は米作を基調とする菜種作地帯ととらえることができる。

これに対し、中河内・南河内では表5で見たように、全体的に木綿作が優位を示している。これらの地域における木綿織の様子は、宝暦十四年（一七六四）の錦部郡高向村や天保十四年（一八四三）の同郡上田村の明細帳に「村方女働之儀、正・二月毛綿働仕候、三月ゟ十月迄田畑ニ而働仕候、十一月・十二月毛綿挊仕候(20)」と記されていることから、女性の農間余業として展開していたことがわかる。

こうした商品作物生産および加工業が彼らの生活には欠かせないものとな

表5　各地域における稲・木綿の作付割合

地域 / 時期	北河内								中河			
	交野郡甲斐田村				茨田郡中振村				高安郡大竹村			
	稲（畝）	%	綿（畝）	%	稲（畝）	%	綿（畝）	%	稲（石）	%	綿（石）	%
17C 前半	3150	71.0	550	12.4								
18C 前半	2335	66.8	671	19.2	6632	74.0	985	11.0				
18C 後半					6760	76.1	1230	13.9	161	47.8	176	52.2
19C 前半									201	62.6	126	37.4
19C 半ば	2822	62.5	1397	31.0					252	74.8	85	25.2

註　『枚方市史第三巻』、『八尾市史前近代本文編』、『富田林市史第二巻』より作成。
　　空欄は該当する史料がないことを示す。

っていたようで、安永二年（一七七三）に丹北郡村々が提出した願書(21)には、「綿・毛綿之儀者百姓第一之代物ニ而、御年貢銀方并作立肥代銀等、右両品ゟ仕立候」とあり、また同三年に丹北・渋川・若江三郡の村々が出した願書(22)にも「年々木綿作七八分之場所ニ而、百姓共綿を売代なし御上納仕来り候、売口之儀者其居村之商人ニ不限、諸方ゟ入来候商人ニ而茂直段宜方江売来候ニ付、品ニゟ時之相場ゟも宜敷売払候義ニ在之、御年貢等茂随分無滞上納仕来候」と記され、商品作物生産が農民生活に深く入り込んでいることがわかる。木綿作を含めた商品作物生産を行なうには、「百姓ハさま〳〵と工面之上、他借仕、器量次第作立(23)」という言葉が示すように、自らの器量と才覚が求められたのであった。

　こうした木綿作の優位性は近世後期、とくに十九世紀に入ると低下していくが、その主な要因は木綿作の全国的な広がりによって綿価が下落したことにあった。表5にあげた中河内高安郡大竹村や南河内錦部郡彼方《おちかた》村においてもその傾向は顕著で、化政期（一八〇四〜三〇）には綿作率がそれぞれ五二％と三五％であったものが、幕末の安政〜万延期（一八五四〜六一）には二〇％台にまで落ち込んでいる。彼方村では慶応元年（一八六五）に三〇％にまで回復するが、翌二年には一八・二％にまで再度落ち込んでいる(24)。

　こうした木綿作の凋落傾向に拍車をかけたのが、幕末の米価高騰であった。それが地主に米作への回帰をうながし、地主経営を大きく進展させることに

表６　各郡における高持と無高の割合

地域名	郡名	村　名	19世紀初頭				19世紀半ば(幕末維新期)			
			実数(戸)		比率(%)		実数(戸)		比率(%)	
			高持	無高	高持	無高	高持	無高	高持	無高
北河内	茨田	中　振	60	86	41.1	58.9	86	56	60.6	39.4
		門真一番	26	18	59.1	40.9	31	12	72.1	27.9
		北　嶋	20	61	24.7	75.3	30	59	33.7	66.3
		三ツ嶋	100	54	64.9	35.1	84	64	56.8	43.2
中河内	渋川	荒　川	27	42	39.1	60.9	23	42	35.4	64.6
		大　蓮	58	24	70.7	29.3	37	41	47.4	52.6
	若江	小若江	32	51	38.6	61.4	16	61	20.8	79.2
		御　厨	38	45	45.8	54.2	24	55	30.4	69.6
南河内	八上	小平尾	69	7	90.8	9.2	57	7	89.1	10.9
	丹北	城連寺	33	16	67.3	32.7	38	27	58.5	41.5
		東　代	28	10	73.7	26.3	19	18	51.4	48.6
		立　部	56	5	91.8	8.2	44	31	58.7	41.3
	丹南	野　中	105	20	84.0	16.0	82	71	53.6	46.4
		岡	114	69	62.3	37.7	76	121	38.6	61.4
	石川	新堂村	74	76	49.3	50.7	32	120	21.1	78.9

註　枚方・門真・四條畷・布施・松原・美原・藤井寺・羽曳野・富田林・河内長野の各自治体史より作成。

つながった。このような状況は地域差にかかわりなく現れた現象であり、北河内交野郡田口村の地主奥野家では、米価高騰によって利益が前年の二倍となる年もあり、金銀出入帳には「誠以米売ものハ悦ひの時節、御上様ニ御心配恐入奉候、下々者難渋之様相聞」と記され、米価高騰が地主にもたらした恩恵と、小前百姓が困窮する様子との対比が描かれている(25)。

近世中期から後期にかけて展開する商品作物生産は、一方で地主富農の成長をうながしたが、他方で離農する多くの農民を生みだした。このような状況を基底に近世後期の村落社会はどのような変化を遂げたのであろうか。次節では階層分解の状況、および地主経営の実態について考察していきたい。

第三節　村々の階層分解と地主経営

１　階層分解の状況

まず階層分解の進展度を全体的に把握するために、表6に十九世紀初頭と幕末維新期における各郡村々に占める高持・無高の実数およびその割合を示した。特徴をあげるならば、北河内では年を経るにしたがって高持の割合が上昇する傾向にあるが、中河内・南河内では逆に無高の割合が増加し、約半数が無高となることから、中河内や南河内ではこの時期に階層分解が進んだことを想像させる。

そこで、この推論をより詳しく検証するために、表7には各地域から一村ずつを抽出し、階層構成の変化を示した。三村に共通して見られる特徴は、いずれの村とも階層分解が進展しており、持高五石以下層と無高層をあわせた数は七〇％に上っている。

まず、高持層が増加し、無高が減少する例として門真一番下村を見てみよう。同村では二〇石以上の上層農民には大きな変化が見られないのに対し、五～二〇石の中層農民の減少が著しい。それにともなって五石以下の下層農民の割合が大きくなっており、これは中層農民が没落した結果といえる。表6で見た無高層の減少は、村全体の戸数にさほどの変化がないことから一石未満層への上昇と考えられるが、それはいずれにしても非常に零細な経営であり、絶えず無高への没落の危険性をはらんでいたといえる（門真一番下村については、第二章において詳述）。

南河内丹南郡岡村では上層農民や五～二〇石の中層農民にほとんど変化がなく、下層農民が八〇％を越えている。五石以下層が割合を減らすかわりに無高層が増加しており、これは五石層が没落した結果である。一方、中河内小若江村を見てみると、さきの二カ村に比べ上層農民と無高層の両極において割合が高くなっており、階層分解の著しい地域ととらえることができる。

時期的変化を見ると、北河内・南河内では中層農民の割合が比較的高く、階層分解が漸進するのに対し、中河内では上層農民と無高の両極において割合が高く、階層分解の進展度は停滞気味である。中河内の事例は近世の早い段階で商品経済に巻き込まれた結果、十九世紀前半にはすでに階層分解が収束し、中層農民が両極に分化した状態であることを物語っている。

表 7－Ⅰ　北河内茨田郡三ツ嶋村の階層分解

持高＼年	文化 9 年(1812)		天保 10 年(1839)		明治 2 年(1869)	
石	戸	%	戸	%	戸	%
200 以上			1			
100～200	1				1	
80～100						
60～80		2.8		3.8		4.1
50～60						
40～50						
30～40	1				2	
20～30	2		4		3	
10～20	15	33.3	17	24.8	16	20.9
5～10	33		16		15	
1～5	25	20.8	30	31.6	36	31.8
1 未満	5		12		11	
無　高	62	43.1	53	39.8	64	43.2
合　計	144	100	133	100	148	100

註　各年の「宗門人別帳」(守口文庫所蔵三ツ嶋村文書)より作成。

表 7－Ⅱ　中河内若江郡小若江村の階層分解

持高＼年	文政 4 年(1821)		天保 12 年(1841)		明治元年(1868)	
石	戸	%	戸	%	戸	%
200 以上			1		1	
100～200	1					
80～100						
60～80		6.0	2	7.6		(25.0)
50～60	1				2	
40～50	1					
30～40						
20～30	2		3		1	
10～20	5	21.7	3	10.1	3	(43.8)
5～10	13		5		4	
1～5	9	10.8	5	7.6	4	(31.3)
1 未満			1		1	
無　高	51	61.5	59	74.7	—	—
合　計	83	100	79	100	16	(100)

註　『布施市史第二巻』より作成。

表 7－Ⅲ　南河内丹南郡岡村の階層分解

持高＼年	文化 12 年(1815)		天保 9 年(1838)		明治 4 年(1871)	
石	戸	%	戸	%	戸	%
200 以上						
100～200			1		1	
80～100	1					
60～80						
50～60		1.6		1.7	2	7.1
40～50						
30～40						
20～30	2		2		10	
10～20	6	14.8	3	14.2	12	16.4
5～10	21		22		18	
1～5	60	45.9	39	26.7	33	24.6
1 未満	24		8		12	
無　高	69	37.7	101	57.4	95	51.9
合　計	183	100	176	100	183	100

註　『藤井寺市史第二巻』より作成。

こうした階層分解の様子について、古島敏雄は北河内農村の特徴について述べるなかで、交野郡のような山間部・山沿いの農村では低く、茨田郡のような京街道沿いの村には高いことを指摘しているが、(26)高持・無高の割合だけでは村の実情を正確には表せない。無高の多寡は農民層分解の進展度を測るひとつの目安ではあるが、無高が多いからといって必ずしも貧しい村とは限らない。たとえば、南河内錦部郡日野村では村民すべてが高持であるが、これは山がちな地域に位置する村内では再生産が不可能であったため、下層農民はおのずと離村せざるをえなかったことを示している。(27)中河内や南河内の平野部において、無高が高い割合を占めているのは、村内に彼らが滞留できるだけの小作地や賃金の取得機会に恵まれていることを示しており、村内で十分に生計を維持できることを表しているともいえる。

さらに、以下にあげる寛政元年（一七八九）閏六月の「交野郡三拾八ケ村申合書(28)」は河内農村に生きる農民の姿を端的にとらえていて興味深い。

〔史料1〕

①近頃諸国一統難有御沙汰ニ而銘々　御地頭様方ゟ夫々事を分ケ、難有事共被　仰渡候得共、一郡村々　御地頭も相替り、不一同候儀故致齟意道理ニ而、諸事倹約取究りも村限りニ而ハ自然と不〆り相成候ニ付、一同

②相談之上左ニ申合候事

一中古以来惣而人々了簡間違候様被存候ニ付、是迄倹約申合等致候而も不究候訳者、申合候通之内ニ而惣而身分之暮方夫々甲乙有之事故、其内ニハ是ハ身上柄宜敷者之事、是ハ身薄者之事、或者高持・頭分之事、又ハ水呑・無高之事抔と銘々身分ニ取、邪之勝手而已を申相背候故、自然と不究ニ相成、詰ル所者身薄之者江損失相掛候事を不弁、是全所存之置所不宜候故之事と被存候、全体百性(姓)之身分ニ而者御田地相続いたす為之百性と可思所ニ、御田地ハ一生界(涯)百性世渡之道具之様ニ存居候、譬者三拾八ケ村此高凡弐万五千石と見、右之

田地ニ而凡弐万五千人計之惣人数一生界渡世致相続候儀故、田地持・無高、福者・貧者之盛衰ハ有之候得共、地持・下作共右三拾八ケ村之人何不分テ弐万五千石之地面ゟ出、作溢なくてハ露命繫かたく候、右作溢之多少甲乙ハ有之といへとも、一生一命を暮候所者同然ニて長者・高持迚茂ニ命ニ身ハ無之事ニ候得ハ、唯夫々③之経営故、今日（「百石持之」脱――筆者註）百性明日無高ニ相成、今日無高之百姓翌日百石持ニ可相成とも盛衰難計候得者、禍福ニ拘り依怙贔屓之申合迚ハ無之、一郡御田地并一郡惣人数双方共相続之申合候得者、身分軽重之無差別事故、聊も違背無之様相守可申事ニ候、是等之儀不弁者も有之候得者、郡中一統村々ニおゐて惣百姓得《(篤)》と合点いたし候様、幾篇も委可申聞候事

（中略）

一奉公人其村方ニ相余り候時者、隣村致不足候村方江相廻し可申候、尤中途たり共他村へ出候者ハ其村方無拠義ニ而人数不足致候時者引戻可申候、是互ニ無申分差戻し可申候、尤余国・余郡江奉公ニ出候儀決而為致間敷候、万々一、縁家抔ニ而手支無拠義理ニ付出候者有之ハ、村役人ゟ相糺候上可差出候、是迚も其村方ハ不及申、④一郡人数致不足候時者、不足之村方ゟ出居候村方へ引合不足之村方江引戻可申候、其村何れ之村方たりとも無故障、共々ニ致世話兎角一郡三十八ケ村相続行届候様可致候事

この「申合書」の内容自体はそれまでの倹約令とさほど大きな違いはないが、注目すべきは傍線部①～④の記述である。傍線部①においては、交野郡は入り組み支配であるため、領主が個別に倹約令を出しても効果がないと記し、入り組み支配の弊害を説く。傍線部②では、倹約令を出しても「この条文は高持百姓に対して出されたものなので、無高である自分には関係ない」などとして、倹約令を自分勝手に解釈している者たちがいるので徹底されないと述べている。傍線部③では、自らの才覚によって無高であっても百石持の地主にもなれるが、その反対もありうることを指摘し、貨幣経済に巻き込まれていく百姓の姿を端的に言い当てている。傍線部④では、奉公人の給銀

高騰にともなって地主経営が圧迫されるなかで、奉公人を郡内各村で融通し合い、互いに「百姓成立」を補完することが郡の成り立ちにもつながると説く。

この「申合書」からは、作成した村役人や地主の苦悩（倹約令を守らない百姓の存在や奉公人給金の高騰など）を知ることができる。その一方で、倹約令を守らず「ものを言う」百姓や商品経済の波にうまく乗って「百石持」になる百姓、言い換えれば政治的にも経済的にも成長した百姓が存在し、階層分解の進展にともなって村が大きく変化したことを如実に物語っている。

2　各地域における地主経営

前項では、いずれの地域においても持高二〇石以上の地主富農層が形成されていたことを確認したが、彼らのなかには商品作物生産によって余剰を生み出し、それによって土地集積を図ることで五〇石を越えるような大高持となる者も現れ、金融業・醸造業などを兼業することで二〇〇～三〇〇石を数えるような豪農へと成長する者もいた。ここでは、各地域の地主経営を紹介し、それぞれの地域的特性が各家の経営にどのような影響を与えているのかを明らかにしていく（表8参照）。

北河内樋口家の経営は持高二五〇石を有し、地主部門と金融部門、酒の製造・販売を中心とする商業部門が大きな柱であった。なかでも酒造業は弘化二年（一八四五）に三三貫目の利益を出していたが、文久四年（一八六四）には酒造道具を売り払い、酒造業を中止している。酒造業の中止にかわって米の販売をはじめ、文久四年には四貫目、慶応二年（一八六六）には三三貫目の売上を計上するなど、経営の転換を図っている。金融部門においては、六～一〇貫目の利益を出すことがあったが全般的に返済が滞っており、貸付金が不良債権化するなど不安定であった。大坂商人とのあいだに貸借関係があったが、幕末になるにしたがって、その割合は減少し、それにかわって村

表8　各地域にみられる地主の経営状況

（単位：匁）

	茨田郡三ツ嶋村樋口家		丹南郡岡村岡田家		茨田郡門真一番下村幣原家		
持高	253石		320石		69石		
	売米	綿	有米(石)	綿(斤)	売米	菜種	綿
天保		235.7	99	800	2479.45	842.3	
弘化			113	1900	2869.00		1843.5
嘉永			146		2057.50	648.0	29.0
安政	3299.100		200	1100	2910.00	761.0	(273斤)
文久	4186.063		282		7830.00	922.0	
慶応	33350.280		189		12933.00	2194.0	1885.0

註　『門真市史第四巻』、佐々木潤之介『幕末社会の展開』、守口文庫所蔵三ツ嶋村文書より作成。空欄は記載のないことを示す。

内・近隣村との間での利貸が増加する傾向にあった。これは同家が金融センター的な役割を担っていたことを示している(29)。以上のことから、樋口家の経営は地主・金融部門を中心とする経営であり、商品作物生産をほとんど行なわず、米作に特化した経営であった（樋口家の経営については、第三章において詳述）。

また、表8には同じ地域に位置する門真一番下村幣原家の経営をあげたが、同家では売上額は少ないものの菜種の販売を確認でき(30)、樋口家・幣原家の経営は米作・菜種作地帯である当該地域の特徴を反映した経営となっている。

中河内綿作地帯についても、若江郡小若江村の武村家を見ておこう。同家は天保十三年（一八四二）には持高三五四石を数え、手作地では米・綿・麦が作付された。農業（手作）部門において、米の収穫高は五八・五石であるのに対し、綿作は四四六〇斤を数え、手作地における木綿作の割合は五割程度を推移する。しかし、文久期（一八六一～六四）には減少しはじめ、米価が急騰する慶応二～三年（一八六六～六七）には一七～一八％にまで減少している(31)ことから、木綿作を縮小して、相対的に有利となった米作に主力を注いでいることがわかる。金融部門については、その対象を二種類に分別することができる。ひとつは居村と郡内諸村を対象とするもので、年利一二％・一件あたり五〇〇匁という比較的小額の貸付である。もう一方は、居村・郡を越えて大坂市中にまで貸付範囲を広げ、年利九・六％・一件あたり三貫目となっていて、郡内諸村への貸付に比べ多額に上っている。

武村家ではこうした貸付に加え、大名貸の状況が判明し、嘉永五年（一八五二）には上野高崎藩に一二〇〇両、信州上田藩に二〇七五両、遠州浜松藩に一三五〇両など、合計で六〇〇〇両と銀八〇〇貫目を融通しており、大名貸が武村家の全貸付高の八割を占めていることから、これが経営の足かせとなっていた。(32)

つづいて、南河内岡田家の経営についてであるが、同家については佐々木潤之介(33)や渡辺尚志(34)らによって詳細かつ多角的な分析がなされているので、ここでは概略について触れるに留めたい。

十八世紀の岡田家の経営は金融部門、肥料商という商業部門、米・綿作を中心とする農業部門、小作料を収得する地主部門に分かれていたが、十九世紀に入ると米・綿作の農業部門と地主部門、金融部門が大きくなり、幕末期には地主部門が経営の根幹をなすようになる。金融部門に関しては、①大坂の商人や領主を相手にしたもの、②周辺地域の豪農を相手にしたもの、③村内外の百姓を相手にしたものの三つに分類できるが、とくに①が金融部門の根幹をなしていた。(35)

以上のことから、河内における地主経営の特徴は、経営規模の大きさや地主部門・金融部門・商業部門などといった各部門へのウエイトの置き方に違いこそあれ、米作と菜種作・木綿作といった商品作物生産を中心とした農業（手作）部門・地主部門と金融部門を主軸とした経営であった。しかし、幕末期には地主部門と金融部門とに特化していく傾向にある。樋口家や岡田家といった豪農がそうした方向を採るなかで、地主富農層のなかには規模を減少させつつも商品作物生産を堅持する者もおり、各部門における収益を土地の集積に振り向けるのか、それとも利貸のための新たな資本とするのかによって、経営の方向性や成長の度合いに差異が生じる結果となった。

3　地主小作関係の実態

いずれの地域であっても、地主が所持する土地の大部分は小作地として出されており、小作人との関係が地主のみならず、近世後期の村落社会を規定することになる。本項では安定的な地主経営にとって重要な要素であった地主小作関係について見ていこう。

北河内樋口家における小作率は延享三年（一七四六）には七〇・三％であったものが、文化八年（一八一一）には八〇・五％に上昇している。同家の小作人は宛米高一～三石の者が全小作人の四〇～五〇％に達しており、宛米高の平均は三石余である[36]。また、門真一番下村の幣原家では二九人の小作を確認できるが、彼らの平均宛米高は一・三石であり、しかも平均持高は二・七石であった[37]。同様に門真三番村の茨田家でも五一人の小作を数えるが、平均宛米高は二・三石であり[38]、いずれの家とも零細で不安定な小作人によって地主経営が支えられていたのである。

こうした状況は南河内岡田家でも同様で、慶応四年（一八六八）の小作人六六人のうち、半数以上が無高で、しかもそのうち一五人が宛米高二～三石であったことから、同家の小作人のうち、約二割が無高で宛米高の少ない小作人ということになる[39]。

このように零細な小作人であっても生計を維持できた要因は、複数の地主との間に地主小作関係を取り結んでいることに加え、在村商工業の展開と賃労働など農業以外の就労機会に恵まれていたからであり、地主が村内に滞留する下層農民を小作人として地主経営に取り込んでいくことは困難であったと考えられる。

こうした状況は手作部門においても影響を与え、奉公人の労賃高騰や肥料代の高騰とも相俟って地主経営を圧迫するようになっていく。文久元年（一八六一）の「肥代直下ケノ摂河両国百姓取続度願書」[40]には、その様子が如実に描かれている。

〔史料2〕

乍恐口上

一近年御制事行届、在町共万事取締出来仕、向々諸役等迄茂御宥免被下難有、其上男女共風体倹役（約）之儀者、毎々申合候得共、半々ニ而難行届罷在候故、一統及困窮歎奉存候所、身持風体迄茂相改難有奉存候、然ル所、①近年耕作元入ニ引合不申、村々困窮仕候段、乍恐左ニ奉申上候

一田畑耕作ニ相用候肥類、享保年中者格別下直ニ而、其後延享・宝暦年中迄者、銀拾匁ニ干鰯粉三斗ニ茂相当り申所、追々高直ニ相成、当時ニ而ハ銀拾匁ニ付、干鰯粉壱斗ゟ壱斗五升迄直段上り、其外諸事肥類物、右ニ准シ先年とハ倍増高直ニ相成、勿論大坂三郷町家之下屎之義、先年大坂近在百姓者、野菜之類を以替取、下屎価ニ金銀差出候義者無御座候所、享保年中ゟ大坂近辺ニ御新田数多出来仕、其上諸国浦々不猟（漁）之由ニ而肥魚類無数と申立、次第ニ高直ニ相成、三郷下屎之儀者中古価銀極ニ相成、追々高直ニ羅上、当時ニ而ハ大②坂三郷小便之分除之、下屎之分、代銀町々先銀ニ相渡し申候、右之外大坂船通路不出来之村々多分御座候、都而干鰯・鮭・数ノ子・油取類・焼酎粕、肥ニ相用候得共、右体高直ニ而御年貢方倍増ニ肥代差出、耕作元入ニ引合不申、難義仕候事

一前文之通肥類高直ニ付、百姓一通りのものハ衰微仕、商ニ携候ものハ取続候ニ付、③小前之者共売買渡世思付、近年村々小商人多出来、自然と農業励薄相成候、勿論農業手当之奉公人甚無数、適々召抱候而も給銀羅上、④先年ゟハ五割増上り、下男壱人分耕作三反宛之積りニ而、壱反ニ付給銀壱石ニ相当り、其上飯料も相掛り、御年貢御上納之外、高掛り入用并肥代銀・給銀・飯料・農道具入用迄数々出銀仕候儀故、耕作元入引合不申、年々村々潰百姓出来仕、百姓減少仕、御田地手余りニ而高持百姓・新田地主相続致兼候事

この願書で注目すべきは傍線部①～④である。傍線部①には肥料代高騰の様子が時を追って詳細に記され、傍線

部②では肥料代高騰の煽りを受けて、どれだけ精を出して耕作しても割に合わないと嘆いている。傍線部③・④では容易に稼ぐことのできる商人になる者が多く、村では手余り地が発生し、地主においては奉公人を雇おうとしても給銀高騰の影響からままならず、自らの経営が危うい状態にあることを訴えている。

傍線部③・④にみられる奉公人の給金高騰はいずれの地域においても大きな問題となったようで、北河内茨田郡北嶋村濱田家に残る同郡横地村村役人からの書状[41]には「当年者格別之年柄ニ而当村奉公人給米六分五厘渡ニ相定、其外諸役人給米是者丸渡ニいたし相片付候得共、奉公人共ゟ諸役人給米丸渡いたし候儀兎哉角と申居候ニ付……尊公様御村ニ者諸役人并奉公人給米渡し方之儀如何御計ヒ被成候哉、且又御隣村之給米渡し方之儀御聞および被成候哉、此段極内々御尋申上候間、乍憚内々御聞セ被下度訳而御頼申上候」とあり、奉公人の給金が地主共通の懸案であったことがわかる。

こうした状況を打開するため、商品作物栽培に従事する地主たちは国訴を通じて木綿や菜種の販売ルートを確保することで収益をあげる一方、肥料代の値下げや労賃の規制を実現することで自家の経営の安定を図ろうとした[42]。地主が直面した数々の問題は、村の変容とともに惹起されたものであり、村の再編と新たな秩序が求められた結果、さきに見た「交野郡申合書」や郡中議定のような取り決めが度々作成され、村のあり方が新たに示されるようになったといえるだろう。

おわりに

以上、近世後期における河内の様子について地域差に留意しつつ、「はじめに」であげた五つの視点から考察してきた。ここでは各節での検討結果をまとめることでむすびにかえたい。

第一節で取り上げた所領構成のあり方については、北河内に幕府領・旗本領が多いこと、南河内に小藩の藩領や関東に本拠を置く大名の飛び地が多いことが特徴としてあげられ、さらにいずれもが村高の小さい村を所領としていたことがわかった。

第二節では各地域における田畑の質の違いを指摘し、商品作物生産に大きな差異を生むことを明らかにした。それを踏まえ、北河内を米作・菜種作地帯、中・南河内を綿作地帯ととらえ、商品作物生産と農村加工業との関連を示したが、幕末期には米価の高騰をうけて、いずれの地域においても米作への回帰が見られた。

第三節では階層分解の状況を示し、中河内での分解が著しいことを指摘した。加えて、各地域に見られる個別地主経営について詳細に検討したが、河内では地主・農業（手作）部門を中心に、金融部門・商業部門を兼ね備えた経営が顕著に見られ、幕末にかけては地主・金融部門に特化する者が現れた。

このように地主・金融部門に特化する豪農層と商品作物生産を含む手作農業経営を主とする富農層との併存を見ることができたが、いずれの経営においても地主小作関係は不安定であり、奉公人給金や肥料代の高騰と相俟って、地主・農業（手作）部門は後退する場合もあった。さらに小作人からは、小作料の恒常的な免引や飢饉時には手厚い施行が求められ、上層農民たちは自家の経営とも関わって、村内外のこうした政治的・経済的問題に対処しなくてはならなかった(43)。そうした対処こそが、村落共同体の成り立ちを支えていたのである。

本章ではいたって実証的な分析に終始したため、河内に暮らす人々の様子について触れることはしなかったが、婚姻・文化を通じて、また木綿・菜種・肥料など各種の国訴を通じて形成されたネットワークが存在していたことは明らかであるし、それを担う人々についても検討がなされている(44)。こうしたネットワークの形成に関わる地域の政治的主体について、そこで惣代庄屋として地域の成り立ちに腐心するのは、第三章でふれるように樋口家のような豪農層ではなく、持高五〇石程度で菜種生産を主とする富農層であった。彼らのような富農層が地域社会の政治的役割を担っていたとすれば、佐々木が岡田家の分析を通じて指摘した「豪農の非政治主体化[45]」については、河内における豪農・富農の併存状況を鑑みて、改めて検討する必要があるだろう。

註

（1）戸谷敏之『近世農業経営史論』（日本評論社、一九四九年。初出は一九四一年）
（2）今井林太郎・八木哲浩『封建社会の農村構造』（有斐閣、一九五五年）
（3）津田秀夫『幕末社会の研究』（柏書房、一九七七年）
（4）竹安には『近世封建制の土地構造』（御茶の水書房、一九六六年）、『近世小作料の構造』（御茶の水書房、一九六八年）、『近世畿内農業の構造』（御茶の水書房、一九六九年）の三部作がある。
（5）山崎隆三『地主制成立期の農業構造』（青木書店、一九六一年）
（6）中村哲『明治維新の基礎構造』（未来社、一九六八年）
（7）山崎隆三「江戸後期における農村経済の発展と農民層分解」（『岩波講座　日本歴史　一二』岩波書店、一九六三年）
（8）佐々木潤之介『幕末社会論』（塙書房、一九六九年）二六六頁
（9）明治三十一年（一八九八）の郡制施行において、中河内郡は丹北郡を含んで成立したが、本章では地理的なあり様から大和川以北を中河内とした。
（10）尚政のあとは尚往が継ぐが、三男尚庸に二万石、四男直右に七〇〇〇石、五男尚春に三二〇〇石、六男尚申に三〇〇〇石をそれぞれ分知した。
（11）幕閣に登用されるさい、江戸に近い所領に所替になるのが通例であったが、近世中期以降は、幕閣の要職についても所替が行なわれないようになる（横田冬彦「『非領国』における譜代大名」（『地域史研究』八六号、二〇〇〇年））。
（12）門真市立歴史資料館所蔵茨田家文書人足助郷関係四
（13）守口文庫所蔵門真一番上村文書三〇〇・二九―六

(14) 守口文庫所蔵三ツ嶋村文書 三〇〇・三五―一〇
(15) 『門真市史　第三巻』一九九七年
(16) 同右
(17) 『枚方市史　第七巻』一九七〇年
(18) 「御触書帳并ニ願書写シ」（『枚方市史　第九巻』一九七四年）
(19) 「御取締向御尋書上帳」（枚方市片岡恭子家文書）
(20) 『河内長野市史　第七巻』一九八〇年
(21) 「諸事願書写帳」（『松原市史　第五巻』一九七六年）
(22) 「綿株出来ニ付御領主差上書付写」（『松原市史　第五巻』）
(23) 同右
(24) 『富田林市史　第二巻』（一九九六年）七一一頁
(25) 『枚方市史　第三巻』（一九七七年）六七五頁
(26) 古島敏雄『近世日本農業の展開』（東京大学出版会、一九六三年）第二章第四節
(27) 『河内長野市史　第二巻』（一九九八年）四三八～四四一頁
(28) 枚方市奥野周一家文書。なお、この「申合書」については、福山昭が『大阪府史　第六巻』（一九八七年）のなかで取り上げている。
(29) 第三章参照
(30) 第二章参照
(31) 『布施市史　第二巻』（一九六七年）七三六～七四二頁
(32) 同右、九〇四～九一四頁
(33) 佐々木潤之介『幕末社会の展開』（岩波書店、一九九三年）
(34) 渡辺尚志編『畿内の豪農経営と地域社会』（思文閣出版、二〇〇八年）

(35)『藤井寺市史　第二巻』（二〇〇〇年）四九四～五〇三頁
(36)前掲註29
(37)天保十年「小作宛米帳」（門真市立歴史資料館所蔵幣原家文書宛米帳九五）
(38)天保二年正月「下作充高取附勘定帳」（門真市立歴史資料館所蔵茨田家文書小作関係四）。なお、茨田家における小作人の特徴については、第五章および乾宏巳「大塩の乱と農民的基盤」（『近世都市住民の研究』清文堂出版、二〇〇三年。初出は一九七五年）を参照。
(39)前掲註35
(40)『松原市史　第五巻』
(41)門真市立歴史資料館所蔵濱田家文書近世一紙六八〇
(42)国訴については、藪田貫『国訴と百姓一揆の研究』（校倉書房、一九九四年）を参照。
(43)前掲註29
(44)前掲註42
(45)前掲註33

第二章　農村構造の変容と地主経営

――北河内の幣原家・濱田家をめぐって――

はじめに

畿内農村の特徴は経済・流通の中心地である大坂の近郊に位置するという地理的な条件と共に、商品作物生産が広範に展開し、貨幣経済が浸透していたことにある。しかし、第一章でみたように、河内国一カ国をとってみても、地域内の農村構造や地主制のあり方にはそれぞれ違いがある。

そこで本章では、第一章での検討結果をふまえ、畿内農村のなかでもかつて古島敏雄(1)や籠谷次郎(2)、木村武夫ら(3)によって研究が進められた北河内の村々を取り上げ、階層分解の状況や農民各層の変動について検討を加え、ついで地主制の展開を考察する。そうすることで、畿内農村の実態を明らかにするとともに、研究の深化を図りたい。

地主制の展開については、茨田郡門真一番下村幣原家(4)と北嶋村濱田家(5)について検討していくが、とくに幣原家は乾宏巳の研究(6)や第四章・第五章において検討を加える門真三番村茨田家との比較が可能であると考える。幣原家と茨田家はいずれも持高六〇石程度の地主であり、中層農民から上層農民へと成長していく事例として恰好の素材である。幣原家の成長過程・経営状況を分析し、茨田家や濱田家と比較検討することで、当該地域における地主制の展開過程を明らかに出来ると考える。

なお、対象地域である門真一番下村は京街道から南へ約二キロメートルの所に位置する村である。村高は四三八石余り、うち田高四二一石（村高比九六％）、畑高四石八斗七升（同一％）という田方の村である。(7) 支配関係は寛永十年（一六三三）から淀藩永井尚政の所領となり、その後、代々永井家の所領となるが、元禄元年（一六八八）からは幕領となる。また北嶋村は、門真一番下村からさらに約一・五キロメートル南下し、近隣で最も低い、標高〇・四～一メートルの低湿地に位置する。村高は四五四石余り、うち田高四三二石（村高比九五％）、畑高一三石一斗三升（同二・九％）であり、門真一番下村同様、田方の村である。(8) 支配関係は近世初頭から幕領であるが、大坂城代・京都所司代の役知として設定されることが多かった。

第一節　農村構造の変化

1　人口の変動

農村構造を見る際に村々が如何なる状況であったかを知る指標として、人口動態や階層分解の進展度を挙げることができる。一般的に十九世紀に入ると商品作物生産が活発になり、貨幣経済が浸透していく中で、それまで見られなかった村落内での対立や様々な矛盾が顕著になる。また、天明・天保の相次ぐ飢饉にみまわれ、人口が減少し、荒廃化が進んでいく地域もあった。

それでは、表1を用いて当該地域における人口の変動について考察しておこう。まず全体的傾向を見るために河内国の人口変動を見ると、人口の増減はほとんどなく、一定しているように見える。しかし、内実は異なり、地域別に詳細に見ると、南河内錦部郡では人口が減少するのに対し、中河内では増加していることから、表面上は人口変動がないように見えているだけなのである。このように人口が減少している地域と増加している地域が相半ばで

表１　各村の人口変動

村名／年次		河内国全体		門真一番下村		北嶋村		近接年次
		人口	指数	人口	指数	人口	指数	
宝暦 10 年	1760			224	100	325	100	
明和 2 年	1765			227＊i	101	338＊ii	104	＊i 66 年　ii 62 年
安永 3 年	1774			239＊	107			
安永 9 年	1780			218	97			
天明 5 年	1785			219	98	409＊	126	＊84 年
文化 7 年	1810	214,945＊i	100	222	99	388＊ii	119	＊i 04 年　ii 09 年
文化 12 年	1815					402	124	
文政 3 年	1820	244,816＊	114	217	97	432	133	＊22 年
文政 8 年	1825			217	97	422＊	130	＊23 年
天保元年	1830	223,747＊i	104	221＊ii	99	426＊iii	131	＊i iii28 年　ii 29 年
天保 6 年	1835	224,822＊	105	228	102	438	135	＊34 年
天保 11 年	1840	224,055＊	104	233	104	432	133	＊46 年
嘉永 3 年	1850			223＊i	99.5	468＊ii	144	＊i 51 年　ii 48 年
万延元年	1860					513	158	
明治 3 年	1870					513	158	

註１　指数とは宝暦 10 年の人口を 100 として、以後の人口変動を示したものである。
註２　＊印は近接年次の「宗門人別帳」に記載された人数。
註３　『新修　大阪市史　第４巻』、幣原家文書・濱田家文書の「宗門人別帳」より作成。

あれば、全体的な数値は平準化されるという問題点を含んでいることから、より具体的に個別村を見ていくことで、人口変動の特徴を明らかにしたい。以下、門真一番下村と北嶋村および近隣諸村の様子について見ていこう。

まず、門真一番下村の人口変動は宝暦五年（一七五五）以降、増加と減少を繰り返しながら変化している。しかし、宝暦五年に比べていずれの時期も少ないながら増加しており、各年の増減の幅も決して大きいものではないことから、比較的安定した人口推移であるといえる。門真一番下村と類似した人口推移を示すのが門真四番村である。門真四番村の場合、史料的制約があるが判明している年代の人口を挙げると、天明六年（一七八六）に五三五人であったものが、安政二年（一八五五）には五六〇人、万延元年（一八六〇）には五七〇人、慶応元年（一八六五）には五二四人というように、各年代により多少の増減が見られるものの、比較的安定した人口推移である[9]。また、北嶋村の場合は若干人口が減少する時期があるものの、寛政期ごろからは加速度的に増加の一途を辿り、万延元年（一八六〇）には宝暦期の約一・五倍にまで増加する。

門真一番下村や北嶋村のように安定、もしくは増加する村があるのに対し、近接する門真二番村では近世後期から幕末期にかけて人口を減少させている。安永四年（一七五一）の六二七人を最高に以後減少を続け、天保十一年（一八四〇）には五〇五人、弘化二年（一八四五）には四八一人まで落ち込む。嘉永期以降は増加に転じるが依然として安永期の一割減のままである。ただし、人口の増減が一概にその村の生産性の高低を示しているとは言えず、村の実情は階層構成のあり様をあわせて検討する必要がある。次項では門真一番下村と北嶋村の階層構成の変化について考察していく。

2　門真一番下村の階層分解

ここからは、近世後期の村落に内在する農民各層の状況を把握するために、近世中期から幕末期にかけての階層分解の状況を概観していく。

門真一番下村については、表2に示したように、延宝期・宝永期は二〇石前後の中層農民が中心であり、五石未満の下層農民が高持全体に占める割合もわずか一割にしか過ぎない。つづく宝暦期には持高六〇石以上が二戸存在しており、幣原家はこのときすでに七九石を所有している。しかし、その対極には五石未満層の下層農民が二七・一%、無高層が三九・六%、あわせて六七%近くが存在している。その後、各階層とも目立った変化は見られず、上層農民の土地集積も停滞気味であると考えられるが、文政十二年（一八二九）に至って五石以上の中層農民・上層農民が減少し、代わって五石未満層が増加、無高層をあわせると全体の八〇%を占めるようになる。

門真一番下村の場合は、宝永期から宝暦期にかけての約半世紀で中層農民がまず両極に分化する形で階層分解が進行し、その後停滞期を経て、文政期末から次の段階として中層農民が没落するという形で階層分解が進行してい

表２　門真一番下村の階層構成

（単位：戸）

年次／持高	延宝7 1679	宝永4 1707	宝暦2 1752	宝暦10 1760	(%)	安永7 1773	(%)	天明3 1783	(%)	文化7 1810	(%)	文政2 1819	(%)	文政12 1829	(%)	天保10 1839	(%)	嘉永4 1851	(%)
100石以上																			
80～100石				1										1		1		1	
60～80石			2	1		2		2		1		1				1		1	
50～60石										2		2		1				1	
40～50石			1	1	20.8	1	17.8	1	17.8		15.9	2	16.7	2	11.8	2	10.9	1	16.3
30～40石	4	7	1	2				1		2				2		1		1	
20～30石	5	3	4	5		5		4		2		2						2	
10～20石	7	6	3	1		2		5		4		2		1		3			
5～10石	1	2	5	5	12.5	5	15.6	4	20.0	2	13.6	4	14.3	3	7.8	1	8.7	4	9.3
1～5石		2	5	10		9		8		11		10		15		13		9	
1石未満	3		4	3	27.1	3	26.7	2	22.2	2	29.5	2	28.6	7	43.1	7	43.5	11	46.5
無　高	不明	不明	不明	19	39.6	18	40.0	18	40.0	18	40.9	17	40.5	17	37.3	17	37.0	12	27.9
合　計	—	—	—	48	100	45	100	45	100	44	100	42	100	51	100	46	100	43	100

註１　延宝７年・宝永４年・宝暦２年は木村武夫「近世中期における土地所有の動向」（木村編『近世大坂平野の村落』）第３表による。
註２　宝暦10年以降は幣原家文書の「宗門人別帳」より作成。

った。こうした階層分解の様子は何も門真一番下村に限ったことではなく、近隣の門真三番村でも見られ(10)、周辺農村の状況をある程度反映していると考える。

さらに詳しく、階層分解の内実について個別家の持高の増減から見ていくことにしよう。表2では延宝期から宝永期にかけて、階層構成はほとんど変化がないように見受けられるが、実際は宝暦期以降の階層分解の前提となるべき状況が存在していた。門真一番下村の階層について検討した木村武夫によれば、延宝検地の際に村内随一の高持であった庄屋四郎兵衛家が没落し、同じく庄屋を務めたこともある伊兵衛家も持高四石余となる一方で、幣原家は役負担に耐えかねて持高を減少させていく四郎兵衛家や伊兵衛家から土地を集積し、持高七九石という村内最大の高持百姓に成長していく(11)、と指摘している。

木村の指摘をうけて、近世中期から幕末期に至る、村内の主立った家の持高をグラフに示したものが図1である。木村が検討した四郎兵衛家は宝暦四年（一七五四）の「宗門御改帳」(12)ではすでに確認できず、伊兵衛家や市郎兵衛家、喜平家も宝暦期までに持高を半減させている。対照的に幣原家・善兵衛家・嘉兵衛家は宝暦期にかけて持高を急増させ、文政期から幕末期に

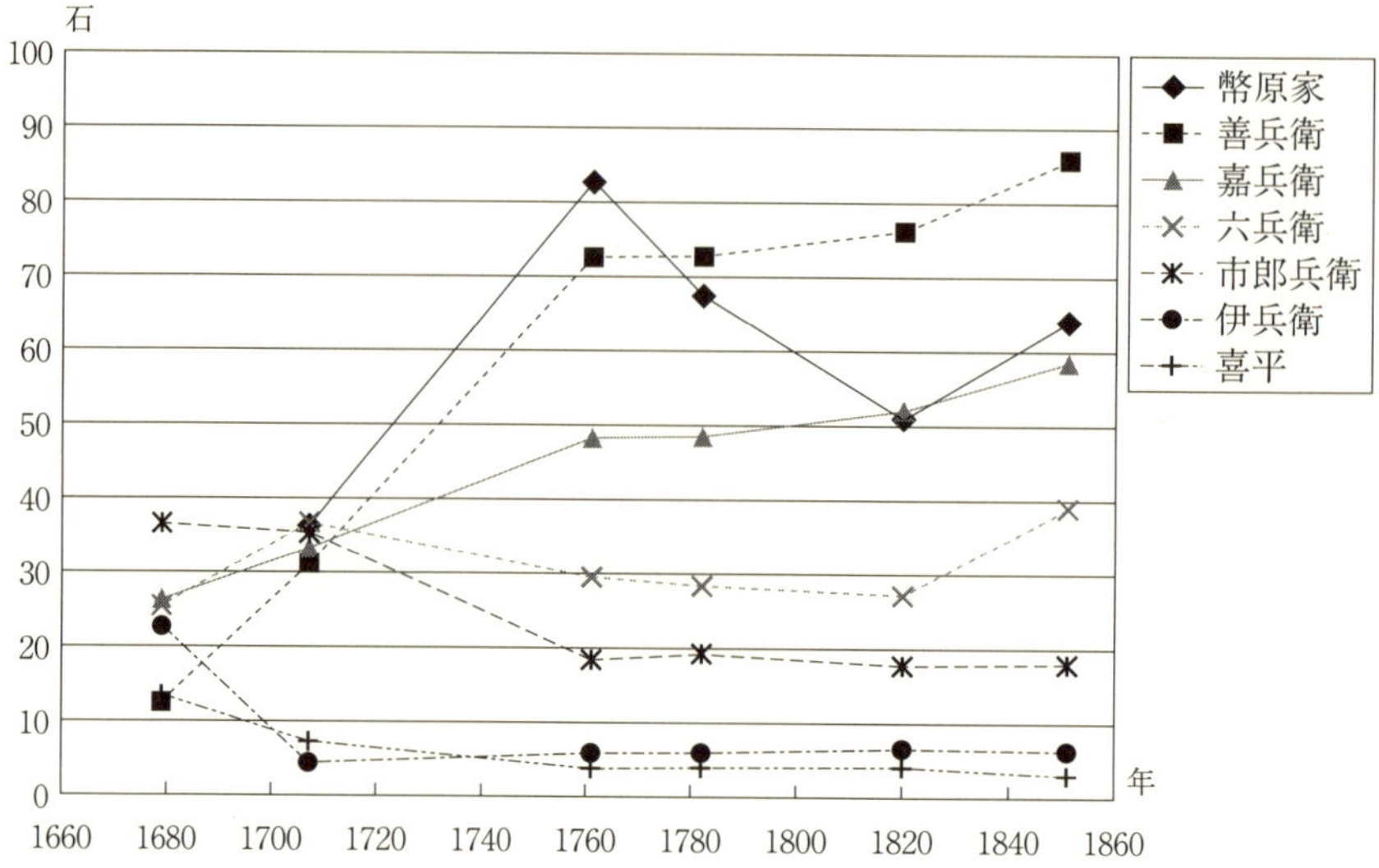

図１　各家の持高の変化

註　延宝７年「検地帳」、宝永４年「名寄帳」、各年の「宗門人別帳」より作成。

かけても再度持高を増加させることで、三家とも六〇石以上の上層農民へと転化している。

図1の検討結果はすでに表2からも指摘したように、門真一番下村では近世中期において中層農民が両極に分化する形で階層分解が進展していたことを後付けている。また、文政期から幕末期にかけて幣原家などが持高を増加させるのは、中層農民が没落するに伴い、手放した土地を幣原家などが取り込み、地主的性格を強めていった結果と考えられる。

こうした各家に見られた持高の増減は、ただ単に村内の経済的序列に変化をもたらしただけでなく、村政にも大きな影響を与えることになる。それは、これまで伊兵衛家が担ってきた庄屋役を幣原家が担うという、庄屋役の交代という点に顕著に表れることになる。

3　北嶋村の階層分解

つづいて、北嶋村の階層分解の状況について見ておこう。北嶋村の状況は表3に示したように、宝暦九年（一七五九）の段階では無高層が七三・五％というかなり高

表３　北嶋村の階層構成

（単位：戸）

年次／持高	宝暦 9 1759		明和 7 1770		享和 2 1802		文化 9 1812		文政 6 1823		天保 4 1833		天保 13 1842		嘉永 2 1849		文久 2 1862		明治 3 1870	
100 石以上		(%)				(%)		(%)		(%)	1	(%)	1	(%)	1		1	(%)		(%)
80～100 石					1		1													
60～80 石	2		1		1		1		2											
50～60 石			2														1		2	
40～50 石	1	11.8	2		1	9.9	2	9.5		8.7		7.6	2	8.2	3			3.4		5.6
30～40 石	2		1		1		1		2		2		1				1			
20～30 石	3		4		4		3		4		4		3		3				3	
10～20 石	6		6		8		7		7		7		8		10		14		10	
5～10 石	4	14.7	3		3	13.6	3	12	4	11.9	7	15.2	6	16.5	4		3	19.1	6	18.0
1～5 石					1	1.2	2	2.4	1	2.2	5	8.7	7	9.4	7		7	11.2	3	7.9
1 石未満									1		3		1		2		3		4	
無　高	50	73.5	不明		61	75.3	64	16.2	71	77.2	63	68.5	56	65.9	不明		50	66.3	61	68.5
合　計	68	100	—		81	100	84	100	92	100	92	100	85	100	—		89	100	89	100

註　濱田正義家文書の「宗門人別帳」より作成。

い割合で存在しているが、高持層の大部分は五石以上層であり、これらの層は農業経営だけで生計を立てることが可能であったと思われる。この傾向は十八世紀後半の段階でも見ることができるが、十九世紀に入ると二〇石以上層は徐々に減少し始め、逆に五石未満層の下層農民が増加していく。幕末期には二〇石以上の上層農民の数は宝暦期の約三分の一にまで減少し、二〇石以下の中層農民・下層農民の数は三倍になっている。このことから、北嶋村の階層分解も先に見た門真一番下村のように、上層農民が没落していくという形をとっている。

では、その具体的な様子を門真一番下村同様、数軒の家を取り上げ、見ていこう。まず、庄屋・年寄を務めていた源兵衛家と小兵衛家であるが、源兵衛家は宝暦九年には持高六四石を所有していたが、享和二年（一八〇二）には二九石、文化九年（一八一二）には三〇石と、宝暦期の半分以下の持高となり、天保四年（一八三三）の「吉田領河州茨田郡北嶋村宗門御改帳」[13]には家の存在すら認められない。同じく、小兵衛家も享和二年には九四石、文化九年には九八石所有していたが、天保四年には半分以下の四四石まで持高を減らしている。

このような状況のなかで、北嶋村において最大の地主になったのが濱田家である。濱田家は宝暦九年には持高四三石であったが、享和二年に六八石、文化九年に七〇石、天保四年には一二五石、天保十三年には一二六石となりピークを迎える。その後、文久二年（一八六二）には若干減少したものの一一四石を所有し、慶応三年（一八六七）は分家した倅・経治郎の持高をあわせて一〇〇石を所有し、天保期以降、濱田家は村高の約四分の一を所有することになる。

4　両村の比較

以上、隣接する両村であっても階層分解のあり方には、若干の相違が見られた。ここでは両村で見られた階層分解の状況について相違点を明らかにすると共に、農村構造の特徴を明らかにしておきたい。

まず、階層分解が顕著になる時期であるが、門真一番下村では北嶋村より早い段階で階層分解が進展している点を指摘できる。門真一番下村では十八世紀後半には階層分解がかなり進展していたのに対し、北嶋村においては十九世紀に入ってからの分解が顕著である。階層分解の形も門真一番下村では上・中層農民が没落する形であったが、北嶋村の場合は上層農民が没落し、むしろ中層農民・五石未満層が増加する形であった。

そして、農民各層を詳細に検討してみると、両村とも七〇％を超える五石未満の下層農民や無高層が存在しているものの、門真一番下村は五石未満の下層農民が無高層に比べて高い比率を占めるのに対し、北嶋村では無高層が圧倒的多数を占める。二〇石以上の上層農民は、近世中期から幕末期を通じて、門真一番下村の方が高い比率を占めている(14)。

両村のこのような相違を一言で説明することは難しいが、その要因の一つとして生産力の差が考えられる。たしかに両村とも村高の実に九五％が田方であるが、両村および近隣諸村における田の等級の割合を見てみると、特徴的なことが判明する。門真一番下村の上田の割合は約四八％・下田は約二三％であり、近隣諸村に目を移しても、門真一番上村は上田約五一％・下田約一八％[15]、門真三番村は上田約四七％・下田約三一％であり[16]、いずれの村も上田が約半数を占めている。それに対し、北嶋村では上田約六％・下田約八四％であり、隣村三ツ嶋村でも上田約八％・下田約七八％というように[17]、下田が大変多く、門真一番下村に比べ生産力は低いものと考えられる。この差は「はじめに」でもふれたように、北嶋村が北河内において最も低い湿地帯に立地していることに起因する。

こうした耕作条件が悪く、生産力が低い北嶋村では、一度飢饉や水害を受けると下層農民は飯米にすら事欠く状況となり、自らの土地を質入れし、無高層へと転落する危険性を絶えず孕んでいた。こうした農業経営の不安定さが、先に見たように門真一番下村とは異なった階層分解の状況を示すようになると思われる。

しかし、いずれにせよ階層分解が進展し、分厚い下層農民が存在していながら、本節1で見たように人口が増加していることを考えれば、これらの村内外に、土地を持たない無高層を受容するだけの農業経営とは異なる生業の存在を想定できる。それは、例えば酒造業や絞油業といった在村商工業の存在である。文政期の「菜種売払員数書上帳」[18]には、門真一番下村・北嶋村の村内および近隣の嶋頭村・上馬伏村・大庭三番村の人力絞油屋や讃良郡南野村・滝村の水車絞油屋が記されており、弘化四年（一八四七）十一月の「油絞稼人・酒造稼人名前帳」[19]にも北嶋村に絞油業一人、隣村三ツ嶋村に絞油業一人・酒造業二人を見ることができる。また、「余業稼書上ケ帳」には大工職・樽桶師のほか、酒小売業や古手商・古銅古道具商などの諸商売が列挙されていることから、当該地域には村内外に在村商工業の展開を見ることができ、それに伴う賃労働が、下層農民の村内滞留を可能にしたと考えられる。

第二節　当該地域における地主経営

1　幣原家の経営

前節での農村構造のあり様をふまえて、門真一番下村の幣原家と北嶋村の濱田家はどのような地主経営を展開していくのであろうか。それらを検討する際に参考となるのが、乾宏巳によって詳細に経営分析がなされた門真三番村茨田家である。乾によれば、茨田家の「収入のほとんど（9割以上）が米売り払い代金であり」、「寄生的な地主として小作米収入に依存」していた一方で、支出に関しては「貸金の方はほとんど利息が取れないのに、借金利息の方は年間生活費に迫るほどの多額」であったことを指摘し、天保三年（一八三二）には一五六六匁、同六年には一万九九七〇匁にも上る赤字を出しており、安定的な経営であったとは言い難い[20]、としている。

乾の指摘をうけて、門真三番村茨田家との比較検討もふまえつつ、まずは幣原家の経営について見ていこう。幣原家には享保期から明治期までの経営史料が現存しているが、本節では図1に見られるように、幣原家が持高を再度増加させていく近世後期、主に文政期以降の経営状況について検討していく。

①土地の集積

まず、幣原家の持高の変化を表4によって確認しておこう。これによれば宝永四年（一七〇七）には三七石であったが、約五〇年後の宝暦十一年（一七六一）には八二石余りにまで持高を増やしている。これは延宝六年（一六七八）、庄屋であった四郎兵衛から田畑二六筆、一町三反六畝二〇歩、分米一六石二斗六合を買い取ったのをはじめ、元禄十六年（一七〇三）までの間に、合計三四筆、三町一反四畝一二歩、分米三六石一斗六升を村内において

表4　幣原家の持高の変化

年次		持高(石)
宝永4年	1707	36.27
宝暦11年	1761	79.156
天明3年	1783	67.462
文化5年	1808	56.577
文政3年	1820	50.91
文政11年	1828	58.753
天保2年	1831	58.75
天保6年	1835	59.67
天保11年	1840	61.425
弘化2年	1845	66.199
嘉永5年	1852	64.392
安政2年	1855	64.954
文久元年	1861	66.4685
慶応元年	1865	66.9245
明治3年	1870	66.9245

註　幣原家文書の「宗門人別帳」・「萬覚帳」より作成。

没落していく旧上層農民から買い取り、土地を集積すると共に、門真一番上村で一三石余、門真二番村で一五石五斗、門真四番村で六石余、薭嶋村で六石と近隣諸村にまで所有地を拡大していった結果であった。旧上層農民とは異なり、幣原家がこれほどにまで所有地を拡大させた要因は、幣原家がそれまでの上層農民が行なっていた手作経営に限界を認め、小作人から小作料を取るという経営に転換したからである。

しかし、つづく天明期から持高を減少させ始め、文政三年（一八二〇）には他村に所有していた土地を整理したことから、持高は五〇石にまで減少する。幣原家がなぜ土地の整理をしたかは明らかではないが、零細な小作人による不安定な小作地経営をある程度整理し、小作地経営と手作経営とをうまく組み合わせることで安定的な経営を目指したためと思われる。

こうした経営の転換をみながら、当該期の農民は分相応の経営を行なうことが強く求められた。天明六年（一七八六）六月の幣原家「家相続書」[21]には、

　一世倅共数多有之候而別家可致候儀有之ハ、高米百石ニ付弐拾五石程ニ而別家江分ケ可遣候、本家之儀ハ残高ニ而随分大切ニ相続可致候事、譲り之儀者右之通高弐分半之積り、農道具屎手銀見合、又々土蔵之儀其節ニ多《（応）》し可相遣候事

　一時節之有様ニ而借銭出来候得者、高米百石ニ付拾弐貫目借銭有之候得者、早速家財諸道具等迄売払候而相済可申候、田地之儀者相残り候様ニ仕、相心得可申候事

とある。分家を立てるときには、本家の持高の四分の一を分け与える事が明記されているが、これは本家とともに分家も村内で中層農民として、経営を維持できるだけの十分な持高であったことを示している。また、借財が嵩んだ場合は家財道具を売り払うことが指示されているが、田地は売り渡すことのないよう、明記されている。

そして、最後の項目には、

一当村之儀者近国第一之水場不定地之場所ニ而御座候故、年々極テ米石《（穀）》など者得取入不申候ニ付、常々致其心得、無油断用意致置可申候事（傍線、筆者）

と述べ、門真一番下村は水害の多い地域であるからそれに備えるように指示している。これは、当該地域固有の「家」存続の意識として興味深い。その後、幣原家ではこの「相続書」を遵守したのであろう、同家の土地集積は復調を見せ、幕末期には六四～六六石に安定し、村内二位の高持となる。

②「萬覚帳」に見る経営状況

では次に、幣原家所有の田畑からどれほどの利益が生まれるのであろうか。表5-Ⅰから判明する特徴的な事柄を以下にまとめた。

米は年貢の他、自家で消費する飯米、現金化するための「売米」に分けられる。売米高は各年代によって異なるが、およそ三〇～四〇石である。これは、茨田家が天保期に八〇～一〇〇石以上を売り払い、六貫目を超える利益を上げていたのに比べ半分程度にとどまっている。しかし、米一石の値段は図2に見られるように飢饉時や幕末期になると急騰することから「売米」による利益も高額なものとなり、結果的に幣原家の現金を約一〇倍に、総資金を約二倍にまで増やし、同家の経営にとってはむしろ有利に働く結果となった。ただし、こうした投機的な米の売却益が幣原家の経営を支えているという状況は、一方で同家の経営の脆弱さを示している。収入のほとんどが米の

表 5-Ⅰ　幣原家の経営（収入）

年次		売米高（石）	売米額（匁）	匁／1石	売菜種高（石）	売菜種額（匁）	売綿（匁）	売尿（匁）	現金（両）	総資産（両）
文政 3 年	1820	—	—	—	8.83	611	—	—	—	—
文政 11 年	1828	32.5	2124	65	—	—	—	—	—	—
天保 2 年	1831	23	1740	75	13.3	754.8	125	—	—	—
天保 6 年	1835	29	1832.5	63	10.1	800	77	—	—	—
天保 11 年	1840	41.7	2479.45	59.5	7.74	842.6	—	3	10	—
弘化 2 年	1845	31.5	2869	91	—	—	1843.5	10	—	214
嘉永 5 年	1852	34	2057.5	60.5	7.2	648	29	56	17	—
安政 2 年	1855	40	2910	72.75	8.54	761	（237 斤）	141.6	—	213
文久元年	1861	39.5	7830	198.2	10.04	922	—	—	—	429
慶応元年	1865	55	12933	235.1	13.5	2194.5	1885	—	157	—
明治 3 年	1870	21	123 両	351	—	79 両	1 両	67 貫文	114	—

表 5-Ⅱ　幣原家の経営（支出）

年次		買尿（匁）	奉公人給銀（匁）
文政 3 年	1820	56	300
文政 11 年	1828	—	300
天保 2 年	1831	56.7	—
天保 6 年	1835	—	480
天保 11 年	1840	88.7	487
弘化 2 年	1845	52	415
嘉永 5 年	1852	196.1	750
安政 2 年	1855	22.3	645
文久元年	1861	215	255
慶応元年	1865	400	490
明治 3 年	1870	70 貫文	4 両 2 朱

註 1　いずれも幣原家文書の「萬覚帳」より作成。
註 2　各欄の「—」は「萬覚帳」に記載のないことを示す。

売却益であるということは、小作米収入が大きなウエイトを占めているということであり、小作人との関係が大きな意味を持つこととなる。

　次に菜種作であるが、売菜種高は一〇石前後で値段も六〇〇〜八〇〇匁と、米の売却益についで高い収益を上げている。[22] 菜種代金もやはり幕末期には高騰し、より多額の利益を生んでいる。[23] 茨田家での菜種作収入は最も多い天保元年（一八三〇）でも二二六・五匁と幣原家の三分の一程度であり、幣原家が菜種生産に積極的であったことを示している。

　木綿作については、天明八年（一七八八）に記された門真一番下村「村鑑

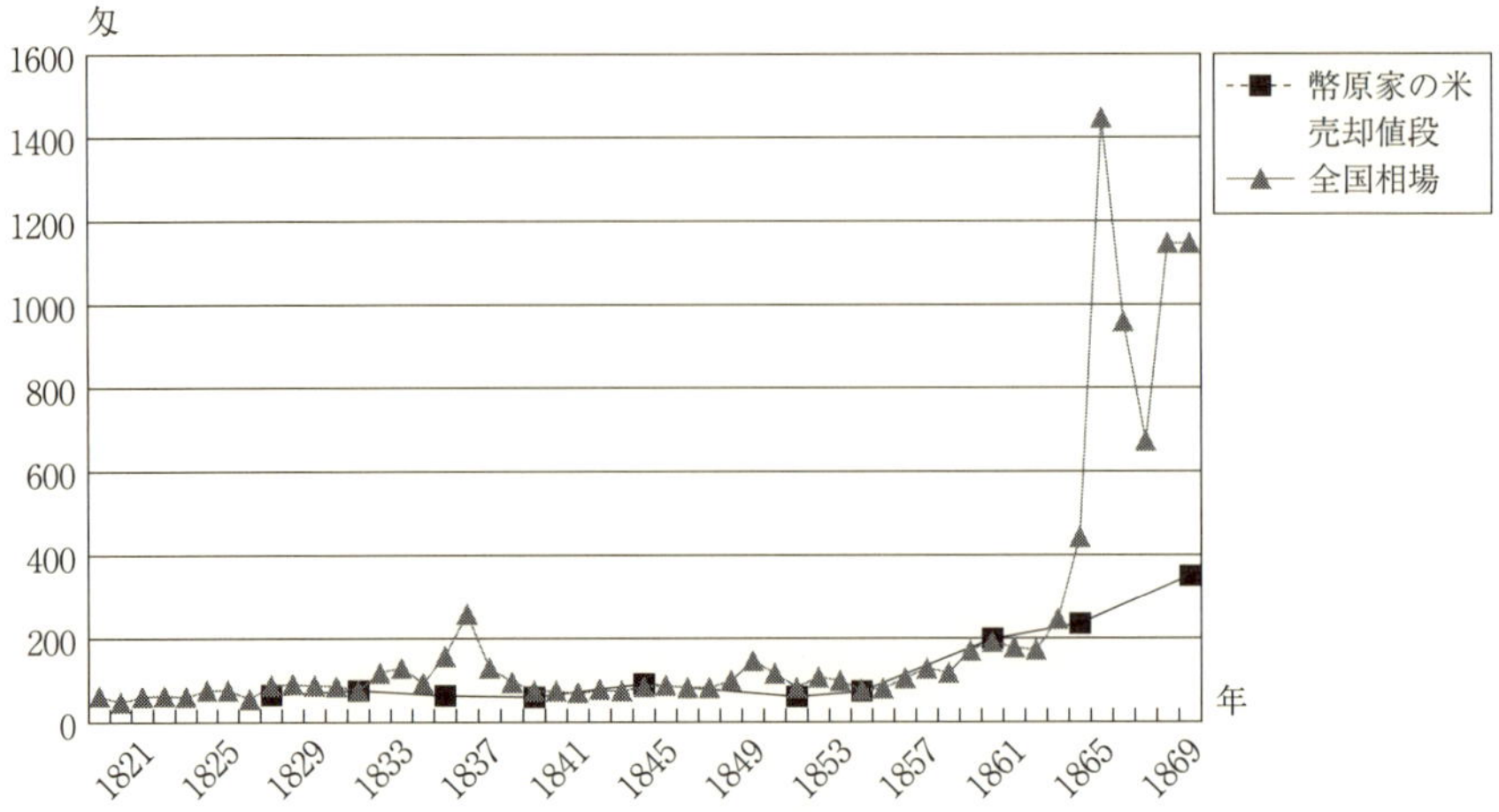

図２　米価変動表

註　各年の「萬覚帳」より作成。

明細帳[24]」の「木綿作高　凡三厘程　年々不同御座候」という記述が示すように、当該地域がもともと中河内のような綿作地帯ではないことを表している。これをうける形で、幣原家における売綿による利益も一定ではないが、弘化二年（一八四五）や慶応元年（一八六五）には二貫目近い利益を生んでいることは注目に値する。

菜種や木綿といった商品作物生産では多くの肥料を必要としており、大坂三郷からの下屎が大きな役割を担っていた。近世後期における下屎を仲立ちとした都市と農村との関係は、箇所請けという形で下屎を授受する町と村があらかじめ決まっており、門真一番下村の場合、大坂三郷の播磨町・石灰町・南久太郎町五丁目・堂島浜中二丁目であった[25]。こうして箇所請けされた下屎はすべてが幣原家で使用されるのではなく、近在農家に転売されていたようで[26]、「萬覚帳」にはその際の利ざやが記されており、安政二年（一八五五）のように一四一匁余りの利益を生むこともあった。

では次に、利貸の状況について見ておこう。ただし、利貸の分析は本来、「金銀出入帳」や「諸勘定帳」で行なうべきであるが、史料的制約から「萬覚帳」に見られる特徴的な点を述べることにする。通常、地主は貸主として債権者という面が顕著に表れるが、幣原家の場合、債権者であると同時に債務者でもある。具体例を挙げると、天保十一年（一八四〇）、門真一番上村喜助に二〇両、稗嶋村七郎兵衛に四〇両を貸している一方で、門真一番下村善兵衛から二〇両、三ツ嶋村から四九両を借りている。なかでも門真一番下村の善兵衛は代々、持高七〇石以上所有する最上位の高持百姓である。こうした上層農民同士が貸借関係を取り結ぶ背景には、自家の持つ資金を上層農民に貸し付けることで確かな利息を得ることができ、確実な資金運用ができるという意識が存在したと考える。幣原家の場合、貸付銀の加速度的累積が土地の集積にはつながらず、金融資産を増加させる結果となっており、[27]断片的な史料からではあるが、幣原家に一〇両以上の金融資産が絶えずあったことは、地主相互の資産運用が有用であったことを物語っている。

ついで、表5-Ⅱを用いて幣原家の支出について、とくに家内労働力としての奉公人に対する給金を見ておこう。幣原家の場合、奉公人は五人と決して多くはないものの、給金は嘉永五年（一八五二）には文政三年（一八二〇）の二倍以上になるなど、年々上昇している。これは近隣諸村でも同様の事態であったらしく、横地村村役人が北嶋村濱田家に宛てた書状[28]には「当年者格別之年柄ニ而当村奉公人給米六分五厘渡ニ相定……尊公様御村ニ者諸役人并奉公人給米渡し方之儀如何御計ヒ被成候哉、且又御隣村之給米渡し方之儀、御聞および被成候哉、此段極内々御尋申上候間、乍憚内々御聞セ被下度訳而御頼申上候」と述べ、奉公人の給金が地主層の懸案であったことがわかる。

では、小作人について具体的に検討しておこう。幣原家における小作人は二五～三〇人、小作宛米高四四石三斗～四九石八斗三升を数え、[29]天保十年（一八三九）の「亥年田地下作宛米帳」[30]と「宗門御改寺請并家数人別牛員数帳」[31]から作成した表6を見ても、宛米高は三斗から八石五斗にまで及ぶ。彼らの平均宛米高は六斗七升、門真一番下村の者に限っても八斗八升であり、門真三番村で二石八斗五升であるのに[32]比べても格段に低く、零細な小作人がほとんどである。また、小作人の持高を見ても弥治郎や与兵衛のように一〇石を超える者がいる一方、大半が無高

表6　幣原家の小作宛米高

村　名	名　前	宛米(石)	持高(石)
門真一番上村	新左衛門	8.59	
〃	河嘉	3.5	
門真一番下村	利助	2.2	無高
門真一番上村	定右衛門	2	
門真一番下村	仁助	1.8	無高
門真一番上村	音七	1.75	
〃	喜兵衛	1.75	
〃	左衛門	1.7	
門真一番上村	太助	1.5	0.31
門真一番下村	善助	1.5	無高
〃	源四郎	1.35	無高
〃	左助	1.26	無高
〃	喜八	1.25	2.555
〃	藤三郎	1.2	0.421
〃	三右衛門	1.18	10.85
〃	弥治郎	1.15	16.74
〃	平治郎	1.12	無高
〃	宇兵衛	0.9	1.88
〃	弥三郎	0.5	2.195
—	政七	0.38	
門真一番下村	甚七	0.3	無高
—	伊八	0.3	
—	良助	0.275	
—	小八	0.261	
門真一番下村	与兵衛	0.183	13.137
〃	善兵衛	0.162	0.29
—	さわ	0.159	
門真一番下村	忠七	0.15	無高
〃	利八	0.08	1.547
計	29人	38.45	
平均		1.326	2.774

註1　「—」は村名が不明であることを示す。
註2　天保10年「小作宛米帳」・「宗門人別帳」（幣原家文書）より作成。

である。こうした無高で零細な規模しか耕作しない小作人が、幣原家とのみ地主小作関係を結ぶ限りでは、自らの生活基盤を維持することは不可能であった。

このように小作人の宛米高が少ないのは、小作人が複数の地主との間で地主小作関係を結んでいることを示すと共に、前節4で見たように賃労働を比較的容易に行ない得る条件が調っていたことを示している。こうしたことから、村内に分厚く存在する無高層を小作人や奉公人として取り込んでいこうとしても、彼らにはすでに、自家の経営が成立するような諸条件が調っており、地主層はその対処として、第三章で検討する三ツ嶋村樋口家に見られるような恒常的な免引と手厚い施行を行なわなくてはならなかった。

2　濱田家の経営

つづいて、北嶋村の濱田家の経営について見ていこう。ただし、濱田家の場合、同家の経営を明らかにしてくれる史料が限られているため、同家の土地集積の状況を中心に検討していく。

濱田家の持高変化はすでに述べたように、宝暦期には四三石と中層農民であったが、その後順調に持高を増加させ、天保十三年（一八四二）には一二六石となり、村内随一の高持となる。近隣諸村を見ても三ツ嶋村樋口家が同時期、二〇〇石を超える持高であったのに次ぐ規模の豪農へと成長していった(33)。

では、どのようにして濱田家は成長していったのであろうか。それは、濱田家に現存する「利貸証文」と「田畑質入証文」から推測することができる。濱田家に現存する「利貸証文」の点数は、化政期以前にはわずか一件であり、化政期の二六年間で一三件、天保期の一四年間では一八件、幕末の弘化初年から万延末年までの一七年間で一三件であり、どの時期も決して多いとは言えない。しかし、特徴的であるのは各時期の年利の変化である。寛政期から化政期は年平均八％、弘化以降は年平均一〇％であるのに対し、天保期は年平均一二％と他の時期に比べ、年利が高く設定されている。これは天保期という飢饉時に貸金需要が多く見込まれることを見越し、自家の収益を上げようというねらいがあったのではなかろうか。さらに、天保期の「田畑質入証文」をもとに、請戻しされず濱田家に質流れとなった土地を合計すると、面積・分米はそれぞれ一町二反五畝一二歩、三八石八斗一升二合にも上る。ここで見られる地主の行動は、大塚英二が指摘した地主の貸金＝融通という理解(34)とは異なる、自家の利益を追求する姿勢を強く打ち出したものである。

「利貸証文」と「田畑質入証文」の分析から濱田家が天保期に急成長を遂げた要因は、天保の飢饉によって困窮した小前と貸金関係を取り結ぶことや、質入れされた田畑を収得することで、困窮した小前を直小作とすることにあったと考えられる。濱田家の場合は、先述した門真一番下村の幣原家とは異なり、貸付金の累積が土地の集積にずか四人を数えるにすぎず、大半が北嶋村内の者であり、結果、村高の約四分の一を濱田家が所有することになる。結びつく事例である。それは貸付金の人的分布を見ても明らかで、北嶋村以外の者は三ツ嶋村と門真一番上村のわ

おわりに

以上、北河内の村々を取り上げ、村落構造の変化を階層分解のあり方から考察し、加えて中層農民から地主的発展を見せた幣原家と濱田家についても検討を加えた。

本章で取り上げた北河内農村の特徴は、幣原家の経営分析からも明らかなように米が商品化される点にあり、中河内に代表される綿作地帯とは様相を異にし、米作菜種作地帯の様相を呈するのである(35)。また、地主制の展開については、幣原・濱田両家とも当初は三〇石程度の持高であったにもかかわらず、近世初頭からの上層農民が没落していく中で、中層から上層へと上昇した家として多くの共通項が見られた。しかし、両者において決定的に異なるのは上昇の度合いである。幣原家は持高を二倍にしたのに対し、濱田家は約四倍にまで増加させた。

この違いは、上田が大半を占める門真一番下村と下田が大半を占める北嶋村では、各家の生産力にも自ずと差異があることに起因していると考える。北嶋村の場合、村内で濱田家ほどの豪農は居らず、飢饉に際し、小前層は濱田家との間で強固な金銭貸借関係を取り結ぶことになる。一方、門真一番下村の場合は幣原家だけでなく、徳次郎家や喜兵衛家など持高二〇石以上の中・上層農民が存在すると共に、各家の生産力が高いため、幣原家との間に見られる地主小作関係や金銭貸借関係は脆弱であったと考える。そのことは、幣原家が村外の者との間で地主小作関係や金銭貸借関係を結ぶことが多かったのに対し、濱田家はほとんどが村内の者との間で金銭貸借関係を結んでいることからも明らかである。

本章の検討結果をふまえて研究史を振り返るとき、筆者は古島がかつて提示した北河内農村に対する理解とは異なる見解を持つ。古島の当該地域に対する理解は、「北河内郡に属する村々の農民階層分化の程度が山間部・山添いに低く、京街道沿いの地に高いこと、またこれが商品作物の比重とも関係することを指摘したのであるが、この場合の分化の高さが直ちに西成郡にみたような自作農が商品作物栽培を通じて富裕化し、その有利性は一石四、五斗におよぶ多額な小作料負担の下でも小作農層の向上をさえ結果する、順調な農業発展の下に、古い身分関係を破壊し、新たな階層を編成してゆく可能性を持ったもの、いいかえれば古い農村内部の身分関係の固定化を除去し、経済力の自由な展開の下に成立したものとみてよいであろうか(36)」という一文に集約されている。加えて、地主制の展開については門閥地主層が肥料としての屎尿と生産物としての菜種を掌握することで、肥料と生産物との両面での強固な地主支配が貫徹されていると言う。

しかし、果たしてそうであろうか。古島の捉え方はむしろ一面的で、実際の地主小作関係は第二節1の幣原家で見たように脆弱であったと言える。また、出典が記されていないので門閥地主層とは具体的には何を指すのか不明であるが、茨田郡門真庄の「門真六人衆(37)」を指すとすれば、たしかに「門真六人衆」は近世期、門真各村の庄屋役を務めるなど有力上層農民であったが、第一節で見たように階層分解とそれに伴う家格の変動や、家格の変動によって惹起される庄屋役の交代(38)に明らかなように、彼ら門閥層は政治的にも経済的にも支配力を弱めていくことになる。それは、近世中期から所持高を上昇させると共に家格を上昇させ、門真一番下村の庄屋を代々務めることになる幣原家がこの「門真六人衆」には含まれていないことに象徴的に表れている（この地域における階層のあり様は第五章図3-1・図3-2に示した）。近世後期に見られる、上層農民による新たな支配のあり方は、古島が提示した地主小作関係や在郷商人的編成というよりむしろ、濱田家の経営から明らかなように金銭貸借を通じての関係強化であり、それは取りも直さず当該地域が大坂近郊農村であり、貨幣経済の進展と不可分であったことを示している。

註

(1)『近世日本農業の展開』(東京大学出版会、一九六三年)
(2)「明治教育と地主制—河内淀川左岸における学事普及の考察—」(『地方史研究』六四号、一九六三年)。籠谷にはこの他に、生駒山麓の山添いの村(交野郡打上村)を取り上げた「幕末明治初期における北河内農村の動向—山添いの村についての考察—」(『地方史研究』八二号、一九六六年)や、山村を取り上げた「幕末明治初期北河内山村の構造—交野郡傍示村を素材に—」(『地方史研究』九〇号、一九六七年)がある。
(3)「近世中期における土地所有の動向—河内国茨田郡門真一番下村の事例—」(木村武夫編『近世大坂平野の村落』ミネルヴァ書房、一九七〇年)
(4)幣原家は代々、九兵衛を名乗り、門真一番下村の庄屋役を務めた。「幣原」の姓は、同家に現存する古文書の中でも比較的古い部類に入る、享保七年(一七二二)の「萬覚帳」の裏書きにすでに見ることができる。
(5)濱田家は代々、嘉右衛門を名乗り、北嶋村の庄屋役や用水組合の惣代などを務めた。「濱田」の姓をいつから名乗り始めたかは明らかではないが、慶応三年(一八六七)に冥加金上納に対する褒美として、苗字の使用を許可された。実際には、それ以前にも苗字の使用が認められる。
(6)「大塩の乱と農民的基盤」(『近世都市住民の研究』清文堂出版、二〇〇三年。初出は一九七五年)
(7)天明八年三月「村鑑明細帳」(『門真市史　第三巻』一九九七年)
(8)天明八年四月「河州茨田郡北嶋村(村明細帳)」(『門真市史　第三巻』)
(9)各年の「宗門人別帳」(明治大学博物館所蔵門真四番村文書)による。
(10)前掲註6表13
また、史料的制約があるものの、門真三番村小路分については表7参照。
(11)前掲註3
(12)門真市立歴史資料館所蔵幣原家文書戸籍人口一(以下、幣原家と略記)
(13)門真市立歴史資料館所蔵濱田正義家文書近世冊八三(以下、濱田家と略記)

(14) 農民層分解については、山崎隆三「江戸後期における農村経済の発展と農民層分解」(『岩波講座　日本歴史　一二』岩波書店、一九六三年)が詳しい。門真一番下村の階層分解の状況は、全戸数に対する富農層（二〇石以上）の比率が高く、無高層の比率が低いことから、山崎の指摘に従うならばブルジョア的分解と言えよう。

(15) 明治三年七月「高反別取米一村限帳」(『門真町史』一九六二年)

(16) 延宝七年七月「検地帳写」(門真市立歴史資料館所蔵茨田家文書村方土地六)

(17) 宝暦十年九月「指出明細帳」(守口文庫所蔵三ツ嶋村文書三〇〇・三五―一〇)

(18) 関西大学図書館所蔵門真二番村文書（以下、門真二番村と略記）

(19) 門真市立歴史資料館所蔵樋口家文書冊四四

(20) 前掲註6

(21) 幣原家家二

(22) 田の裏作としては麦・菜種が考えられるが、麦の売却状況は次頁表8に、木綿作による収益は表5に示した通りである。

(23) 前掲註6表5

(24) 前掲註7

(25) 下屎の直請け箇所については数度の変化があり、ここでは寛政期の「萬覚帳」に見られる直請け箇所を挙げた。

表7　門真三番村小路分の階層構成

（単位：戸）

持高＼年次	元禄2年 1689		文政8年 1825		天保3年 1832	
		(%)		(%)		(%)
60石以上			1			
50～60石			2		3	
40～50石						
30～40石	3	18.5		25.0		21.1
20～30石	2		1		1	
10～20石	10	51.9	5	56.3	7	52.6
5～10石	4		4		3	
1～5石	5	29.6	3	18.7	5	26.3
1石未満	3					
高持の合計	27	100	16	100	19	100

註1　各年の「検地帳」・「名寄帳」（門真市立歴史資料館所蔵茨田家文書）などより作成。
註2　いずれの年とも無高の数は不明。

(26) 門真二番村では村人全員で下屎汲み取りを行なうのではなく、持高四〇～一〇〇石を所有する上層農民がいくつかの「組」を編成し、汲み取りを行なっていた（門真二番村　寛政四年八月「子年下屎ケ所附帳」、寛政七年七月「卯年下屎ケ所附帳」）。これは門真二番村に限ったことではなく、一般的な汲み取り方法であると考える。

(27) こうした事例は幣原家のみでなく、交野郡田口村の奥野与兵衛家についても同様の資金運営が確認できる（福山昭『近世農民金融の構造』（雄山閣、一九七五年）第一章。『枚方市史　第三巻』（一九七七年）第八章第三節（福山執筆部分））。

(28) 濱田家近世一紙六八〇

(29) 嘉永二～六年の「小作宛米帳」（幣原家宛米帳一〇九～一一二）による。

(30) 幣原家宛米帳九五

(31) 幣原家戸籍人口三二

(32) 前掲註6表10

(33) 第三章表2・図2参照

(34) 『日本近世農村金融史の研究』（校倉書房、一九九六年）第五章

(35) 本章で取り上げた村々が位置する、北河内茨田郡を古島は「水田地帯」と捉えている（前掲註1）。時代は下がるが、明治中期の『農事調査』によれば、茨田郡における総耕作地に対する田の比率は九五％を占め、米の生産価額も全作物生産額の約八〇％に及ぶ。一方、全作物生産額に対する菜種生産額は八・四％、麦は五・六％、綿は四・七％となっており、綿作の低調さを示している。

(36) 前掲註1三〇七～三〇八頁

(37) 「門真六人衆」の成立時期やその契機については不明であるが、構成家は門真一番上村の松川・宇野、門真一番下村の横山・中田、門真二番村の中塚・橋川、門真三番村の和田・大西・岡田・野口、門真四番村の馬場・葛岡・辻村

表8　幣原家の麦の売却状況

年次		売麦高(石)	売麦額(匁)
天保2年	1831	1	46
天保6年	1835	1	60
天保11年	1840	5	181.3
弘化2年	1845	4.5	248
嘉永5年	1852	1	63
慶応元年	1865	9.51	920

註　幣原家文書の「萬覚帳」より作成。

の合計一三家であった（『門真町史』二〇二〜二〇三頁）。これらの家は村役人を務める家として、門真市域に現存する古文書に名前を見ることが出来、持高も六〇石程度とほぼ同等であった。

（38）　門真三番村では化政期に入ると、「門真六人衆」より下位の「旦那衆」に属する茨田家を含めて、庄屋役の輪番制が採られるようになった。

第三章　近世後期における北河内の豪農

――茨田郡三ツ嶋村樋口家をめぐって――

はじめに

本章は、第一章と第二章において明らかとなった北河内農村の特徴と地主制の展開をうけて、同地域における豪農経営の展開と豪農の政治的意識・行動について、具体的に分析しようとするものである。とりわけ、領主・地域社会に対してどのような行動をとるのか、河内国茨田郡三ツ嶋村の樋口家を素材に考察していく。三ツ嶋村の地域的特徴は第一章で指摘したように下田が多くを占める、米単作に近い湿田地帯である。そこでは、他地域とは異なる地主小作関係が想定でき、地域社会の様々な矛盾と対峙する豪農の姿が明らかになると考えた。これにより、序章で見た南河内の豪農岡田家をめぐる佐々木潤之介や渡辺尚志の議論をより具体的に深化し得ると考える。

また、北河内の豪農についての先行研究は、各章で述べるように、いずれも経営分析が主であり、豪農の政治的意識や行動にまでは踏み込んでおらず、豪農が持ち得た政治的側面と経済的側面の有機的な関連については言及していない。本章では領主や地域社会との関わりの中から豪農の政治的側面を出来るだけ明らかにし、豪農が持ち得た政治的側面と経済的側面がどのような関係にあるのかを考察する。また、第一部で取り上げた丹波の豪農との比較検討が可能になるとも考えた。

図1　樋口家略系図

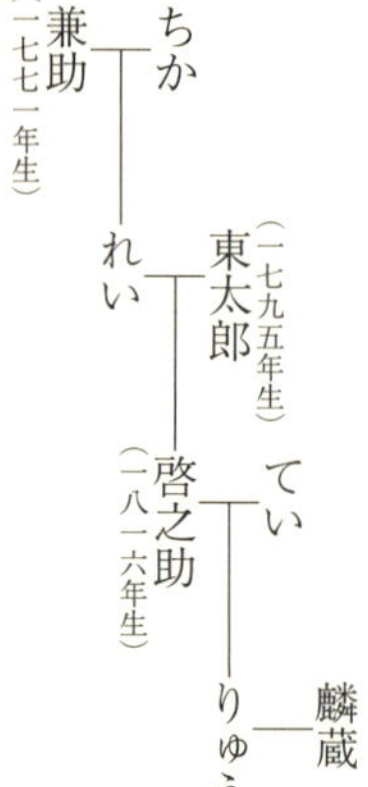

註　各年代の「宗門人別帳」より作成。

対象時期については、経営史料が豊富に残るとともに当主が惣代庄屋・大庄屋を務める近世後期を設定し、樋口家歴代当主の中では兼助・啓之助を中心に考察していく（図1参照）。

なお、本章を作成するにあたっては、守口文庫所蔵の河内国茨田郡三ツ嶋村文書を使用した。本章中、とくに注記のない図表は三ツ嶋村文書に拠った。

第一節　豪農経営の展開

1　対象地域の性格

樋口家の地主経営について検討する前に、当該地域の性格を確認しておこう。支配は近世を通じて幕領であるが、寛文二年（一六六二）から元禄五年（一六九二）まで大坂城代の役地となり、その後も度々、大坂城代・京都所司代の役地となる。天保九年（一八三八）以降は大坂谷町、大津、信楽の各代官所支配となっている。(1)「河内国正保郷帳」や宝暦十年（一七六〇）の「指出明細帳」(2)によれば、村高七六七石八斗四升、反別六五町九反七畝四歩、うち田方が九五％を占め、近隣の北嶋村・岸和田村などと同様、田がちの村である。しかし、「指出明細帳」には「田畑水損勝之所、河内国第一之地低水場所ニて御座候」、「田方用水掛りハ格別地低故、立毛年々甲乙御座候」と記載され、それが田位の別（上田八％に対し、下田が七八％）にも顕著に表れている。こうしたことから米作以外の農業生産はとくになく、河内農村のイメージとして描かれる綿作地帯の様相とは異なり、商品作物生産がさほど浸透していないことが窺える。

表1　三ツ嶋村の階層構成

（単位：戸）

持高＼年	文政10 1827		天保10 1839		明治2 1869	
100石以上		%		%		%
80〜100石			1		1	
60〜80石						
50〜60石						
40〜50石				3.8		4.1
30〜40石	2	3.2			2	
20〜30石	3		4		3	
10〜20石	21	26.6	17	24.8	16	20.9
5〜10石	20		16		15	
1〜5石	43	35.1	30	31.6	36	31.8
1石未満	11		12		11	
無　高	54	35.1	53	39.8	64	43.2
合　計	154	100	133	100	148	100

註　各年代の「宗門人別帳」より作成。

ついで、表1から三ツ嶋村の構造変化について見ておこう。三ツ嶋村の家数は一五〇軒前後（本百姓八〇軒・水呑七〇軒）、人口は七〇〇〜七五〇人で推移し、ほとんど変動がない。農民各層の状況で注目すべき点は、文政十年（一八二七）の段階で未だ最上層農民が持高三九石でとどまっていることである。このことは、十九世紀前半に入ってもなお、階層分化が進展していなかったことを示している。しかしその後、持高五〜二〇石層の分解が始まり、この階層が減少するのに対し、五石未満層および無高層が増加する傾向にあった。こうした中で樋口家は、中層農民が手放した土地を集積したようで、文政十年に三九石余であった手作高を天保十年（一八三九）には九八石にまで増加させた。その所有地は居村の三ツ嶋村にとどまらず、近隣の稗嶋村・諸福村・高柳村・安田村で約四〇石を所有するまでに成長した（表2）。

以上のことから、三ツ嶋村の農村構造は天保期に大きな変化があり、それが樋口家の地主経営と少なからず関連しているものと推測できる。そこで次項では、近世後期の村落を規定することになる地主小作関係に重点をおいて、樋口家の地主経営を考察していく。

表２　取米高の変化

（単位：石）

年	西暦	手作分取米	下作方取米	小計	荏嶋村	諸福村	高柳村	安田村	総計
延享３	1746	37.8	89.45	127.25					
延享４	1747	28.8	60.041	88.841					
天明７	1787	45.38	134.439	179.819	5.798				179.819
寛政３	1791	27	111.002	138.002	13.5	11			138.002
寛政４	1792	45.075	153.101	198.176	15.25	12.855			211.031
寛政６	1794	64.544	155.286	219.83	15.9	18			253.73
寛政７	1795	53	129.33	182.33	14.8	12.9			182.33
寛政10	1798	41	137.474	178.474	14.52	18			178.474
寛政12	1800	50.47	149.566	200.036	12	15			200.036
文化元	1804	38.25	154.385	192.635	20	10	13	0.4	193.035
文化７	1810	45.5	170.27	215.77	10		7.8	5.5	229.07
文化８	1811	44	164.803	208.803	11		5	0.4	209.203
天保２	1831	80.5	177.214	257.714					

註　各年の「下作納米并手作取米帳」より作成。

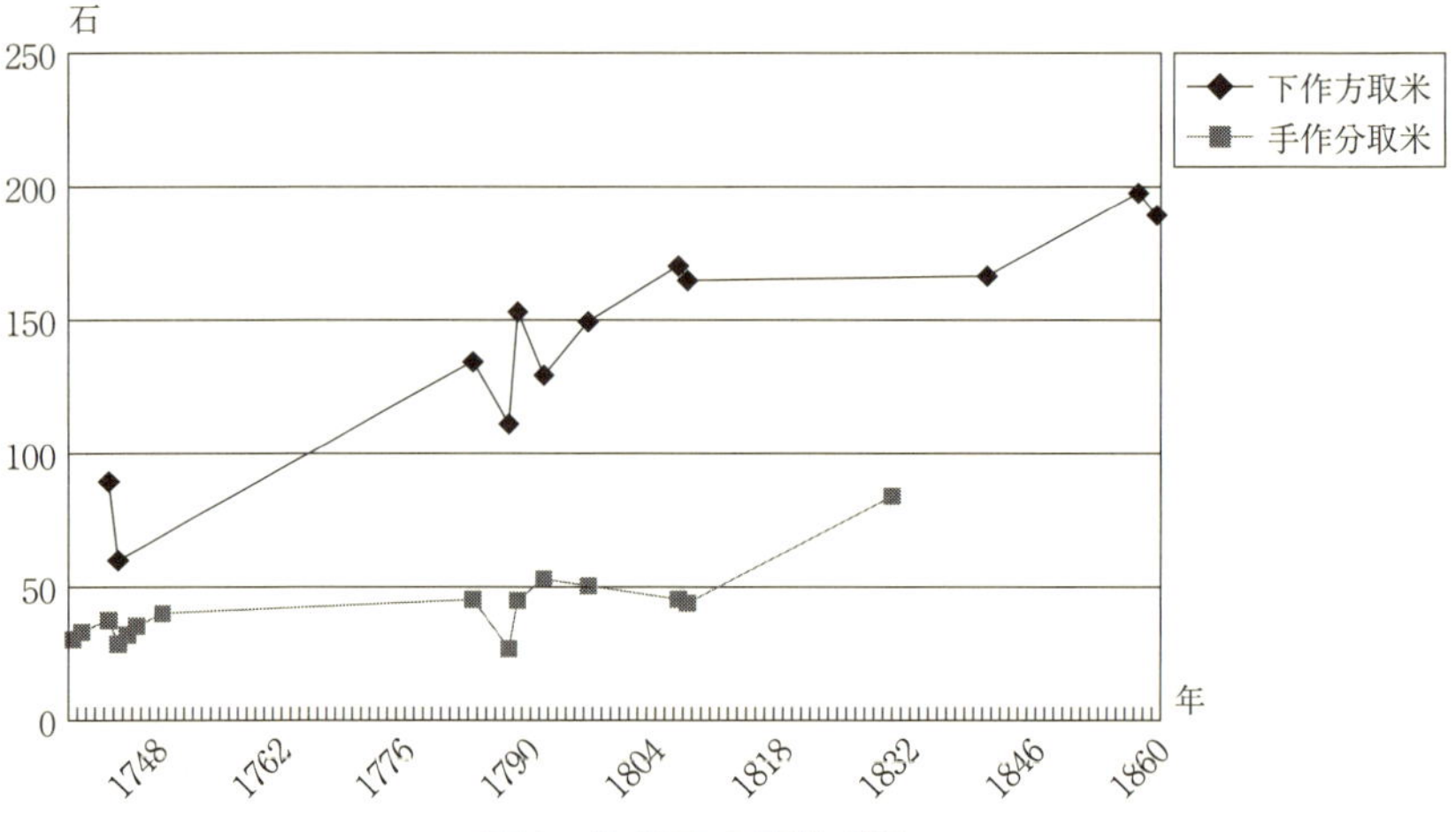

図２　取米高の変化グラフ

註　各年の「下作納米并手作取米帳」より作成。

2　樋口家における地主経営

「下作納米并手作取米帳」より作成した樋口家の取米高の変化を表2・図2に示した。手作取米は寛保二年（一七四二）に三〇石余であり、その後、若干の増減を繰り返しつつも、増加率は一・五～二倍にとどまっている。これに対し、小作取米は手作取米の二～四倍にも上り、飛躍的な伸びを示すとともに近隣諸村にも広がりを見せ、小作取米で一七七石を数えるまでになる。全体的特徴として、寛政三年（一七九一）は手作取米・小作取米とも減少するが、その後は復調に転じる。手作取米は五〇石前後で一定するのに対し、小作取米は十九世紀初頭と幕末期に著しい伸びを示している。

このことから樋口家の地主経営は、一程度の手作地を残す手作地主としての側面を持つ一方、天保期には農村構造の変化に呼応する形で土地集積を行なった結果、小作地を増加させ、寄生地主化していく点に特徴がある。また、「下作納米并手作取米帳」には綿作が文化元年（一八〇四）～八年にかけて記載されており、三〇～八〇斤と生産量は少ないものの、樋口家にとって収益率の高い商品作物が手作地において栽培されている点に注目しておきたい。

では、樋口家の小作人はどのような特徴を持つのであろうか。天明七年（一七八七）、天保十五年（一八四四）、文久三年（一八六三）の「下作宛口并取米帳」から作成した表3をもとに考えてみたい。小作人の人数は小作地が増加するに伴い、一〇人以上も増加している。小作人個々の宛米高は二斗～一三石、宛米の平均は天明七年が二石七斗であったものが、文久三年には三

表3　宛米高別人数

宛米高＼年	天明7年 (人)	天明7年 (%)	天保15年 (人)	天保15年 (%)	文久3年 (人)	文久3年 (%)
10石以上	1	1.7	0	0	1	1.4
7石以上10石未満	4	6.8	6	9.0	3	4.1
5石以上7石未満	3	5.1	8	11.9	12	16.4
3石以上5石未満	8	13.6	9	13.4	13	17.8
1石以上3石未満	32	54.2	32	47.8	30	41.1
1石未満	11	18.6	12	17.9	14	19.2
合　計	59	100.0	67	100.0	73	100.0
宛米平均（石）	2.7		2.852		3.005	

註　各年の「下作宛口并取米帳」より作成。

石五合とわずかながら増加している。小作人の階層は高持では一〇石以上、なかには二〇～三〇石の大高持も存在するがこうした高持は異例であり、大半は一～五石の、自作地より小作地を多く抱える者たちである。また、どの時期を通じても無高が大半を占めており、樋口家の小作だけでは生計を立てることは難しく、必然的に他の地主とも地主小作関係を取り結ぶことになる(3)。

そこで、自家の経営を後退させないためにも労働力を確保したい樋口家としては、小作人とより強固な関係を結ぶ必要があった。その方策として考えられたのが、恒常化した免引と施行であった。米価の高騰著しい天保八年（一八三七）三月五日と五月二日の二度にわたり、樋口家単独で三ツ嶋村上組に対し施行が行なわれたが、三月の施行は対象となる難渋人四〇軒のうち、樋口家の小作が一九軒（施行を受けた者の内、樋口家の小作が占める割合は四七・五％）、五月の施行では難渋人三一軒のうち、樋口家の小作は二一軒（同六七・七％）にも上った(4)。樋口家は合計して銭九五〇〇文・白米一石二斗七升を支出したが、その後、宛米高一～三石層は減少、三石～七石層が増加する結果となった（表3）。樋口家は労働力の確保という経営上の課題を、施行という「御救」行為を媒介させることによって解決し、地主小作関係の強化を図ったことで自家の地主経営を安定的なものとしたといえるだろう。

3　豪農経営の全体的把握

次に、表4を用いて樋口家の経営全体を考察していく。史料的制約から幕末期に偏っているが、各年の特徴をまとめると以下のようになる。

天保十四年　酒の販売、貸金の返済、講落札銀による収入が好調である一方、支出は借金の返済が高額。
弘化　二年　酒の販売による収入がこの五年のうちで最高額を示す。地主経営を反映して作徳銀が増えつつある。

安政　六年　支出は突出して多いものがあるわけではないが、新たに米を買い入れて酒造業の規模を拡大したため、結果的に四貫目の赤字に転落。これがなければ、一〇貫目の黒字。

文久　四年　酒の販売は下降気味。代わって金融業、米の売却、作徳銀による収入増。支出は家計など全体的に緊縮策を採るものの、組・村入用、領主への献金が増加し、結果的に四貫目の赤字。

慶応　二年　酒販売による収益は全体の一％にまで落ち込む代わりに、金融業、米の売却、作徳銀による収入増加。支出は組・村入用、領主献金の増加に加え、借金の返済、肥料代、講掛金の増加が顕著。さらにこの年、家普請を行なったことで、安政六年に比べ家計が膨張。この赤字を補塡するため、酒造関連道具を売却するが、六貫目の赤字となる。

万延の貨幣改鋳の影響と不作が重なり、この年、米価が高騰。(5)しかし、それに乗じて余剰米を売却したことで経営は持ち直す。支出は幕末期の諸物価高騰をうけて、奉公人給金の高騰をはじめ、いずれの項目もなかり高騰しているが、結果的には一〇貫目の黒字に転じる。

収入に限って考察すると、弘化二年までは酒造業による収入が多くを占める。樋口家の酒造業は天保九年（一八三八）に河内国茨田郡岡新町村の中島九右衛門から酒造株二〇〇石を、同十一年に同国丹南郡平尾村喜作から酒造株三九五石をそれぞれ譲り受けたことに始まる。(6)同十三～十四年には夏桶が不足しているので、新規に増やすことを代官所に願い出ており、(7)酒造業の拡大が見て取れる。

しかし、安政の開港後は加工品としての酒よりもむしろ、米そのものの売却益が多額となり、小作人からの作徳銀も増加する。商品作物生産による収入はほとんど見られず、金融業がいずれの時期においても、経営上、大きなウエイトを占めていた。

（単位：匁）

下屎	作徳銀	講落札銀	蓮池運上	合計	酒造関連売却代金		合計
					酒造蔵	酒造道具	
0	811	3686.07	280	90873.56			
0	1540.395	2071.45	160	41976.86			
172.1	2040.66	258.58	306.4	15603.96			
96.5	3188.88	1782.802	299.043	20566.854	3364	5000	28930.854
224.296	542.93	1103	561.926	57558.766			

（単位：匁）

奉公人給金	講掛金	寺社・宮座入用	領主献金	株金	合計	米買入代金	合計
2486.61	1766.98	140.89	7.2	180	50846.14		
1639.71	2436.88	256.5	384	478	31190.94	15208.16	46399.1
223.6	2204.23	416.64	3618.11	0	19839.87		
557.4	4956.475	739.52	3644.72	0	35841.155		
2103.566	4554.806	4998.57	2246.134	0	47549.844		

金融業が好調な背景には大坂商人との貸借関係があり、近隣豪農との取引に比べ、金融資産のより効率的な運用方法であった(8)。しかし、幕末期には変化が見られた。全貸借金額のうち、天保十四年は実に八〇・八％が大坂商人との間で取り交わされていたが、その後、弘化二年には六六・四％、安政六年には四七・四％、文久四年には三〇・四％、慶応二年には〇・七％と大坂商人との貸借関係は減少し、それに代わって村内・近隣諸村の小前百姓との貸金関係が増加する。このことは村内・近隣諸村に樋口家ほどの豪農がおらず、同家が金融センター的な役割を果たしていたことに加え(9)、同家の経営が地主経営にシフトしたことで多数の雇用労働力が必要となり、金銭貸借を通じて小前との関係強化を意図したことの証左である。

以上のことから、同家における経営の転換期については、土地集積からは天保期だが、経営全体としては安政期にあると考える。それは商品作物生産が限定的な北河内にあって、商品生産としての酒造業から地主経営への転換であった。この点から、北河内米単作湿田地帯における樋口家の経営は中河内の綿作地帯とは異なり、地主・金融業を中心とする豪農経営であると言える。

表4−Ⅰ　樋口家の経営状況（入方）

項目 年次	酒	貸金の返済			各種売却代金			
		個人貸	村貸	領主	米	糠	麦	綿実
天保14年 1843	14907.8	69433.5	960.53	0	0	558.96	0	235.7
弘化 2年 1845	33397.225	3807.62	72	350	0	578.17	0	0
安政 6年 1859	3943.1	5017.02	567	0	3299.1	0	0	0
文久 4年 1864	262.813	10588.953	145.8	0	4186.063	16	0	0
慶応 2年 1866	0	17943.2	3716.754	0	33350.28	0	116.38	0

表4−Ⅱ　樋口家の経営状況（出方）

項目 年次	家計			借金返済	組村入用	田畑入用	
	日常生活費	慶弔費	小遣			田畑買	肥料・種代
天保14年 1843	14674.96	479.7	1182.4	24189.78	1025.72	4000	711.9
弘化2年 1845	14925.68	195.8	991.2	8326.93	705.74	490	360.5
安政6年 1859	5019.31	416.79	332.5	2471.17	3740.45	0	1397.07
文久4年 1864	13268.826	447.03	952.916	3542.806	6574.938	0	1156.524
慶応2年 1866	22986.08	909.88	720.498	5427.244	2434.4	0	1168.666

表4−Ⅲ　樋口家の経営状況（収支）

（単位：匁）

年次	入方合計	出方合計	差引計
天保14年 1843	90873.56	50846.14	40027.42
弘化 2年 1845	41976.86	46399.1	−4422.24
安政 6年 1859	15603.96	19839.87	−4235.91
文久 4年 1864	28930.85	35841.155	−6910.305
慶応 2年 1866	57558.76	47549.844	10008.916

註　いずれも各年の「金銀出入帳」より作成。

ついで支出に目を移すと、家計にかかる支出が全体の大部分を占めるが、慶応期を除けば一定している。安政期からは組・村入用、領主への献金などが増えるが、これは樋口家が惣代庄屋を務めるようになることや豪農経営が進展していくことと不可分であった。地域社会内で起こる様々な案件に対処しなければならず、樋口家の所有地が存在しない村・地域であっても惣代庄屋としての出費を求められるようになる。また、苗字帯刀・袴着用などの特権を領主から付与される一方で、大坂城西ノ丸修復、江戸・大坂の台場建設、長州征伐など幕末期にかけて様々な献金に対応しなければならなかった（この点については次項で詳述）。

最後に、表4−Ⅲに示した収支状況からは、幕末期という特殊な物価状況を勘案しなければならないものの、六貫目余の赤字は比較的容易に解消でき、二年後には一〇貫目余の利益を上げている点に注目しておきたい。このことは、同家の経営基盤が如何に強固であったかを示すとともに、時宜に応じて経営転換を図った結果であると言える。

第二節　豪農の政治的行動

前節での経営分析をふまえ、当該地域の豪農はどのような政治的意識や行動を表していくのであろうか。以下、領主や地域社会との関係から、それらを明らかにしていく。

1　領主との関わり

樋口家は代々庄右衛門を名乗り、先祖は源義仲の家臣樋口次郎兼光と言われ、その子勝太郎が三ツ嶋村に住み着いたという由緒を持つ(10)。樋口家の当主が代替わりするにあたって、次期庄屋を誰にするかという村人からの願書には次のように記されている。

〔史料1〕(11)

乍恐書附ヲ以奉願上候

河州茨田郡三ツ嶋村
上組　百姓

一当村庄屋役樋口庄右衛門義及老年候ニ付、家督名前此度倅東太郎江相譲り申度ニ付、庄屋役退役奉願上、右庄右衛門事以来兼助と改名仕、尤跡役之義ハ倅東太郎向後庄右衛門と相改メ庄屋役為相勤メ申度奉存候ニ付、則百姓連印書附ヲ以奉願上候、右願之始末御聞済被為成下候ハ、難有奉存候、以上

文政九年
戌四月廿五日
百姓連印
加役年寄　九郎右衛門
年寄　長右衛門

地方御役所

〔史料2〕(12)

乍恐書附ヲ以奉願上候

河州茨田郡三ツ嶋村上組
百姓共

一当村庄屋役樋口庄右衛門義重病ニ付、家督名前倅啓之助江相譲り申度ニ付、庄屋役退役奉願上候、尤跡役之義ハ百姓一統倅啓之助ニ為相勤申度奉存候ニ付、乍恐此段奉願上候、猶又啓之助義未若年ニ御座候故、樋口兼助相添為相勤申度奉奉(ママ)存候ニ付、百姓一同連印書附ヲ以乍恐奉願上候、何卒右願之通御聞済被為成下候ハヽ、難有仕合ニ奉存候、以上

天保四年
巳二月十三日
惣百姓　連印
百姓代　三郎右衛門　印
年寄　九郎右衛門　印
同断　長右衛門　印

地方御役所

表5　特権付与の過程

年月日	西暦	領主	内容	当主
文化　5　6　22	1808	代官　重田又兵衛	袴・帯刀	兼助
文政　3　1　22	1820	西尾藩主　松平乗寛	苗字帯刀	兼助
文政　9　10　12	1826	西尾藩主　松平乗寛	摂河領分之大庄屋役 扶持米5俵	兼助
			袴・帯刀	東太郎
天保　9　10　25	1838	代官　池田岩之丞	袴・帯刀	啓之助

註　「文化十年酉　御役所向願書扣」、「寛文弐寅年　御地頭様御代々御年貢御取米」（『門真町史』収録）より作成。

とくに史料2の場合は啓之助が一七歳という若年であるにもかかわらず、後見として祖父兼助を頼むことで啓之助が庄屋となることに村人一同異論なく、村人からの信任を得た。こうして樋口家は寛文二年（一六六二）から幕末に至るまで、代々三ツ嶋村の庄屋役を務めることになる(13)。また、三ツ嶋村山王権現社の宮座六座のうち、本座は樋口座とも称され、一族一三名によって宮座が構成されていた(14)。こうした事例から、同族団の長である樋口庄右衛門家が村内では如何に突出した地位を確立していたかがわかる。

さらに樋口家の家格を上昇させたのが、表5に見られる領主からの特権付与であった。文化五年（一八〇八）に代官重田又兵衛から「袴着用・帯刀」許可が下されたのをはじめ、その後も代官の支配替わりごとに同様の願い出をし、許可されている。また、苗字については京都所司代・三河国西尾藩主松平乗寛から下げ渡されている。これらの特権が付与される時期は、樋口家の地主経営が拡大する時期（文化期から天保期）と合致しており、当主兼助の時期に集中している（表2・図2参照）。

経営規模の拡大とともに家格の上昇を果たした兼助は樋口家中興の祖とも言うべき人物であり、孫に当たる啓之助も自らが順調に三ツ嶋村の庄屋となり、苗字を許された経過について、「父樋口庄右衛門庄屋役退身之義御聞済ニ相成、跡庄屋役之義ハ願之通祖父樋口兼助後見ヲ以、啓之助江庄屋役被為仰付候、其上祖父兼助是迄勤切を思召、直様苗字啓之助江御免被為仰付下、結構之仰を蒙候義ハ全祖父之勤切故之義と難有御事ニ候、右為覚記之置候也」[15]と述べ、兼助の才覚に負うところが大きかったことを示している。

その才覚は領主からも期待されていたようで、文政二年（一八一九）から三ツ嶋村が京都所司代松平乗寛の役知となった際、兼助は同三〜五年まで「茨田郡五ケ村惣代」を務め、庄屋役を退いた同八年からは「摂河領分之大庄屋」を仰せ付けられている。[16]

では、領主との関係に見られる樋口兼助の意識とはどのようなものであろうか。その一端を示したものとして、文化六年（一八〇九）、代官重田又兵衛に出した「帯刀許可」に対する礼状[17]がある。

〔史料3〕

乍恐御内意奉願上候

一当国茨田郡之儀者村数八拾ケ村程之一郡ニ御座候、①然ル処右村々庄屋役之儀、（旧）久来相勤メ居り候庄屋稀ニ御座候、乍恐私家之儀者先祖ゟ数拾代役儀相勤メ来り候家ニ御座候、尤近在村々之久来庄屋家之義者世之盛衰ニ随ひ多分零落仕、無高同様之義ニ相成、其年々送り兼候様ニ相成、勿論退転仕候家々儘御座候、依之近来仕合よろしく新規ニ高米所持仕ニ随ひ、庄屋役相勤メ居り候庄屋多分御座候中ニ御私領も数村御座候へ者、御私領之御取計ひ之義者　御上様ニも御存知被為遊候通之義ニ御座候得者、其村方芝開キ種性之久家・新規成立百姓之無差別、聊之儀も御座候へ者、御地頭様之思召ニ叶ひ、其家々之規模ニも相成候様被為仰付候義者、全御私領之御取計ひニ御座候、前文奉申上候通久来家之義者多分零落仕、又ハ退転仕居り候へ者、自然と新規成立庄屋ニ多分規模御座候様ニ相成候時節ニ御座候、然ル処私家之義者乍恐当村開規之時節ゟ村長・庄屋役儀相勤メ居り、今先規ニ不相替ケ成ニ庄屋役儀相勤メ居り候へとも、代々不調法者相続候ニ哉、勿論当村之義者往古ゟ　御料所ニ御座候へ者御手広ク義ニ而中々不調法之勤柄ニ而、少し茂　御上様之御意ニ相叶ひ候義者一切無御座候へ者、嘆ケわしく奉存候中ヲ、②近村御私領之村方ニハ誠ニ新規成立之庄屋御座候へ共追々規模出来仕、自分久来之庄屋ニ御座候へ共無規模ニ御座候義残念ニ存毎々先祖江対し、申分ケも無之義相嘆キ居り候義ニ御座候、依之亡父申残し候義者能キ御時節も御座候へハ、③何卒軽キ規模ニ而も奉蒙り御免許度旨、毎々教訓仕申残し相果候へ者何卒軽キ規模ニ而も御免許奉蒙り候へハ、亡父并先祖江対し孝心之道ニも相叶ひ候義ニ御座候得者、兼々内存願届之義ニ御座候処、不思義之御因縁之御殿様御支配所と相成、内存悦しく奉存居り候処、④御殿様御譜代百姓御同然ニ御取計ひ被為成下候義者如何成御因縁之奉蒙り難有冥加至極ニ奉存居り候処、去辰六月ニ御役所勤向帯釼御免許結構ニ被為仰付成下候義身余り難有奉存候、猶又先祖并亡父江対し孝道ニも相成、猶々身分之外聞と申難有仕合ニ奉存居り候へとも、別段御恩礼も奉申上度奉存候へとも目立候而ハ反而御尊意ニ難相叶ひと奉恐入候ニ付、差扣へ居り候義ニ御座候、乍恐民者末代と申義も御座候へ者、子孫々ニ至迄　御殿様御時節ニ帯釼御免許奉蒙り候義者、乍恐私家ニ書残し又ハ代々御厚恩之義申伝候義ニ御座候得者、子孫々末代ニ至迄御厚恩之義奉存居り候義ニ御座候

（中略）

庄右衛門（のちの兼助）

重田御殿様

この礼状からは、私領で新規の庄屋が苗字帯刀を許可されているのに対し、樋口家は幕府開闢以来の旧家であるにもかかわらず、苗字帯刀を許可されないことへの焦燥感と、私領庄屋同様の特権を付与されたいという強い願望とを読み取ることが出来る。そうした意識はとくに傍線部①〜④に示されており、要点を以下にまとめた。①多くの庄屋が没落していくのに対し、自分の家は開村以来、村長・庄屋を務めている。②新規の庄屋が苗字帯刀といった栄誉に浴するのに対し、これまで自分の家ではそうしたことがなかった。③それが樋口家の課題であり、いずれ

表6　献金一覧

年　月　日		西暦	内　容	金　額
天保　15		1844	江戸城西ノ丸普請	金15両
嘉永　7	3　25	1854	品川台場建設	金40両
	4	1854		金22両
安政　6		1859	大坂城西ノ丸普請	—
文久　4		1864	第一次長州征伐	—
慶応　2	7　13	1866	第二次長州征伐	金26両3歩2朱
	9　13	1866		金26両3歩2朱
	9　20	1866		金26両3歩2朱

註　各年の「金銀出入帳」、「御台場冥加金差出し帳御免シ金高控」、「広島行郷夫人足入用先割」より作成。

時期を見て「御免許奉蒙」、④それが今回叶って「御家之譜代」同様になったことは大変うれしく、子々孫々まで申し伝える、としてこの礼状を締めくくっている。

　これと相俟って、政治的意識を示すものに領主への融通や献金がある。その初期のものは文政四年（一八二一）、西尾藩財政の窮乏をうけて樋口兼助ほか二八名が大坂玉造・萬屋小兵衛から銀八〇貫目を用立てている(18)。その後は幕末に集中する事になるが、表6に挙げたような献金が見られる。献金することで家格の維持を図るとともに、領主との結びつきを強めていったと理解でき、そこには自らが地域社会において傑出した存在であるという家格意識の高まりに加え、政治意識の高まりをも見いだすことが出来る。

2　地域社会との関係

　地域社会との関係については、第一節2において樋口家と小作人との関係を、史料1・2からは庄屋役を担うべき家柄として村内で認知されていたことをそれぞれ明らかにしたが、ここではまず史料4(19)を見ておこう。

〔史料4〕

乍恐口上

河州茨田郡三ツ嶋村　庄右衛門（のちの兼助）

一近年困窮之上、度々之水難ニ而小前百姓一統難渋仕居り、所全（詮）取続も難成候処、御上様ゟ厚御憐愍之御取計

被為成下候御影（藤）を以一命相助りケ成ニ取続仕候義、何就ク難有奉存候、然ル所右両度之水難ニ而小前百姓共
自分之田地質物ニ差入候義ハ不及申ニ、居宅（屋）・小前等ニ至迄質物ニ差入、当時相凌御田地作方仕居り候義ニ
御座候、猶又無高百姓之義者男女之倅共奉公致させ、其給銀助召上（ママ）ヲ以御田地之屎代ニ仕年々仕来候所、近
年両度之水難ニ而先繰りニ三、四ケ年分も給銀先借仕居り候義ニ御座候得者、当村暮し方ニ付少々之繰合セ
も難成、甚以難渋仕居り候義ニ御座候へハ、近年之義ヲ存色々と慈悲・心配仕候、既ニ去々卯年水難ニも無
高百姓之内、所離等之体ニ相見へ候もの共も御座候故、篤と利解申聞色々と仕、留候様ニ仕候へとも、万一
近年之内ニ又候右体之水難等も有之候而者所全御田地相続之義も無覚束、猶又所離等之者共も数多出来候而
者御田地手余り地ニも相成候様ニ乍恐奉存候故、何とも歎ケ敷奉存候故、乍恐私所持之田畑質物ニ差入、猶
又当時相用ひ候衣類・道具之義者残置、其外衣類・道具等も売払仕候而漸々と籾五十石丈ケ工面出来仕候ニ
付、甚小分之義ニ御座候へとも小前水難手当として囲置申度存候ニ付、乍恐此段御届ケ奉申上候、何卒御見
分之上御封印被為成下候様、乍恐此段御断奉申上候、以上

文化六巳年

重田又兵衛様御役所

この史料の傍線部からは三ツ嶋村が水難の起こりやすい地域であり、百姓成立がままならないという意識のもと、樋口兼助は自分の衣類・家財道具を売却して籾五〇石に換え、難渋人のために社倉を設立している。また、文政九年（一八二六）には商売人が増え、田畑が手余り地となることを阻止するための建白書[20]を提出しており、変容する地域社会に対し、自家の優位性を誇示しつつも村内の秩序維持に貢献する。

その後、三ツ嶋村は幕領となり、樋口啓之助は嘉永二年（一八四九）から惣代庄屋を務めることになる。茨田郡の惣代庄屋の人数は時期により、三〜一〇人とかなりの開きがあるが、惣代庄屋選出にあたっては、茨田郡内に存在する用水組合＝「庄」[21]が基準となって、「庄」ごとに数人の惣代庄屋が選出されていたと考えられる。主な惣代庄屋を書き出したものが表7である。表7からは、門真三番村野口家・南寺方村寺方家のように代々、惣代庄屋を務める者と、樋口家や新田村仁右衛門のように嘉永初年、大津代官所から信楽代官多羅尾氏預かりへと支配替えになることを契機に、新たに惣代庄屋となる者がいることがわかる。

彼らの具体的行動についても表7に示したが、米単作湿田地帯という地域性を反映してか、大雨による冠水状況の報告やそれに伴う年貢関係の訴願が多く見受けられ、加えて、幕末の混乱を示すような長州征伐や兵賦に関わる事案も見てとれる。

このほかに、より地域社会に根ざした行動として、村方騒動への対処が挙げられる。樋口啓之助が惣代庄屋として関わった事例としては、嘉永三年（一八五〇）から安政三年（一八五六）にかけて二度にわたる茨田郡稗嶋村[22]、嘉永四年の同郡濱村[23]、年不明であるが同郡大枝村[24]がある。いずれも、立入庄屋として樋口啓之助ほか、野口五郎兵衛・寺方元助が解決に当たっているが、これら村々が属する「庄」は樋口・野口・寺方各家が政治的・経済的に立脚する「庄」とは異なっていることから、幕末期の惣代庄屋は当初設定されていた「庄」単位の惣代という意味合いから、「庄」を越えた茨田郡の惣代へと性格を変化させていくことになる。

このように惣代庄屋を担うことで地域社会の課題に対応し、それに伴う出費も増加させていく樋口家であるが、自家の所有地の範囲と惣代庄屋としての管轄範囲との間には、おのずとズレが生じることになる。先程の村方騒動の事例から言えば、稗嶋村は樋口家の所有地があり両者は重なり合うが、濱・大枝両村に樋口家の所有地はなく、両者は重なり合わない（表2参照）。

表７ 「願書控」の内容と惣代庄屋

年月日				西暦	願書の内容	門真庄 門真三番村野口家	大庭庄 大庭七番村利右衛門	小高瀬庄 大枝村藤兵衛	橋波庄 西橋波村久右衛門	五ケ庄 南寺方村寺方家	水島庄 三ツ嶋村樋口家	諸福庄 新田村仁右衛門	支配	
天保	15	12	1	1844	惣代庄屋相続	○	○	○	○				大坂谷町竹垣三右衛門	
		(月日欠)			小物成三分一銀納願	○	○	○	○	○				
弘化	5	1	17	1848	貯夫食増願	○								
		2	7		袴・帯刀願	○	○	○	○	○				
		2	25		皆済目録下付	○	○							
		2	26		都筑へ最寄替の廻状	○	○	○	○	○				
嘉永	元	4	10	1848	貯夫食増願	○	○	○	○	○			大津代官	都筑金三郎
		(月日欠)			上米不出来	○	○	○	○	○				
	2	1	7	1849	袴・帯刀願	○	○	○		○				信楽代官多羅尾預かり
					惣代庄屋相続	○	○	○	○	○				
		3	15		御用提灯使用願	○	○	○	○		○	○		
					炭屋安兵衛へ年貢納	○	○	○	○	○	○	○		
		5	16		稲植え付け完了	○		○						石原清左衛門
	3	10		1850	年貢銀納願	○	○	○	○	○	○	○		
		11	8		凶作ニ付	○								
					御用提灯使用許可	○								
					安石代納願	○	○	○	○	○	○	○		
	4	4	24	1851	廻米運賃御貸下願	○	○	○	○	○	○	○		
		7	19		大雨につき一円冠水	○		○						
		8			安石代納願	○	○	○	○	○	○	○		
	5	9		1852	江戸廻米取り止め願	○		○	○	○	○			
安政	6	8	23	1859	大雨につき一円冠水					○			信楽代官　多羅尾	
					皆済目録下付	○								
	7	1	14	1860	田地修復費用拝借	○				○				
		(月日欠)			貯夫食取締	○				○	○			
万延	元	4			貯夫食拝借願	○		○		○	○	○		
		5			見分願	○		○		○	○	○		
文久	元	8		1861	詰米遅延	○		○		○	○	○		
	2	8	2	1862	反高帳・絵図面提出延引					○	○			
	3	10		1863	年貢延納願	○				○	○	○		
元治	元	7	27	1864	大雨につき一円冠水	○				○	○			
		8	2		大坂在城中臨時費用郡中割					○	○			
			29		見分願許可	○				○				
		(月日欠)			年貢金納願	○				○				
		(月日欠)			御検見願	○				○	○			
慶応	2	6	5	1866	大雨につき一円冠水	○				○				
					御進発上納金への褒美					○				
	3	7		1867	兵賦人足御免・兵賦増金延引願	○				○	○			
		9			鰥寡孤独の者取調	○				○	○			

註１　弘化５年・安政６年・文久２年の「御役所願書届ケ書扣へ」（関西学院大学図書館所蔵野口家文書）より作成。

註２　惣代庄屋・願書の内容は主立ったものを記した。

註３　表中の○印は願書に署名していることを示す。

この点で樋口家にとっての地域社会とはあくまで三ツ嶋村（とくに自らが居住する上組）であり、さほどの広がりを見せない。むしろその範囲はより限定的で、地域社会に対応する豪農の姿としては消極的である。それは嘉永四年（一八五一）二月の凶作、文久元年（一八六一）四月の水腐、慶応二年（一八六六）六月の米価高騰をそれぞれ契機として行なわれた村内難渋人に対する施行においてさえ、他の有力上層農民六〜一二名と共同で行ない、その中で樋口啓之助の支出はいずれも一〜三石余と決して突出した支出ではないことからも明らかである。[25]また、より広域的な問題に対しては門真三番村野口家のように親子で惣代庄屋・郡中惣代を務める家が存在し、[26]樋口啓之助が地域社会内の課題を一身に背負う必要はなかった。樋口啓之助は政治的意識を持ちつつも、それを自ら具体化していく意識は稀薄で、関心はむしろ自家の経営安定・家格維持にあったと言える。

おわりに

以上、北河内の豪農として樋口家の経営および政治的意識・行動について考察してきた。樋口家の経営は安政の開港や万延の貨幣改鋳による物価高騰を契機に、まさに時宜に応じた経営転換が図られていた。また、大坂商人との関係を強めることで金融資本の有効な循環を生みだしたが、幕末期には地主小作関係の進展とともに、小前百姓との貸金関係が重視された。

樋口家の政治的行動については、樋口兼助が社倉の設立や様々な建言など惣代庄屋・大庄屋として領主や地域社会との結びつきを強めていったのに対し、啓之助の行動は消極的であった。その要因は、三ツ嶋村上組を中心とする自家の所有地と惣代庄屋としての管轄範囲とのズレ、つまり地主としての意識が優先された結果であり、その一端を天保期の施行と幕末期の施行の質的・領域的差異において見ることが出来た。

また、他地域の豪農との比較で述べるならば、第一部で見た丹波の豪農園田家のように「地域社会の支柱」となるような豪農とは異なり、樋口家は自家の経営安定という点において完結する豪農であった。政治的意識を持ちつつも、地域社会の新たな政治的「支柱」として存在しえなかったという点において、序章で紹介した丹南郡岡村の岡田家と共通している。

むしろ新たな「支柱」となりえる要素を持ち得たのは、門真三番村の野口家であった。樋口・野口両家の決定的な差異は近代に入り、より鮮明に表れる。樋口家当主は明治九年（一八七六）に河内国第三大区区長、同二十二年以降は度々二島村村長を務める一方、土地の集積を続け、結果、「大樋口」と呼ばれる北河内有数の地主へと成長する。

これに対し野口家では、当主守敏が聯合戸長、門真村長、茨田郡町村長会会長を歴任する中、明治十八年の淀川洪水に際し、御救小屋を立て被災者の救助に努め、翌年からは堤防改修工事を村の請負事業とし、被災者・失業者を雇い入れ、糊口の道を開いた(27)。また、平時においても学校・役場の新築に尽力するなど(28)、地方名望家としての性格を持ち、後年、地方自治の基礎を築いた人物として顕彰された。

このように近世近代を通じて見られた、樋口・野口両家における指向性の違いについては、野口家の経営分析、政治的意識・行動の具体的検討をふまえた上で論じなくてはならないが、以下の点を指摘しておきたい。それは第二章でふれたように、門閥地主と新興地主との相違という点に集約できるだろう。野口家は「門真六人衆」に代表される門閥地主であり、多くの門閥地主が弱体化していくなかで地域社会からの政治的・経済的期待に応えなくてはならなかった。一方、近世中期から後期にかけて樋口家は経済的成長を遂げ、惣代庄屋として地域社会から期待されたが、そこにはすでに野口家のような門閥地主が存在したため、樋口家はむしろ、自らの経済的指向を強く打ち出すに至った。当該地域は門閥地主・新興地主双方が政治的・経済的に絡み合いつつ、地域社会の問題に対応していくという点で大変興味深い。

註

(1) 寛文二年「御地頭様代々御年貢御取米」(『門真町史』一九六二年)

(2) 守口文庫所蔵河内国茨田郡三ツ嶋村文書三〇〇・三五―一〇(以下、三ツ嶋村と略記)

(3) こうした小作人のあり方は、門真三番村茨田家の小作人も同様であった(乾宏巳「大塩の乱と農民的基盤」『近世都市住民の研究』清文堂出版、二〇〇三年。初出は一九七五年)。

(4) 天保八年三月五日「米高ニ而極難渋ニ付小前施行帳」(三ツ嶋村四五〇・四四―八)
なお、三ツ嶋村は大村であるため上下二組に分けられ、庄屋もそれぞれ一人ずつ置かれた。樋口家は上組の庄屋役を務めた。

(5) 『大阪府史　第七巻』(一九八九年)四〇九~四一〇頁

(6) 「天明八申年ゟ天保十一子年迄酒造株譲り請調書上帳」(『富田林市史　第五巻』一九七二年)

(7) 「乍恐口上」(三ツ嶋村六四五・四四―一三、六四五・四四―一四)

(8) 福山は『近世農民金融の構造』(雄山閣、一九七五年)第一章において、上層農民同士が貸借関係を取り結ぶ背景には、自家の持つ資金を互いに貸し付けることで、確かな利息を得ることができ、確実な資金運用が出来るという意識があったとしている。

(9) 豪農・村役人を金融センター的役割で捉えた研究に、大塚英二『日本近世農村金融史の研究―村融通制の分析―』(校倉書房、一九九六年)がある。

(10) 『門真町史』二六~二七頁

(11) 文化十年「御役所向願書扣」(三ツ嶋村三二〇・四二―一〇)

(12) 前掲註11

(13) 前掲註1

(14)『門真市史　第四巻』(二〇〇〇年)六三五～六四〇頁
(15)前掲註11
(16)西尾藩では寛政八年(一七九六)に大庄屋が設置された。職掌は郡中からの願書に奥印し、撫育にぬかりなく、下情を藩に伝える事を旨とした(『西尾市史　第三巻』一九七六年、五三六～五三九頁)。また、「摂河領分」とは、摂津国東成郡野田村・天王田村・深江村・木野村・今福村、河内国若江郡御厨村・稲田村・西堤村・箕輪村、同国茨田郡今津村・濱村・三ツ嶋村の計一二カ村、七五〇〇石を指す(『西尾市史　第二巻』一九七四年、一〇三八頁)。
(17)門真市立歴史資料館所蔵樋口家文書一紙二〇三(以下、樋口家と略記)
(18)「一札〔松平屋鋪勝手向費用借用ニ付〕」(三ツ嶋村七四〇・四四―一〇)
(19)樋口家一紙二一
(20)前掲註11
(21)各用水組合を構成する村々については、京都大学文学部地理学教室編『大都市近郊の変貌』(柳原書店、一九六五年)九～一五頁、『門真市史　第四巻』表50参照。
(22)「乍恐書付を以奉申上候」(『門真町史』一〇七～一〇八頁)
(23)安政六年三月「證〔村方争論和解ニ付〕」(三ツ嶋村四三〇・四七―六)
(24)辰年三月十九日「〔大枝村小前之者高訳之儀ニ付和熟一件〕」(三ツ嶋村四三〇)
(25)嘉永四年二月「去戌年大違作ニ付難渋人江施行米配当帳」(三ツ嶋村四五〇・四六―四)、文久元年四月「去申年水腐大違作ニ付難渋人施米配当」(三ツ嶋村四五〇・四九―一)、慶応二年六月六日「米価高直ニ付難渋人江施米配当」(三ツ嶋村四五〇・五二―二)。
(26)野口五郎兵衛が病死し、息子作右衛門が諸役を引き継ぐにあたって以下のような申達があった。この史料から、野口家がどのような役職を担っていたかが窺える(関西学院大学図書館所蔵河内国茨田郡門真三番村野口家文書C五二・一四、以下野口家と略記)。
其村庄屋後見五郎兵衛病死之趣届出候ニ付而者、村内取締方之儀五郎兵衛後見いたし候節之取極相守、庄屋作右

衛門儀者別而其余役人共一同申合、兼而申渡候取締向之儀急度相守、村内取締向万端正路実体ニ取計可申候

一右五郎兵衛儀年来組合惣代、且近年御取締之ため郡中博奕取締役、城州伊勢田村困窮立直り仕法取扱向申付候処実体相勤、勤労之次第も有之、且倅作右衛門儀茂実体相勤候儀ニ付、親五郎兵衛節之通惣代并博奕取締役申付候、右者忌明之上可申渡候処右役用向差懸候儀も難計書付を以申渡候間、得其意追而為請可罷出者也

（安政六年）未七月廿七日　　信楽御役所

河州茨田郡門真三番村
庄屋　作右衛門
年寄
百姓代

右之通申渡候間、其段相心得置可申候、此書付早々順達留りゟ可返者也

河州茨田郡南寺方村庄屋　正之助
三ツ嶋村庄屋　啓之助
新田村庄屋　仁右衛門
六番村庄屋　勘兵衛
同州讃良郡三箇村庄屋後見　弥四郎

(27) 「淀川改修功績ニ付感謝状」（野口家C一七三・二七）、『門真町史』五二九頁

(28) 小学校新築に際して、出資者のなかで最高額となる一〇円六〇銭を出している（明治十一年四月「小学校新築ニ付諸入費前金帳」野口家C六四・四）。

第四章　豪農と武士のあいだ

――茨田郡士の帯刀をめぐって――

はじめに

近世社会が身分制のもとに成り立っていたことは自明であるが、実際には身分制の枠に収まりきらない人々や、身分制の狭間に位置する人々が多く存在した。なかでも政治的・経済的に成長した農民に苗字帯刀を付与することで、領主権力は彼らを支配者側に取り込み、支配の貫徹を図ろうとした。こうした被支配者の身分変動については、朝尾直弘[1]をはじめ、多くの研究者によって研究の進展が図られたが、支配者と被支配者のあいだに位置する者を「中間層」と一括したために、様々な契機によって成立する中間層の相違を捨象する結果を招いた。また、それらの研究は対象時期を近世中期から後期に設定しているため、近代にかけての展望が示されていない。

そこで本章では、大坂近郊に位置する河内の豪農を取り上げ、近世後期から明治期における中間層の実態について考察していく。主に取り上げる茨田郡門真三番村茨田家は居村を中心に持高六〇石を誇る豪農である一方、旗本今井家の堺屋敷[2]に出仕する「武士」でもあった。しかし、門真三番村は幕領であるので、茨田家歴代当主は支配違いの旗本へ出仕することになり、複雑な主従関係が起因して、一一代当主郡士の帯刀問題へと発展する。

そこで、この帯刀問題を通して茨田家の中間層としての性格を明らかにし、研究史上の問題点を克服することが本章の主題である。具体的には、以下の三点について考察していく。まず第一に、帯刀問題の経過を明らかにする。どのような点が問題となるのかを確認することで、領主権力が中間層を如何に捉えようとしていたかを知ることが出来る。この帯刀問題は、文政十二年（一八二九）正月に郡士が家督を継いだことに始まるが、その経過については、門真三番村の庄屋野口五郎兵衛が書き留めた「願書控日記」(3)と、郡士自らが記した「見聞雑用控」(4)に詳しく、これらを用いて明らかにしていく。なお、「願書控日記」をもとに林紀昭が同様の問題に言及している(5)が、茨田家文書を用いていないため、問題の捉え方に不十分なところがある。茨田家文書と付き合わせることで、この問題の核心に迫りたい。

第二に茨田家のあり様から武士的要素の析出を試みたい。かつて、乾宏巳は同家の経営分析から豪農的側面を明らかにした(6)が、本章では中間層として豪農と武士との両面を分析することで、同家の性格付けを行なえると考える。また、藪田貫は近世後期の地域社会における農・商から兵への身分移動について述べる中で、茨田家を取り上げている(7)が、兵としての部分については実態が不明瞭である。本章では、茨田家に残る「金銀出入帳」の分析から武士との交流に注目することで、武士的側面を明らかにしていきたい。

第三には郡士のような豪農と武士のあいだをなす存在が、近代に入り、どのような境遇となるのか。近世では「武士」と自認した者が、近代では必ずしも士族とはなりえなかった事象を取り上げ、「武士と士族のあいだ」を考察する。本来であれば、茨田家で考察すべきであるが、同家は大塩の乱のあと、家は復興されるものの、再び今井家家臣となることはなかった。そこで、茨田家と同様の性格をもつ、南河内の豪農で膳所藩の郷代官(8)でもある中村家・辻野家を取り上げ、前記の課題を明らかにしようと試みた。

加えて、郡士は大塩の乱に参加したことで有名であるが、各節での検討を通して豪農と下級幕吏を中心とした大塩与党の性格(9)についても言及したい。

第一節　茨田郡士の帯刀問題

1　帯刀問題の経過

現在、茨田家旧蔵といわれる刀は大小あわせて七本、とくに今回、問題となる大刀は四本伝来している。また、郡士の父・弥次郎の手になると思われる「覚」[10]には太刀七本、脇差一四本、合口二本が書き上げられ、「金銀出入帳」にも脇差や刀掛を買ったことが記載されている。このように多くの刀が伝来していることからも、同家が豪農という枠に収まらない存在であったことを窺わせる。

郡士の帯刀問題に入る前に、茨田家の帯刀をめぐる動きを表1から概観しておこう。弥次郎は文化三年（一八〇六）に年寄役、同五年・九年には庄屋役を務める村役人であったが、一方で八代栄孝・九代栄武同様、旗本今井家に出仕していた。文化十三年末には新任の代官岸本武太夫宛に、これまで許可されてきた帯刀を引き続き認めてくれるよう願書を提出している。次いで、岸本から小堀に支配替わりになる際にも、帯刀許可について申し継ぎをしてくれるように頼んでいる。表1を見る限り弥次郎は、自らの帯刀について、支配替わりに際しては申し継ぎを代官に依頼するとともに、本人からは再度、新代官に特権を認めてくれるように願書を提出し、新代官はそれを認めるのが通例となっていた。

では、郡士が家督相続する際に起こった帯刀問題について見ていこう。その様子は庄屋であった野口五郎兵衛と当事者である郡士の記録（史料1・2）[11][12]に詳しい。

〔史料1〕

右書附御役所へ差出候処、暫扣へ居申候様被仰渡、御呼出ニ付、五郎兵衛・郡治弐人罷出候処、調役所へ可罷

表１　帯刀をめぐる茨田家の動き

年		領主	茨田家の動き	
享和元	(1801)	篠山十兵衛	文化 3.3	弥次郎、年寄役願
～ 文化 6	(1809)	大岡久之丞		
～		辻　甚太郎		
文化 13.7	(1816)	岸本武太夫	文化 13.12.6	今井家堺屋敷へ出仕の節、帯刀願
～			文政 8.5.12	帯刀の旨、申し継ぎ願
文政 8	(1825)	小堀主税	文政 12.1.9	郡士への家督譲願
			文政 12.1.9	郡士へ年寄役譲願
～			文政 12.5.2	郡士の身分につき、呼び出し状が来る
			文政 12.5.7	郡士、代官所へ罷り出る
文政 12.9	(1829)	城代　太田資始（遠江掛川）	文政 12.11.2	今井家堺屋敷へ出仕の節、帯刀願
～			天保 2.4	弥次郎、今井家堺屋敷へ出仕
天保 6	(1835)	城代　土井利位（下総古河）	天保 6.11.12	郡士、結婚
～			天保 6.12.3	弥次郎、死去
天保 8	(1837)		天保 8.2.19	郡士、大塩の乱に参加

註　「見聞雑用控」（茨田家文書）、「願書控日記」（野口家文書）より作成。

出様被仰付、右御役所へ罷出候処、御掛り好川勢右衛門様被仰候義ハ、①江戸今井左衛門様ゟ小堀様へ、御状参申候、其文面ニ者、其御支配所河州門真三番村と申処に居申候茨田郡治と申者、此方家来ニ召抱申候、追而下拙境《(堺)》屋敷へ引取申度候へ共、今暫御支配所三番村ニおき被下候様との、左衛門様ゟ之御状ニ候間、②郡治、其方義者、境御屋敷へ引越可申了簡かとの御尋ニ付、左様ニ而者無御座、親弥二郎同様ニ而、三番村ニ住宅致度、境屋敷御用ニ付罷出候節計、帯刀仕度、村方ニ而者、壱通り之年寄ニ而御座候趣申上候処、弥治郎義者、境屋敷ゟ堀内利兵衛と申人、当御役所へ罷出、内含之義相頼候ニ付、元〆ニ而聞置候得共、③郡治義、左衛門様ゟ此方家来に召抱おくと有之、左様ニ而者、御料所当御支配所に差置候□□《(虫損)》、享和元酉年御公義《(儀)》ゟ支配所へ、名字帯刀、其役所ゟ差ゆるし義者格別、外々ゟ致させ□《(間)》敷旨厳敷御触渡し有之候間、今井様ゟ之御状ニ而者、返事に相成不申趣之返書可致候処、左様ニ而者、定而其方親弥二郎無含相願候事故、難義ニ而有之候間、たとい跡抱ニ相成候而も、六拾石余も高所持致候百姓、今井へ遣し候而者、御料所相済不申、勿論其方先祖へ対し難相済、左衛門様ゟ之御書ニ而者、左様之義相成不申との御返書より、外致方無之候と被仰候ニ付、岸本御役所ゟ申送り相願候書附写し差上候処、岸本ゟ申送り無之、帳面迄御見セ被成候、何分弥二郎同様ニ御含奉願上度と申候へハ、左様ならハ境詰役人ゟ江戸表へ書状遣し、先達而之書状不行届之義有之、御帰（返）し被下候との引合ニ相成、御状今井様へ相帰し候上ニ而、境役人当御役所へ参り、④郡治義者、今井家来同様ニ而、差支ニ相成候節ハ、家来同様あつかい申度申、此段御含被下候様との引合ならハ、元〆ニ而含聞置可申との仰ニ而御座候ニ付、左様ニ致し申候、境屋敷ゟ江戸へ申遣し、早々御状御引戻しニ相成候様、取計可申との仰ニ而御座候

〔史料2〕

一当家儀者先代郡士（八代栄孝）ゟ当時今井左衛門様江御家来ニ召抱られ候儀ニ有之候、此儀者由緒を以右之通ニ有之候

一右之通、先代ゟ由緒有之候故、代々相勤来候ニ付、①則栄信儀も相勤申候ニ付、今井様ゟ前書之通、小堀様江御直書を以召抱置候分合、御挨拶ニ有之候処、五月六日御支配所ゟ栄信儀、則身分之処為御尋御呼出し、且早速上京いたし罷出候処、苗字其外逐一ニ御尋ニ付、委細申上候処、右　今井様ゟ御直書之儀者、表向ニ相成様被仰付、③当時表向御家来ニ相成相勤メ候儀、御領私領共公儀ゟ御差留之儀、委細被仰渡之書付を以、御理解有之候、右御直書者表向ニ相成候事故、御差戻しいたし候上ニ而、堺御屋敷詰合之内、右御役所江罷出られ候而宜哉、則懸り好川勢右衛門殿御申為聞ニ有之候間、六月七日堺屋敷堀内理兵衛殿同道いたし上京之上、且御支配之処、右堀内口上書を以御役所之処御聞済ニ相成候、則口上書者別紙ニ有之候事

（この間、二条略）

一去ル酉年（文政八年）ゟ小堀様御支配ニ有之候処、当丑（文政十二年）九月中旬ゟ大坂御城代太田備後守様御領分相成候事

一右御城代御領分ニ相成候ニ付、当家堺表相勤候処、小堀様ゟ御言送り被下候処、則同年十一月二日御役所江

罷出候而、書付を以相願候処、早速御聞済ニ相成候、且書付之儀者別紙ニ有之、将御役所御尋之処、庄屋五郎兵衛江前以御尋有之候事ニ付、十一月二日罷出候処ハ、尚郡士御沙汰御呼出しニ無之候へとも罷出候事ニも致候間、右之通書印置候事

（この間、一条略）

一父栄レ興様郡士名前受取、隠居同様有之候処、併堺表之儀致仕無之処、堺屋敷役人之内堀内理兵衛病死有之候ニ付、役所江父興栄様参り勤呉候様被仰付候ニ付、無拠卯年（天保二年）四月ゟ屋敷引越之儀、親類中江も示談いたし、彼地引越相勤被申候故、母様も折々ニ参候事

とくに注目すべき箇所に傍線を付したので、その部分を中心に見ていこう。まず、江戸の今井左衛門から代官小堀宛に手紙が来て、「門真三番村に住む茨田郡士という者を召抱え、家臣にしたい。ゆくゆくは今井家堺屋敷にて引き取るつもりであるが、もうしばらく門真三番村に置いて欲しい」という内容であった（傍線部①・①′）。そこで、小堀の手代好川勢右衛門が郡士に尋ねたところ、郡士は父親同様、用事がある時だけ、帯刀して堺屋敷に出向きたいと述べた（傍線部②）。しかし、それは享和二年（一八〇二）に出された、幕領・私領を問わず、他の所領に住む者に勝手に苗字帯刀を与えてはならないという触に抵触するという（傍線部③・③′）。最終的に小堀側から示された解決案は、手紙を江戸の今井左衛門へ一旦差戻し、郡士の帯刀・出仕については、内々に元締役と相談することで、許可しようというものであった（傍線部④）。

その後の様子は史料2に明らかで、今井家堺屋敷役人の堀内理兵衛が口上書を出すことで代官側は了承しており、建前は不許可であると言いながら、内々には認めている。ついで、門真三番村の支配は代官小堀から大坂城代の役知となり、城代から今井家への出仕は認められることになる（当然、帯刀も許可されたと考える）。

役知となって二年後の天保二年（一八三一）、郡士の帯刀問題に尽力してくれた堀内理兵衛が病死したことで、

隠居していた弥次郎が急遽、今井家堺屋敷に詰めることになり、堺に居を移した。そのことで、郡士は門真三番村の家屋敷・田畑を守ることになる。史料2には弥次郎が家督を郡士に譲り、自らは今井家堺屋敷に出仕していることが記され、結果、茨田家は父親が武士となることで息子が農民になるという、近世社会にはありがちな方法を選択したことがかえって、郡士の帯刀を困難にしたと考えられる。

2　帯刀禁止の背景

以上、見てきたように郡士の帯刀問題というのは、茨田家において連綿と受け継がれてきた武士的要素（帯刀や今井家への出仕）が、一一代郡士にも世襲されるか否かの問題であったと言える。なぜなら、弥次郎はいくつもの代官替わりを経ながらも、「武士」として歴代の代官に認められているからである。茨田家の代替わりにおいて、郡士の時のように代官からの厳しい追及があったかどうかは、史料的制約から判然としないが、同家所蔵の文書群を見る限り、そうした追及をうけた形跡はない。そうするとこれは、文政末年から天保初年にかけての、この時期特有の問題として浮かびあがってくる。

まず、時期的な問題については、傍線部③に記された享和二年（一八〇二）の触[13]（他領に住む百姓を家臣化し、苗字帯刀を与えることを禁止したもの）に加え、文政末年に出された長脇差禁止令に見られるような社会状況にも注目したい。この触は十八世紀後半、関東農村で商品作物生産が進展した結果、土地を失って離村する農民が発生し、それらが無宿人や渡世人となって治安を悪化させるようになったことに由来している。確かにこの触は関東を対象としたものであるが、同じような状況は畿内農村においても発生する可能性を孕んでいた。例えば、天保十一年（一八四〇）、茨田郡の隣に位置する讃良郡では、高槻藩預り地から代官小堀氏への最寄替に際し、虚無僧や浪人などの村内立入禁止を求めているが、その中に「近来は別て右之もの共（虚無僧や浪人など…筆者註）多ニ罷越、右体不法之義申之候」[14]とあり、具体的にはいささか時代が下るが、茨田郡郡《こおり》村が文久二年（一八六二）一年間に扱った浪人は三三人、彼らに要した金銭は二三二文にも上っている。[15]こうした状況に対して、嘉永三年（一八五〇）、摂河御料私領惣代が取り決めた取締書には「武者修行浪人もの并ニ勧化其外共、村方へ掛り止宿・中飯等頼出候共、筋違之儀ニ付、取敢不申事」[16]といった一条を加えており、幕府・地域社会ともに「刀を持つこと（人）」に神経をとがらせていた時期に郡士の帯刀問題が起こったため、代官はより慎重な対応を求められることになったと思われる。

さらに、時期的な問題に加え、幕領と私領とでは身分秩序の捉え方に差異があることを指摘しておきたい。それは、私領では比較的簡単に苗字帯刀が認められる傾向があり、とくに、役知のように領主がその村の実状をよく知らない場合、村の実状に精通している地域の有力者を捉えておく必要があり、その際、苗字帯刀や中小姓格を付与し、身分移動を容認したのである。

その一例として長州藩では、文政十二年（一八二九）、産物会所を設置し、献米献銀した者には苗字帯刀が永年にわたって認められるという制度が定められた。[17]経済的貢献によって身分が変動するという制度が領主権力の側から構築された点は、この時期に変質していく「身分」を考える上で興味深い。

また、表1に見える幕府代官も役知を給付される大坂城代などと同様、多くは「転勤族」であるから在地の実情には疎く、結果、中間層に在地支配を任せることになった。こうした中間層の権限拡大は、茨田郡三ツ嶋村庄屋樋口氏に帯刀を認めた代官重田又兵衛のように農民の身分移動に対して寛容な代官を生むことになる（第三章参照）。しかし、郡士の帯刀問題を担当した小堀はそれとは異なる。彼は京都地付きの代官であり、なかでも地域支配を担う手代は、天保十年の「大坂便用録」によれば郡士の一件に登場する好川勢右衛門をはじめ三七名、その他、川方・公事方などを含めると五七名にも上り、郡士のような中間層に依存しなくとも支配を貫徹できたと考えられる。

このように郡士の帯刀問題は幕府の帯刀人引き締め策や、代官小堀の支配機構における完成度の高さなど様々な要因が重なり合って、引き起こされた事件であると捉えることができる。

最後に史料1・2を対応させることで気付くことがある。それは史料1傍線部②・④にかかわる事実が史料2には見えないことである。郡士にとって一番重要な「常時、帯刀すること」、「今井家家臣として認知されること」という武士として象徴的な部分について、自らの回答を一切記していない。そのことは、郡士の置かれた立場が「武士」と呼ぶには微妙なところに位置していたことを自ら悟っていたからに他ならない。

第二節　郡士のなかの武士

1　豪農か武士か

茨田家は居村の内外に持高六〇石以上を有し、利貸を行なう豪農であったが、天保期には摂津国別府村の庄屋で、郡士の兄である堤八作への融通やそれに伴う借金で家計は不安定であった[18]。本節では、豪農として捉えられてきた茨田家および郡士の武士的側面を明らかにしたい。

まず、茨田家の系譜を「武士」をキーワードに紐解いてみよう。慶安三年（一六五〇）正月の「由緒書」[19]には、「茨田郡十七箇所四十四名士」の内の一家であり、かつては禁裏の御用を務めた武士であると記され、末尾には武家の慣例に倣って花押が押されている。しかし、これは後年になって作成された可能性が高い。同家に残る古文書は大半が近世中期以降のものであるのに対し、この「由緒書」のみが極端に古い。また、同様の文面で「慶長三年」（一五九八）と記された反古紙を数点確認しており、後代になって近世初頭の年紀を持つ文書を作成することで、自家の家格を高めようとしたと思われる。

また、十八世紀前半に記された「三番村家筋記[20]」によれば、「茨田」という家は存在せず、「前田」と名乗る家が本家と分家の二軒あり、野口・岡田といった門閥層「六人衆」に次ぐ家柄であると記されている。藪田の指摘[21]にあるように、前田から茨田へ改姓を行ない、「茨田郡士」という武士的な姓名を創始するのは、和泉国伯太藩士今井勇記の弟で茨田家に養子に入った八代栄孝である。栄孝は旗本今井家の家臣として大坂町奉行所での訴訟に出向くなど、茨田家を武士として強く印象付けている。

郡士も曾祖父同様、今井家家臣として認知されていたが、今井家家臣という地位は、栄孝が伯太藩士今井家から養子に入ったことを契機として獲得した地位であった。郡士の父・弥次郎のように農村に居住し、村落内の秩序に従い、嫁娶も豪農同士で行なえば、それは代を重ねるごとに「武士としての血」が薄まっていくという問題を孕んでいた。郡士にとっては、「武家」として如何に再生産していくか、それが切実な問題であった。それを解決する最も端的な方法が武士の娘を娶ることであり、天保二年（一八三一）にもたらされた伯太藩士今井家との縁談は、栄孝によって結ばれた縁を再度結ぶものとして恰好のものであった。

茨田家略系図

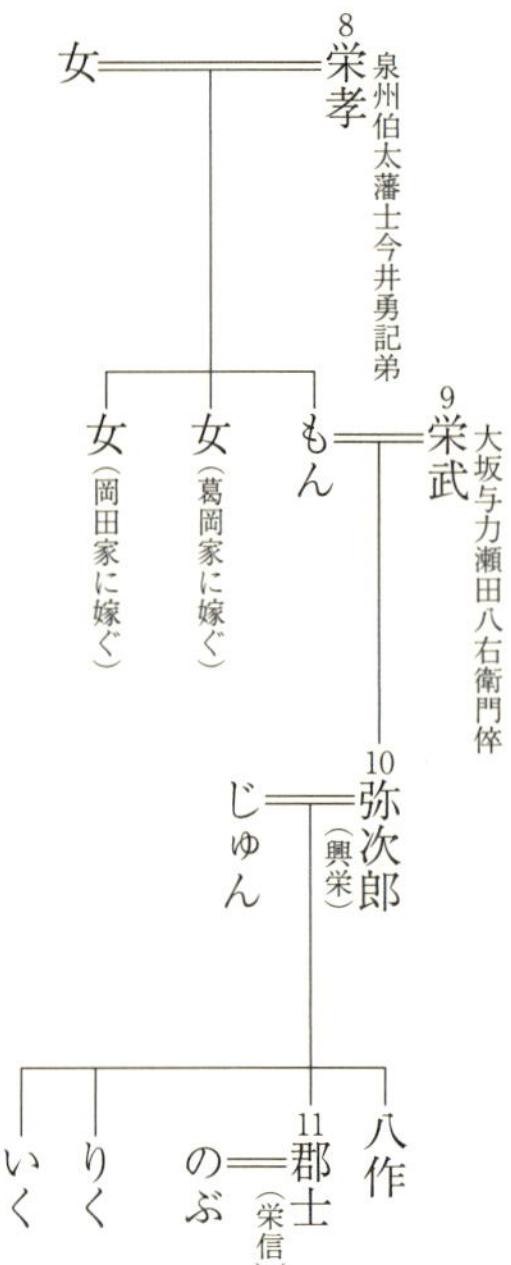

同年六月の「婚礼諸事留[22]」によれば、「此度泉州伯太渡辺様御家中今井弥平太殿家之義、先年当家祖々父右家ゟ養子ニ被参候処、近頃中絶同様ニ互ニ疎遠相成……則堺宿院屋敷内下村専輔殿右伯太同家中ゟ養子ニ被参居ニ付、今井家ニ娘有之候故、右下村世話いたし被呉候頃、先年之訳合被申互示談ニ及候処、双方相談行届、取極申候」として、同月二十四日には結納を済ませている。これより二カ月前の

四月二十六日、郡士は初めて曾祖父の家を訪ね、自らは三井で羽織・袴を揃えている。

この婚姻に際し、重要な役割を果たしたのが、旗本今井家の代官下村専輔であった。そこには、下村自身が伯太藩の出身であるということも起因していた。畿内に位置する外様小藩の家臣、旗本の地方役人、大坂町奉行所与力、そして地域に点在する豪農、こうした存在が互いに養子をやり取りするなかで、独自の武士的ネットワークを形成していったのである。茨田家の場合、経済的には第三章で見た三ツ嶋村の樋口家のように持高二〇〇石を超えるような豪農でもなく、また、いわゆる門閥層でもない同家にとって、家格や地域社会における存在意義を高める手段は武士との血縁にあったと言えるだろう。

しかし、伯太藩士今井家との縁談は不調に終わり、郡士は父親同様、自らも北河内に存在する豪農ネットワークに則る形で、媒酌を茨田郡平池村平池余兵衛に頼み、交野郡星田村和久田家から妻を娶った。このように、豪農として生きることを余儀なくされた郡士であったが、依然として武士としての気概を失ったわけではなかった。そうした思いは、大塩・洗心洞へと深く結びついていくことになる。

2　「金銀出入帳」の分析

乾は文政十二年（一八二九）から天保五年（一八三四）までの経営状況が記された「年々勘定帳」を用いて茨田家の経営を分析した[(23)]が、この「年々勘定帳」は「金銀出入帳」や「田畑小作勘定帳」を郡士自身がいくつかの項目に分け、毎年の経営状況についてまとめ直したものであり、当然、同家の経営すべてが網羅的に反映されているわけでない。そこで本項では基本史料である「金銀出入帳」に立ち返り、それをもとに作成した表2から、「年々勘定帳」に反映されなかった武士との交流やそれに伴う収入・支出に焦点を当て、茨田家の武士的な部分を明らかにしていく。

表2 「金銀出入帳」にみる茨田家と堺・今井家、洗心洞・大塩などとの関係

元号	年	月	日	西暦	金額	相手	出入	内容	備考
文化	2	4	27	1805	2匁	下村	出	菓子料	今井家代官
	4	2	12	1807	4.3匁	瀬田	出	法事志	大坂与力 / 祖父の生家
	5	4	24	1808	3.2匁	下村	出	志	
		5	2		5.6匁	広瀬	出	酒代	京橋口定番与力
	7	4	12	1810	4.3匁	瀬田	出	志	
	8	4	4	1811	2匁	広瀬	出	志	
	11	6	2	1814	21.74匁	広瀬	出		
	12	4	30	1815	2.5匁	堀内	出	肴料	今井家堺屋敷役人
	13	3	15	1816	3匁	瀬田	出	志	
	14	6	11	1817	4.3匁	瀬田	出	志	
文政	10	1	5	1827	2朱	大塩	出	祝儀	
		2	14		1朱	堀内	出	出府に付、祝儀	
		3	3		2朱	大塩	出	祝儀	
		7	5		300目	今井家堺屋敷	入	御扶持米代	
		9	3		200目	今井家堺屋敷	入	丁銀にて受取	
		12	24		60匁	今井家堺屋敷	入	被下銀	
	12	1	10	1829	8匁	大塩	出	祝儀	
		1			2.4匁	今井家堺屋敷	出	年玉	
		2	15		16匁	今井家堺屋敷	出	薬料	
		3	6		4.2匁	大塩	出	祝儀	
		7	10		1994.85匁	今井家堺屋敷	出		7月7日、堺奥源より3貫目借用
		8	1		8匁	大塩	出	祝儀	
		9	9		8.5匁	大塩	出	祝儀	
		12	5		23.65匁	今井家堺屋敷	出	用向ニ付、京都大徳寺行	
天保	2	1	10	1831	8匁	大塩	出	祝儀	
		1	20		3両2分	下村	出		
		2	26		12.57匁	下村	出	三月人形代	
		3	10		8.5匁	大塩	出	祝儀	
		4	26		3両	今井家堺屋敷	出		
		4	26		5匁	伯太　今井	出		渡辺家家臣 / 曾祖父の生家
		5	5		2朱	大塩	出	祝儀	
		6	24		2両2分	伯太　今井	出	結納	
		9	15		6両	今井家堺屋敷	入		
	3	1	3	1832	2分	下村	入	取替銀受取	
		1	3		32匁	今井家堺屋敷	入		
		1	3		2両	今井家堺屋敷	入		
		1	10		1朱	大塩	出	祝儀	
		(1)			14.6匁	今井家堺屋敷	入		
		3	3		1朱	大塩	出	祝儀	
		4	1		4匁	下村・林	入	祝儀	
		4	3		2.2匁	宇兵衛	出		堺での下男
		4	8		10匁	伯太　今井	出	入来の節、若党・土産などの代金	
		4	8		2朱		出	堺にて雇、下女	

元号	年	月	日	西暦	金　額	相　手	出入	内　容	備　考
天保	3	4	11		3分2朱	下村	出	媒酌、肴代	
		5	5		1朱	大塩	出	祝儀	
		5	30		1分	母	出	堺行、相渡	
		5	30		300文	母	出	堺行、小遣	
		7	24		1朱	大塩	出	祝儀	
		11	11		2朱	母	出	出堺、小遣	
		11	22		6.4匁	郡士	出	堺行の節、買物代	
	4	1	10	1833	8匁	大塩	出	祝儀	
		1	23		200文	父	出	堺行、小遣	
		2	6		1朱	郡士	出	堺行、飯代・小遣	
		2	10		1分	伯太　今井	入	婚礼の節、裃代	
		3	3		1朱	大塩	出	祝儀	
		4	1		12.1匁	今井家堺屋敷	出		
		4	8		73.2匁	今井家堺屋敷	出		
		4	28		1朱	郡士	出	堺行、飯代	
		5	5		1朱	大塩	出	祝儀	
		5	19		2朱	郡士	出	堺行、小遣	
		6			1472匁	父	入		
		7	1		1472匁	父	入	借用	兄・堤八作へ127匁渡す
		7	8		4両	今井家堺屋敷	入		
		8	1		1朱	大塩	出	祝儀	
		8	8		4両	今井家堺屋敷	入	借用	
		9	8		1朱	母	出	堺行、相渡	
		9	9		1朱	大塩	出	祝儀	
		9	24		2.7匁	郡士	出	堺行、飯代・小遣	
		10	28		10両	父	入	家普請金借用	大工長兵衛へ7両
		11			10両	父	入		
	5	1	2	1834	2朱	大塩	出	祝儀	
		1	10		1朱	郡士	出	堺行、小遣	
		2	8		2朱	喜十郎	出	『四書白文』1巻	
		3	15		2朱	大塩	出	祝儀	
		3	19		1朱	郡士	出	堺行、小遣	
		3	19		1朱	郡士	出	堺行、小遣	
		4	23		47匁	河内屋	出	『四書正釈』	
		5	1		1朱	郡士	出	堺行、小遣	
		5	5		2朱	大塩	出	祝儀	
		7	7		2朱	大塩	出	祝儀	
		7	9		1朱	郡士	出	洗心洞の使いとして京都行、小遣	
		7	11		2朱	江州分部様	入		
		7	11		20両	父	入	預かり	
		8	21		2朱	郡士	出	洗心洞の使いとして江州小川村行、入用	
		9	9		2朱	大塩	出	祝儀	
		9	13		2朱	郡士	出	堺行、買物代	
		11	14		1朱	郡士	出	堺行、買物代	
		12	8		2分	洗心洞	出	洗心洞新塾御祝儀	
	6	1	4	1835	4匁	郡士	出	堺行、買い物代	

元号	年	月	日	西暦	金　額	相　手	出入	内　容	備　考
天保	6	1	15		2朱	郡士	出	洗心洞の使いとして上京	
		1			2朱	大塩	出	祝儀	
		1			4匁	下村	出	年玉	
		3	3		2朱	大塩	出	祝儀	
		3	10		12匁	郡士	出	堺行、買い物代	
		3	17		1朱	広瀬	出	法事、志	
		5	5		2朱	大塩	出	祝儀	
		7	7		2朱	大塩	出	祝儀	
		7	7		2朱	大塩	出	祝儀	和久田分
		7			2朱	白井	出	『増補孝経』1部	守口　白井孝右衛門
		8	1		2朱	大塩	出	祝儀	
		8	8		2分	白井・柏岡	出	講書社掛銀	
		9	5		1両1分	洗心洞塾中	出	本代	
		9	9		2朱	大塩	出	祝儀	
		9	9		2朱	大塩	出	祝儀	和久田分
		11	25		600文	広瀬	出	火事見舞い	
		12	3		6両1分		出	父葬儀代	
	7	1	13	1836	2朱	大塩	出	祝儀	和久田分
		1	25		2朱	大塩	出	祝儀	
		1	25		1朱	下村	出	年玉	
		5	5		2朱	大塩	出	祝儀	
		5	5		1朱	郡士	出	『大学』	
		6	15		1分	郡士	出	いろいろ買物	洗心洞へ暑中見舞いなど
		7	6		金100疋	郡士	入	門真四番村読書門弟中、礼金	
		7	7		2朱	大塩	出	祝儀	
		8	1		2朱	大塩	出	祝儀	
		8	1		2朱	大塩	出	祝儀	和久田分
		8	1		2.3匁	吉見	出		和久田分 / 手習の師匠
		8	1		3両	大塩	出	扶持米料	和久田分
		8	1		1朱	洗心洞塾中	出		和久田分
		8	3		2朱	広瀬	出	隠居死去、香典	
		9	5		2両	白井	出	講書社掛銀	
		9	8		2朱	大塩	出	祝儀	
		9	8		2朱	大塩	出	祝儀	和久田分
		11	20		金200疋	白井	出	講書社掛銀	
	8	1	2	1837	2朱	大塩	出	祝儀	
		1	2		2朱	大塩	出	祝儀	和久田分
		1	4		1朱	下村	出	年玉	
		1	12		9両1分	今井家堺屋敷	入	扶持米料	
		1	21		1朱	郡士	出	堺行、いろいろ買物	
		1	25		4両	白井	入	講書金受取	

註　各年の「金銀出入帳」（茨田家文書）より作成。

まず、文化二年（一八〇五）から十四年までの文化年間には、武士とのつながりを思わせる記載はほとんど見られない。今井家堺屋敷の役人堀内や代官下村、大坂町奉行所与力の瀬田、京橋口定番与力の広瀬といった人物とのやり取りが見られる程度である。ただし、瀬田や広瀬との関係は武士とのつながりというより、九代栄武の時に結ばれた縁戚関係と見るほうが正しいだろう。

しかし、文政十年（一八二七）からは今井家との交流が多く見られるようになる。こうした変化は、郡士がもたらしたものであると言える。なぜなら、この時期、正式には家督を継いでいないものの、実質的に郡士が家計を取り仕切っていたと考えられるからである。帳面の表題も「金銀出入帳」と記され、前代までの「萬金銀付込覚帳」とは異なり、内容も整理されていく。

天保二年（一八三一）前後になると、今井家との付き合いは一段と増すことになる。それは表2にも見えるように扶持米を支給され名実ともに家臣となるばかりではなく、領主に金銀を融通する銀主としての役割も併せ持つようになる。例えば、文政十二年七月には堺の商人であろうか「奥源」から三貫目を借り、その三日後にはそれを今井家に用立てている。また、内容は不明であるが、天保二年には九両、同四年には八五匁を用立てている。それとは逆に、天保四年のように家普請と兄・堤八作への融通のため、今井家から金子を借用することもあった。

天保五年以降は父親が堺に居を移したこともあり、「堺行」という記事が見えるのみで、今井家との直接的な関係を示す記事は少なくなっていく。今井家の記事が少なくなる一方で、より際立ってくるのが、大塩や洗心洞とのつながりの強さである。当初、大塩への祝儀は必ずしも節季毎ではなかったが、天保四年以降は、ほぼ節季毎に祝儀を贈っている。このころから、郡士は大塩門弟の中でも頭角を現してきたようで、大塩の使いとして、天保五年七月には京都と近江国大溝へ、八月には近江国小川村へそれぞれ出かけている。大塩は天保三年六月と翌四年九月に、大溝と小川村藤樹書院において三度にわたり講義を行なったと伝えられていることから、天保五年の記事も大塩の出張講義とかかわりがあるものと思われる。

学問的には『四書』や『孝経』といった本を揃え、守口町の白井孝右衛門や般若寺村の柏岡源右衛門とともに「講書社」を組織した。また、郡士自らも門弟を抱えていたようで、天保七年七月には「門真四番村読書門弟中」から礼金を貰うなど、地域社会における学問的リーダーとなりつつあったことを窺わせる。正式に家督を継いだものの、父親が堺に引っ越したことで、豪農として生きることを余儀なくされた郡士であったが、天保四年に家普請を終え、河内の豪農としての体裁を整えたことで、学問に打ち込める環境が整ったとも言える。

こうした中、豪農として生きることで見えてきた地域社会の問題もあった。打ち続く飢饉や淀川の洪水など小前の苦しむ姿を目の当たりにすることで、それに対し有効な手段を講じない領主への不信感も沸き起こったことであろう。こうした地域社会の問題を目の当たりにした時、大塩が目指した「良知を致す」という考え方は、郡士に共感をもって受け入れられた。それは、未曾有の飢饉と淀川洪水に襲われた天保三～四年を画期に、大塩とのかかわりを示す記事が増えることからも明らかである。また、郡士が困窮した小前のために「一體講」[24]と称する相互扶助組織をつくり、施行を行なったことは大塩の教えである「知行合一」を実践したものであった。

第三節　武士と士族のあいだ

近世社会は豪農と武士のあいだをなす中間層を許容してきた。彼らは領主支配を貫徹するために必要とされる一方で、小前の代表であるという二面性を持っていた。領主と小前の対立が先鋭化すれば、両者の摩擦を防ぐ、緩衝材としての役割をも期待された。

しかし、近世から近代への変動の中でこうした曖昧とも捉えられる、彼ら中間層の位置付けも大きく変わってくる。明治初期に断行された身分制の解体によって、彼らは名実ともに「武士」ではなくなるが、それまで先祖代々受け継がれてきた「家の由緒」を基底に、士族への復籍を求め、明治期を通じて歎願運動を繰り返す。

本節では茨田家同様、豪農と武士のあいだに位置した者が近代に入り、士族編入運動をどのように展開していくのかを考察し、それを通して「武士と士族のあいだ」を考えてみたい。具体的には南河内の豪農中村家と辻野家の士族編入運動を考察していく。両家は近江国膳所藩の河内代官として「大坂便用録」にも名前が見え、中村家は近世前期に「寺が池」を築造し、新田開発を行なう豪農であり、辻野家は膳所藩士の次男を養子に迎えるなど、両家の豪農的・武士的側面は茨田家と共通している。[25]

では、中村・辻野両家の歎願運動を見ていくが、両家は一体となって歎願運動を進め、同内容の願書を認めていることから、本節では史料の残存状況を勘案し、中村家を中心に考察する。

中村家は当初から、士族編入を目的とした歎願を行なっていたわけではなかった。明治五年（一八七二）段階では、戸籍の編成をもとに新たに賦課されるようになった諸税への不満から、屋敷地の無税化など近世以来の経済的特権を主張しており、士族編入に関しては、以下に挙げた史料3が最も早い。[26]

〔史料3〕

願上書

河内国第一大区五小区四番組
錦部郡市村新田　　中村與一

私家累代近江国元膳所藩士籍罷在候処、御維新ニ付解役可仕御趣意と心得、明治五年壬申二月廿八日帰農奉願、以後市村新田平民籍江編入仕居候処、今度特別之御詮議を以復族願出候分御聞届可相成旨御布告ニ依り当所在住之儘復族之儀奉願上候、以上

明治九年丙子二月廿八日

元膳所藩士族当時平民
中村與一　印

右組戸長
杉村裕太郎　印

堺県令　税所篤殿

史料3では維新の時に代官を解職されたので、武士身分を失ったと考え、明治五年に帰農したが、今回、政府が復族願を聞き届けてくれることを知り、願い出たという。ただし、これだけでは当時の様子を知り得ないので、もう少し詳細に書かれた願書（史料4）[27]を見てみてよう。これは士族編入運動としては晩年のものであるが、それまでの経緯や中村家の意識が読み取れるので取り上げた。

〔史料4〕

大阪府南河内郡市新野村大字市村拾九番屋敷
戸主　中村猪市
代理　父　中村慶太郎

士族編入ノ義願

一私家筋ノ義ハ旧膳所藩郷士ニシテ旧来苗字帯刀被差許、別紙由緒書ノ通リ格別由緒有之者ニ候処、明治四年九月太政官布告ヲ以テ帯刀禁セラレ候、以来平民ノ列ニ位シ居候、然ルニ他ノ旧各藩ノ郷士ノ向ハ明治五年第四十四号布告ニ基キ何レモ士族籍ニ列セラレ居候趣伝承致候ニ付、旧膳所藩ニ於ケル郷士ノ者士族編入ノ御詮議ニ相洩レタル事由取調ザルニ当時恰モ旧膳所藩ニ於テ闔藩ノ士族ヲシテ農商ノ実業ニ就カシムルノ方針ヲ以テ専ラ之ガ勧誘中ノ折柄ニシテ、其旨趣ヲ貫徹セシメンガ為メ、且ツ当時ノ情勢ニ於ケル郷士ノ士族編入ニ関シテハ闔藩士族ノ意嚮上ニ非常ノ影響ヲ及ボスヲ免レズ、此ノ如キ事情ノ為メニ第四十四号布告発布ノ際之ガ取調書進達相成ラズ、遂ニ全ク士族編入ノ御詮議ニ相洩レ今日ニ至リ候事明瞭ト相成、実ニ遺憾ニ不堪次第ニ御座候、就テハ今回家名ヲ発揚シ以テ祖先ノ威霊ヲ慰安仕度存候間、前陳事情御洞察ノ上何卒特別ノ御詮議ヲ以テ士族へ編入ノ義御許可被成下度、別紙家筋由緒書・戸籍謄本・履歴書・証明書其他証憑書類相添此段奉願候也

明治三十六年五月廿二日　　右　中村慶太郎　印

右願之通事実相違無之ニ付奥印致也

南河内郡市新野村長　田中新吉　印

大阪府知事　高崎親章殿

史料4の傍線部によれば、中村家が士族の籍から漏れ、しかもその後、復籍できなかったのは、旧膳所藩が藩士の帰農を勧め、復籍の取調がなおざりであったことが要因であるとしている。そして、この歎願運動における彼らの拠り所は「家名ヲ発揚シ以テ祖先ノ威霊ヲ慰安」するという点にあり、彼らにとって士族編入問題とはまさに、近世以来培われてきた「家の由緒」にかかわる重大問題であった。[28]では、旧藩の対応とはどのようなものであったのだろうか。史料5を見てみよう。

〔史料5〕

証明書

旧藩ニ郷士ト称シ家筋由緒有之向ハ士族ニ可被列筈、現ニ他ノ旧各藩ニ於ケル郷士ハ何レモ当時士族ニ有之候処、旧膳所藩郷士ニ限リ士籍ニ列セラレサルハ如何、今回辻野親吉外壱人（中村慶太郎）士族編入願度迚旧藩詮儀ノ模様取調

呉候様申出候ニ付穿鑿ニ及候処、各藩ノ郷士ニシテ家筋由緒アルモノハ明治五年二月第四十四号公達ニ基キ各藩ニ於テ調書進達相成候ヨリ何レモ士族ニ被列候義ニシテ、旧膳所藩郷士ニ限リ如何様ノ家筋又ハ由緒等有之候モ、総テ当時平民籍ニ罷在候ハ右令達ニ依リ滋賀県（当時大津県ト称ス）膳所出張所ニ於テ該取調書進達可相成ノ処、去明治三年十二月旧藩士族・卒大半帰農致シ、力食ノ途ヲ立居候者共、明治四年七月廃藩尋テ、同年十一月廃県ト相成候ヨリ一旦農商ニ帰着致シ、生活ノ道ヲ相立候者共ニ至迄復籍ノ義願出候ニ付、旧藩士ニ於テハ帰農ノ輩素餐ノ譏ヲ受ケサラシムル為メ復籍出願不致様懇達相成候折柄、管下ノ郷士ニシテ士族ニ被列候トキハ説諭モ不行届ニ相成（是等ハ現ニ明治五年三月廿五日県令松田道之殿膳所へ出張、旧藩元士族・卒復籍等出願候ハ方向誤ルノ基ナルヲ以テ飽迄帰農罷在候ヲ懇篤ニ諭示相成候次第有之候）、付テハ郷士ノ向士族ニ被列候ハ、旧士族・卒等激発シ、折角力食ノ道相立居候帰農ノ者共瓦解ニ及候ハ無論ニ付、旧藩官吏ニ於テハ郷士之者取調、士族へ編入ノ義不伺出次第ニ有之候、依テ茲ニ其要領ヲ具シ証明候也

明治卅六年五月二十二日

旧膳所藩少参事　河合純一　印
同　上　富岡憲章　印
旧膳所藩権大属　饗庭光久　印
同少属監察掛兼戸籍　中野幸民　印

確かに、中村・辻野両家の落ち度ではなかったことは史料5から明らかであるが、旧藩としては郷士のみならず、藩士までも帰農させ、「生活ノ道ヲ相立」ように説諭してきた。もし、旧藩士の多くが復籍願を出せば、士族が「激発」することになると述べている。

その後、史料4に見た願書は大阪府知事高崎親章のみならず、前大阪府知事で、この時期には内務大臣へと昇進していた内海忠勝にも届けられた。これにより事態は進展するかに見えたが、同年六月に「辻野親吉他一名ヨリ士族編入願差出候処、右者今般其筋ヨリ詮儀ニ及ヒ難キ旨指令相成候(中村慶太郎)」[29]というように士族への復籍は認められなかった。

士族復籍が不許可になるのは、なにも彼らに限ったことではない。当該期の傾向を知るために、『明治前期身分法大全　第四巻』[30]に収録されている「士族帰籍伺」（一三件）を見ても、士族への復籍を認められた事例は七件に止まっている。れっきとした藩士であっても士族復籍が認められない場合があり、中村・辻野両家のような中間層においては尚更、厳しい状況であった。さらに史料5には、県令から旧士族を帰農させるように指示があったと記されていることから、明治政府の士族帰農方針は県令を通じて、全国で徹底されていったと考えられる。

こうした士族編入問題が頻発する明治二十年代から三十年代にかけて見られる情勢は、国内的には国会開設前後の政治的高揚期にあり、対外的には日清・日露という相次ぐ戦争の時期と重なる。こうした国内外の情勢に加え、明治二十二年（一八八九）には戸主の徴兵猶予を廃止し、明治三十一年（一八九八）には地租増徴を目的とした地租条例の改正が行なわれ、明治初期に不十分であった諸制度が整備されていく。こうした中で、一部の士族のみが優遇される現状と、かつて「武士」であったという「家の由緒」やそれに連なる自らのアイデンティティーとが複雑にからみ合った結果、その具体的な行動として、彼らは士族編入運動を展開していったものと思われる。

おわりに

以上、茨田郡士の帯刀問題を中心に、豪農と武士とのあいだに存在する中間層について考察してきた。近隣の多くの豪農が献米献金によって苗字帯刀を許可されるのに対し、郡士は曾祖父の代から続く武士としての血筋と、旗本今井家の家臣という由緒を基礎にした苗字帯刀であり、そうした茨田家に代々伝わる武士的要素が、彼の行動を規定することになった。

こうした近隣の豪農との相違は、大塩の乱後にみられる郡士の行動において明らかとなる。同家に残る「茨田家略伝」(31)によれば、郡士は野崎村慈眼寺にある先祖の墓前で切腹しようとしたが、僧侶に説得され、大坂城代土井氏の平野郷陣屋へ出頭したと記されている。この伝記は近代に入ってから創作された可能性があるものの、「切腹」といういたって武士的な責任の取り方が記されるところに郡士の、また、茨田家の性格が表れていて興味深い。

さらに本章では、郡士の武士的要素の析出を目的として「金銀出入帳」の分析を行ない、そこでは大塩をはじめとする、大坂市中ならびに近隣諸藩の武士たちとのつながりを見ることができた。一方、武士を自認していた郡士であったが、豪農として門真三番村に居住したことが、「中斎学」を受容する素地をつくったと言え、「豪農・郡士」と「武士・郡士」とが融合した形で現れることになった。

こうした検討結果を踏まえて、さいごに大塩与党の豪農による下層農民編成という視点から、大塩の乱について言及しておこう。まず豪農的編成については、乾が強固な地主小作関係はなく、商品作物生産や利貸による関係も脆弱であったことから、小前との強固な紐帯を形成できなかったことを指摘した(32)。

この指摘をうけて、乱に参加した茨田家の小作人について検討しておこう。天保二年（一八三一）における同家の小作人の分布は、同家の所在する門真三番村小路分に一四人、同村宇治分八人、門真一番村二人、門真二番村五人、門真四番村八人、桑才村一一人、薭嶋村四人、橋波村一人である(33)。加えて、表3に門真三番村から乱に参加した一七人と同家がどのような関係にあるのかを示した。小作人の分布と表3から、同家は居村に二二人もの小作人を抱えていたが、乱に参加した者はわずか五人であり、その者たちの宛米高も磯七が七石余りで一番多く、惣八な

表3　門真三番村における乱の関係者と茨田家小作人の関係

処分の重さ	乱の関係者名	居住地（字名）	持高（石）	茨田家小作人の小作地	
				作畝（反.畝）	宛米高（石）
重い処分死亡者	伊助				
	宗助				
	惣兵衛				
	徳兵衛	小路	無高	2	3.05
	甚七				
	五兵衛				
重い処分生存者	磯七	宇治	無高	3.3	7.65
	惣八	宇治	無高	0.5	1.2
	又右衛門				
	九郎兵衛				
	彦右衛門				
	久五郎				
軽処分	惣七				
	庄三郎	宇治	無高	0.5	1.3
	清八	小路	無高	2.5	6.74
無罪	重右衛門				
	又七				

註1　天保２年「下作充高取附勘定帳」、天保３年「新検地名寄」、「大坂元御組与力大塩平八郎市中乱妨当村郡次九右衛門掛り一件手続書留」より作成。
註2　空欄は天保２年「下作充高取附勘定帳」に記載がなく、茨田家の小作ではないことを示す。

どは一石余りであることから、豪農的編成によって乱に参加したのではないことは明白である（なお、茨田家と小作人との関係については、第五章で再度述べることとする）。

次いで、学問的編成という点から述べるならば、「中斎学」は村役人・豪農など上層農民を中心に浸透しており、さらに表2からは郡士を師と仰ぐような門弟が形成されつつあったことを窺い知れるが、門弟のいた門真四番村から乱に参加した者はおらず、末端に位置する門弟を乱の主体として編成するまでには至らなかった。

たしかに守口町の白井孝右衛門や尊延寺村の深尾才次郎のように、多くの小前を巻き込んだ豪農・村役人もいたが、大塩与党の多くは郡士同様、地域社会において豪農的編成・学問的編成を十分になしえなかったと思われ、この点に乱の限界があると言えよう。

今後の課題としては、本章で茨田郡士を取り上げたように、乱に参加した人々を多角的に考察することで、門人・参加者と大塩との関係をより明確にし、その上で乱の意義を評価していく必要がある。また、第三節で取り上げた「武士と士族のあいだ」という課題については、史料紹介に終わった感あり、今後、各地の事例を検討していくことで、研究の深化を図りたい。これらの点については、他日を期すことにしたい。

註

（1）代表的な研究として、「十八世紀の社会変動と身分的中間層」（『日本の近世　一〇』中央公論社、一九九三年）がある。
（2）旗本今井家は摂津国住吉郡北花田村・遠里小野村・大豆塚村で約一三〇〇石を領有し、陣屋を堺・宿院に置いた。
（3）関西学院大学図書館所蔵河内国茨田郡門真三番村野口家文書Ｃ五四・七（以下、野口家と略記）
（4）門真市立歴史資料館所蔵茨田家文書その他一（以下、茨田家と略記）
（5）「基礎法学研究室収集古文書（十四）」〔解説〕（『法と政治』四九巻四号、一九九八年）
（6）「大塩の乱と農民的基盤」（『近世都市住民の研究』清文堂出版、二〇〇三年。初出は一九七五年）
（7）「『兵』と『農』のあいだ」（『近世大坂地域の史的研究』清文堂出版、二〇〇五年。初出は一九九九年）
（8）膳所藩の河内領は錦部・石川・丹南の三郡二八カ村、六三一二石余であり、錦部郡古野村に河内役所を置いた。郷代官は郡奉行・地方役の配下に属し、下達上申を行なうなど農村の民政を担当した（『河内長野市史　第二巻』一九九八年、七六〜八四頁）。
（9）大塩与党の構成については、酒井一「大塩の乱と畿内村落」（青木美智男・山田忠雄編『講座日本近世史　六』有斐閣、一九八一年）に詳しい。
(10) 茨田家雑六六
(11) 文政八年七月「願書控日記」（前掲註3）
(12) 文政十二年正月「見聞雑用控」（前掲註4）
(13) 『御触書天保集成』五二七六
(14) 天保十一年七月六日「乍恐御伺奉申上候」（『寝屋川市史　第四巻』二〇〇〇年）
(15) 文久二年「戌歳勧化取計帳」（『寝屋川市史　第四巻』）
(16) 嘉永三年九月「摂河取締書」（『寝屋川市史　第四巻』）
(17) 長州藩の中間層に関する研究は枚挙に暇がないが、なかでも伊藤昭弘「萩藩における『御仕成』と中間層」（『九州史学』一三三号、二〇〇二年）は、苗字帯刀を与えることによって、藩権力が如何に中間層をコントロールしていこうとしたかを明らかにしており、郡士の帯刀を考える際に参考となった。
(18) 前掲註6
(19) 茨田家その他二三
(20) 茨田家雑八九
(21) 前掲註7
(22) 茨田家冠婚葬祭三九
(23) 前掲註6
(24) この仕法は、銀六匁を一株として三〇株取り集め、六月と十一月の年二回落札する仕組みであった。また、掛銀六匁が支払えない者に対しては、各人の経済状況に応じて、掛銀を一～五匁まで幅をもたせるなど優遇措置も講じられていた（文政十二年正月「見聞雑用控」）。
(25) 中村与次兵衛が慶安二年（一六四九）から始めた新田開発で、最終的に面積五四町九反余、村高五〇七石余にも上る市村新田をつくり出した。これにより、藩主から免租地が与えられるとともに、「統領」という地位が認められた。

詳しくは、『河内長野市史　第二巻』二一七〜二二七頁を参照。

(26) 河内長野市中村家文書一―五〇（以下、中村家と略記）

(27) 中村家一―八五

(28) 中村家一―五五

(29) 中村家一―四七

(30) 中央大学出版部、一九八一年

(31) 茨田家冠婚葬祭六六

(32) 前掲註6

(33) 第五章表4参照

第五章　大塩の乱後にみる家の再興と村落共同体

――門真三番村茨田家・高橋家をめぐって――

はじめに

大塩の乱は大坂市中のみならず、参加者を輩出した大坂近郊の村々にも大きな影響を与えた。主だった参加者は磔に処せられ、家自体は欠所になるという大変厳しい処罰が下されたが、村との関係で問題となるのは欠所地の扱いである。欠所とは重罪に付加される財産の没収刑であり、田畑・家屋敷・家財を収公するものであるが、実際には田畑・家屋敷・家財そのものが収公されたわけではなく、その売却代金が収公された。

では、土地そのものはどのように扱われたのであろうか。その手がかりを示してくれるのが、厳しい処分を受けたにもかかわらず、乱の数年後には再興を果たす家々の存在である。守口町の白井孝右衛門は大塩門人のなかでも重要な位置を占め、乱後には欠所処分を受けるが、所持地の半分は村預かりとなり、残る半分は難宗寺に寄進されたのち、同家に返却され、再興のための経済的基盤になったと言う(1)。

このような事例をうけて、本章では大きく次の二点に言及する。一つには、欠所処分となった家がどのように再興されていくのかを考察し、二つには、その過程で処分された土地がどのように扱われていくのかを考察する。とくに土地所持のあり方をめぐっては、欠所地が村外の者に売却される可能性が出てくるなかで、村の土地はどのような所有観念に基づいて保全されるのか、言い換えるなら、村の土地は個別百姓の所持が認められているのか、それとも共同体としての規制によって制限され、「村の土地は村のもの」といった観念が貫かれているのかどうか、という点を明らかにする。

こうした村落共同体による耕作地への関与については、渡辺尚志の研究がある。渡辺は、村が直接所持する入会地や村持地などとは異なり、「個々の農民が耕地の所持権を日常的には保持しつつ、他方で、場合によっては、村落共同体の意思で、個別農民の耕地所持権の制限、ひいては否定までが行われ」るような関与の仕方を「間接的共同所持」と名付けて、村による耕作地への関与の仕方を区別した。「間接的共同所持」は高請地売買や質入れ、請戻しといった共同体成員の生産と生活に関わる重要時において発現することから、「近世村落共同体は……従来考えられてきた以上に耕地に対しても強く関与していた」ことを明らかにした(2)。

また、神谷智も高請地の共同所持について触れるなかで、「高請地は必ずしも百姓個人のものとだけ意識されたわけではなく、反対に集団のものと意識される場合もあった。そして、その対象となる集団は必ずしもひとつではなく、多様な集団が重層的に関与していた」と述べ、共同所持の主体が村だけではないことを示唆した(3)。

両氏の指摘は近世の土地所持を考える上で非常に重要な指摘と考えるが、その立論のモチーフは関東近郊農村であり、商品経済の進展に伴って高請地の売買・質入れが著しい畿内近国については、あまり意識されていない。また、共同所持の具体像や神谷の言う「多様な集団」のあり様についても不明瞭であると考える。本章ではさきの問題点を考察していくなかで、これらの点についても適宜、触れていきたい。なお、分析する対象は河内国茨田郡門真三番村と、そこから乱に参加した茨田家・高橋家である。

第一節　乱直前における村の状況

茨田郡士や高橋九右衛門が居住した門真三番村は村高七五〇石、家数八〇軒、人口四〇〇人ほどの比較的大きな村である。支配関係は多くが幕領であったが、しばしば大坂城代の役知となった。村内は小路分と宇治分という地域に分かれており、名寄帳・宗門改帳は別々に作成され、村役人もそれぞれから一人ずつ出された。産土神は小路分が門真四番村の牛頭天王社、宇治分が門真二番村の天神社であったことから神事も別々に執り行なわれ、それぞれが独立した領域を形成していた(4)。

村は淀川左岸の平野部に位置することから、淀川の度重なる洪水被害を受ける「河州第一之水場」と言われるような地域であった。洪水の被害を記した天保七年（一八三六）九月の「申年無根附皆損小前帳」(5)によれば、村の約五四％に当たる反別四四町六反七畝二八歩、分米四五八石が皆損地として書き上げられている。天保期には度重なる天候不順や洪水によって村が疲弊していたことは十分に想像できる。

村の階層構成については村全体を知ることのできる史料がなく、判然としないが、村内小路分の様子を示した表1から村全体の様子を推測することができる。これによれば、高持層のうち上層農民が二〇〜三〇％、中層農民が五〇％を占め、五石以下の下層農民は三〇％から一一％へとその割合を減少させていく。一方で無高層の滞留が見られ、天保の飢饉を経た弘化五年（嘉永元年、一八四八）には村全体の六九％を占めている(6)。こうした無高層の状況は近隣諸村においても同様の傾向を示しており、門真一番下村で四〇％、門真二番村で六〇％、門真四番村で七〇％を占めるなど(7)、その割合の大きさが目につく。こうした無高層の広がりが天保期のような飢饉時には、村や地域の成り立ちを左右する要因となった。

表1　門真三番村小路分の階層構成

（単位：戸）

年次／持高	元禄2年（1689）		文政8年（1825）		天保3年（1832）	
60石以上		（%）	1	（%）	2	（%）
50～60石			2		1	
40～50石						
30～40石	3	18.5		25.0		33.3
20～30石	2		1		3	
10～20石	10	51.9	5	56.3	6	55.6
5～10石	4		4		4	
1～5石	5	29.6	3	18.7	2	11.1
1石未満	3					
高持の合計	27	100	16	100	18	100

註1　各年の「検地帳」「名寄帳」（茨田家文書）などより作成。
註2　いずれの年とも無高の数は不明。

このような状況のなかで、郡士や九右衛門を中心とする上層農民は難渋人に対し、様々な方法で扶助を行なっていく。天保の飢饉が本格化する天保三年（一八三二）十月には、水損によって困窮を極めている小前のために、庄屋大西茂右衛門、年寄野口五郎兵衛・茨田郡士が連名で米二〇俵の拝借を領主に嘆願し、結果、当初の予定より多い六〇俵の拝借に成功している。[8] 翌十一月には茨田・大西・野口に加え、岡田亀松・高橋九右衛門・和田善兵衛といった門真三番村の上層農民が連名で茨田郡下嶋頭村の大高持である植村新右衛門から三貫目を借りている。[9]

つづく天保四年十二月には、「近年米不作ニ付米直段殊之外高直ニ付、小前一同難渋ニ相成申候故、村方左之御名前之方々ゟ米持寄」[10]として、上層農民七名が施行を行なっている。彼らが持ち寄った米は岡田亀松の三石七斗五升を筆頭に、茨田・大西・野口がそれぞれ二石五斗、高橋・小寺伊右衛門・西嶋長右衛門がそれぞれ一石二斗五升、合計一五石が村内の難渋人五九名に配られた。また彼らは、村内の難渋人を対象とした「一體講」を組織した。この講では掛銀の支払いに支障のある者に対し、各自の負債額に応じて掛銀が減額されるなどの工夫がなされており、下層農民たちの百姓成立を補完することを目的とした。[11]

こうした動きは共同体としてのつながりを強める一方で、地主たちの経済力に影を落とす結果となった。次節以降、家の再興に関わって取り上げる茨田家や高橋家における質入れ状況について見ると、茨田家では文政十二年（一八二九）十二月に荒物屋治右衛門に反別一町余・分米一三石余を一〇貫目で、天保五年（一八三四）には交野郡私部村佐五郎に反別四町・分米四五石余を一九貫目で、守口町彦右衛門に反別一町余・分米一二石を一貫六〇六匁でそれぞれ質入れし、乱直前にはわずか四反余（分米三石余）の土地しか所持していない状況であった[12]。

高橋家についても同様で、文政十一年（一八二八）十二月に叔父である茨田郡大枝村平右衛門に反別九畝・分米一石余を一貫三〇匁で質入れしたのを皮切りに、十三年十二月には摂津国西成郡三番村ますに反別七反・分米一〇石を四貫目で、天保七年（一八三六）七月には門真三番村良造に反別二反余・分米三石五斗余を九六六・五匁でそれぞれ質入れし[13]、さらに門真四番村の馬場九兵衛から天保五年七月と七年七月の二度にわたり、それぞれ年利八％と一〇％で合計一貫八〇〇匁を借りている[14]。両家のこうした質入れは村の土地保全という点において、乱後の欠所地処分とも絡んで村にとって大きな問題となっていく。

こうした質入れはなにも茨田家・高橋家に限ったことではなかった。文政末年から天保初年における上層農民たちの質入れ状況を見てみると、西嶋長右衛門の二五石余を筆頭に、忠左衛門の一〇石、野口五郎兵衛の五石など[15]、その合計は茨田・高橋両家の質入れ分を除いても五六石にも上り、これらの土地の大部分が他村に居住する地主の所持になるという、村としては懸念すべき状況を生み出した。

では、なぜ上層農民たちはこうした質入れを繰り返さなくてはならなかったのであろうか。それは、単に自然災害とそれに伴う小前への対応と言うだけではなく、畿内に早くから浸透していた貨幣経済に巻き込まれた結果とも言える。守口宿の助郷村であった門真三番村にとって、助郷人足の代銀納は大きな負担となっていた。例えば、文政十二年（一八二九）三月の「去子年村方小入用帳」[16]によれば、門真三番村一年間の総支出九貫四〇二匁六分五厘のうち、最も多い支出は「守口人足入用」で三貫四五〇匁に上り、村内では持高一石当たり四匁五分五厘の高割とされたことから、大高持ほどその負担が大きくなった。

さらに注目すべきは、田畑の質入れと助郷人足代銀納の双方に関わって、守口町白井家の名が見えることである。とくに天保六・七年の二年間における白井家への質入れは一一石余を数え、質取主のなかで最も多い[17]。これは、天保五年（一八三四）の助郷免除嘆願に要した費用として村が借りた七貫目[18]や、六年十二月に「守口人足入用」として高橋九右衛門・大西茂右衛門が連名で借りた二貫目[19]と無関係ではなく、助郷人足代銀納に関わっての質入れであると考えられる[20]。

こうして見てくると、大塩門人としての白井孝右衛門―茨田郡士・高橋九右衛門という関係は、地域の金融センターとして存在する白井家と、助郷村の人足負担に苦慮する村役人・上層農民＝郡士・九右衛門という関係の上に形成されたものと言える。

以上、検討してきたように乱直前の村では、無高を含め八割に達する下層農民とそれを扶助しようとする上層農民の姿があった。しかし、天候不順や洪水といった災害に加え、助郷人足の代銀納など貨幣経済に巻き込まれていく上層農民においては、質入れ地の増加を招き、自家の経営もかなり厳しい状況にあったと言える[21]。

第二節　茨田・高橋両家の再興と村

1　乱後の経過

天保八年（一八三七）二月十九日に起こった乱には、門真三番村からも多くの参加者を出した。茨田郡士・高橋九右衛門のほか、乱の当日天満まで駆けつけた者が一五名おり、関係者は五〇名にも上った。四月七日には茨田・高橋両家の家財道具の取り調べが行なわれ、大坂町奉行所の手によって家財道具が封印された[22]。

翌九年八月には裁決が下り、郡士・九右衛門は磔と決まったが、両名はすでに獄中で死亡していたため、塩漬けにして保管されていた遺体が処罰を受けた。茨田家では郡士の妻のぶが手鎖三〇日の処罰を受け、高橋家では九右衛門の息子富三郎・栄作が遠島を申し付けられた。十一月には両家の所持地調べが行なわれ、村からは欠所上納金九四三匁四分五厘が谷町代官池田岩之丞に納められた[23]。

こうして一旦は村からその名が消えた両家であったが、乱から二年九カ月を経た天保十年十一月、家の再興に向けて本格的に動き出すことになる。村では、両家の所持地の大部分が他村の地主に質入れされていたことから、質地請戻しを第一の目的とした。谷町代官宛てに出された願書には「当村郡治・九右衛門所持之御田地欠所御売払ニ相成申候処、多分外村々江質物ニ差入有之候儀ニ御座候、若外村方江出作等ニ相成候而者歎ケ敷奉存候、当村百姓之内御田地不足之者共御座候ニ付、右両人質物代銀之儀者私共ゟ御上納仕度候間、乍恐何卒右御田地当村方へ買取方被為　仰附下度奉願上候[24]」とあり、各質取主に対して元金と利息とを両家に代わって村が支払うことで質地を請戻し、村の土地を他村の地主が所持しているという状況を是正しようとした。

村がこうした素早い行動を取った背景には、質取主たちの訴願があったからである[25]。質取主たちは乱に関わった者たちが質入れしていた土地の買請人を探すが、容易には見つからず、質取主自らの所有にして欲しいと願い出たのである。彼らの願いは勘定奉行深谷遠江守盛房の聞くところとなり、郡士・九右衛門に加え摂津国東成郡般若寺村橋本忠兵衛ら五名の質地調べが行なわれた。この結果をもとに質取主らは再度、谷町代官宛てに願書を認め、「右質入地所并建家等御払直段之儀何れ茂元銀より下直ニ候上者、右地所之御□□滞無之候ニ付、其儘夫々質取主江御渡被下[26]」と質地の下げ渡しを求めたのである。

村では質取主のこうした行動を受けて、村の土地を保全することが「百姓一統相続之基[27]」という考えのもと、質取主に質地請戻しを提案するのである。質取主も買い手がつかなかった土地を村が買い戻すことに好感触を示し、代官からの口添えもあって、両者の対談は順調に進み、村の主張通りに質地請戻しが実現することになった。

2　高橋家の再興

村による質地請戻しは高橋家の質地から始まった。天保十年（一八三九）十二月五日には摂津国西成郡三番村ます、同月十六日には大枝村平右衛門、門真三番村良造との間で話し合いがまとまり、三人には合計六貫余と四両が支払われた。さらに門真四番村馬場九兵衛からの借金も十一年の正月にかけて返済された[28]。その後、高橋家は政吉を跡目に据えることで十二年二月に百姓株入りを果たした[29]。

では、同家再興に要した資金はどこから出銀されたのであろうか。それを示唆しているのが、庄屋大西茂右衛門によって記された「村方田地請渡代銀差引帳[30]」である。これには天保八年から十年までの金銭出入がまとめて記されており、それを表にしたものが表2である。これによれば、高橋家には文政末年から天保初年にかけての借金が元利あわせて七貫三六六匁あり、これに諸入用を加えて二〇貫余の負債が計上されている。これに対し、収入にあたる部分は作徳米と頼母子講落札銀など五貫余であり、これで借金の元利やこれまでに要した諸経費を賄うことは到底不可能であった。

そこで、残りの負債を返済するのに大きな役割を果たしたのが、村＝村役人・上層農民であった。負債の返済に際し、親類である大枝村平右衛門と南十番村嘉右衛門は、二人で一貫七〇〇匁しか出銀しなかったのに対し、庄屋である大西茂右衛門をはじめ、年寄小寺伊右衛門・和田善兵衛がそれぞれ三貫目を超える額を出銀し、村からは合計一三貫五三〇匁にも上る支援を行なった。

さらに興味深いことは、再興した高橋家の経営はその後も庄屋大西茂右衛門の監督下に置かれたのである。茂右衛門が記した天保十一年から十三年までと、弘化三年（一八四六）から嘉永四年（一八五一）までの金銭出入をま

表2　高橋家の負債とその返済

支出	
内　訳	金額(匁)
諸入用	8838.38
伝右衛門へ借用銀返済	4000
同人　利息銀	272
平右衛門へ借用銀返済	1030
同人　利息銀	30
良造へ借用銀返済	966.5
同人　利息銀	251
欠所売払地代金	1473
諸賄入用	2859.31
伊右衛門連印分　九兵衛へ返済	212.2
友吉連印分　九兵衛へ返済	605
合　計	20537.39

註　「村方田地請渡代銀差引帳」(大西家203)より作成。

収入		
	内　訳	金額(匁)
高橋家の収入	天保8年　田地作徳	1520.4
	天保9年　田地作徳	1968.05
	天保10年　田地作徳	739.48
	吉右衛門より貸銀返済	1000
	頼母子銀落札	671.5
	小　計	5899.43
村・親類からの地代銀	野口五郎兵衛	242
	大西茂右衛門	3170.72
	和田善兵衛	3036.07
	小寺伊右衛門	3301.72
	友吉	803.46
	吉右衛門	223.84
	平兵衛	331.5
	道徳寺・信行寺	1492.5
	村分	550.66
	又吉	376.6
	平右衛門・嘉右衛門(親類)	1700
	小　計	15229.07
合　計		21128.5

とめた「政吉田地宛米諸事勘定帳」[31]からは、経営の内実がわかる。それによれば、同家の経営は作徳米収入と貸付銀による利息から成り立っており、再興当初は作徳米収入・貸付銀による利息収入ともに安定的で毎年四〇～五〇匁の利益を出していたが、嘉永期に入ると「諸事扣方」という家事に関わる出費が多くなり、時には二貫目にも及ぶ赤字を出すようになっていく。

高橋家にあって茂右衛門は貸付銀の利息管理に従事していたが、当然、経営全般を統括していたようで、毎年末には当主政吉と親類である平右衛門・嘉右衛門に対し一年間の経営報告を行ない、「右之通去　年分小作宛米勘定其外上納銀相預り書面通差引致、過銀相渡相違無之候」として、余剰金を彼らに渡している。[32]一方、赤字の年には「不足銀当分相置申候」として、親類から補塡するのではなく、次年度分で相殺するようにしていたことが窺える。こうした報告を受けた親類両名からは、「前書去　年分勘定委細御聞セ被下致承知候、尤差引残銀請取申候」と記された受領書が送られた(33)。

高橋家は宛米高二二石余を誇る地主として新たなスタートを切ったが、同家の再興は村＝村役人・上層農民からの多額の資金援助と庄屋による経営管理を伴ったものであった。村としては高橋家がただ単に、家名だけを再興するというような「名」だけの再興ではなく、再度村政の中核を担うような家として再興されることが望まれた。だからこそ、村による多額の支援や庄屋による経営管理が行なわれたと考えられ、他村に居住する親類よりむしろ同じ村に居住する者たちが主導的役割を果たした点に、村落共同体としての結びつきの強さを見ることができる。

3　茨田家の再興

茨田家の再興は高橋家の再興から一〇日ほどを経て着手された。村では天保十年（一八三九）十二月十八日に最大の質取主であった私部村佐五郎から二〇貫四二五匁で茨田家の質地を請戻し、翌十一年正月には村から茨田家に二七石分の土地が譲り渡された(34)。

茨田家も高橋家と同様、再興に要した費用が「郡治乱妨掛諸入用闕所田地売払勘定帳(35)」からわかる。それには天保初年からの借金と天保八年から十一年までの諸入用・家内賄入用といった負債が記され、それをどのように返済したかが示されている。この「勘定帳」をまとめた表3によれば、四〇貫三六匁にも上る負債の返済は、天保八年から十一年まで三年間の作徳米代金一一貫八四〇匁余が充てられたが、当然それでは賄いきれず、村へ三二石分の土地を売却することで補塡している。

同家の再興について触れた乾宏巳によれば、質地請戻しに要した費用のうち二貫二九三匁は、郡士の妹の嫁ぎ先である茨田郡平池村の豪農平池与兵衛から出銀されたという(36)。また、平池家には郡士の兄で摂津国嶋下郡別府村の庄屋であった堤八作から与兵衛に宛てた書状が残されており、それには北河内に点在する親類（多くが豪農であ

昭和40年代の茨田邸　門真市立歴史資料館提供

表3　茨田家の負債とその返済

支出		収入	
内訳	金額(匁)	内訳	金額(匁)
諸入用	7838.38	天保8年　田地作徳	4164.92
佐五郎へ借用銀返済	19000	天保9年　田地作徳	4701.9
同人　利息銀	1425	天保10年　田地作徳	2973.37
欠所売払地代金	236.1	小　計	11840.19
守口頼母子・質物欠所地代銀	1606.9	田畑売却(32.499石分)	28023.16
頼母子掛銀(天保9～15年分)	2450	大西茂右衛門替地代	341.16
家内賄入用(天保8～10年分)	7479.83	小　計	28364.32
合　計	40036.21	合　計	40204.51

註　天保11年「郡治乱妨掛諸入用闕所田地売払勘定帳」(茨田家経営40)より作成。

る）が集まって茨田家の再興を話し合うことが記されていることから、(37)裕福な親類によって再興の筋道が付けられたことは間違いない。しかし、当然それだけでは再興はなしえなかった。断片的な史料からではあるが、庄屋野口五郎兵衛が茨田家の所持地（一二石分）を一二貫八〇〇匁で買い取っており、ここでも家の再興に関与する庄屋の姿を見ることができる。(38)

こうして再興へと動き出した茨田家であったが、同家は高橋家のようにスムーズに百姓株入りを果たすことはできなかった。詳しい事情は判然としないが、野口五郎兵衛をはじめとする村役人に宛てた詫び状(39)からは、村から同家に譲り渡された土地や家の再興のあり方そのものをめぐって、村役人と家を継いだ徳五郎（郡士の甥にあたり、姉の嫁ぎ先である交野郡星田村和久田家の次男）・親類の間で争論があったことを窺わせる。この詫び状には徳五郎・堤八作・平池与兵衛・和久田庄九郎が揃って名を連ね、「郡治実母及老年、女房・子供とも御見継之御取計と不相弁、不存寄儀と申立候段今更何共可申述様無之、一同咜《詫》入申候、右ハ全相続御引立其外御勘弁之御取計筋親類共ニおゐて聊亡却不仕候」(40)と申し開きをしていることから、門真三番村近隣に点在する豪農ネットワークによって茨田家再興を図ろうとする親類の思惑と、村の方針とに齟齬が生じていたことが推測できる。しかし、最終的には親類一同で詫び状を入れていることから、家の成り立ちは村によって大きく規定されることをこの事例は如実に物語っている。

その後、茨田家は乱から十年を経た弘化四年（一八四七）六月五日に百姓株入りを果たし、さらに十年後の安政四年（一八五七）十月には、それまで村預けになっていた「六人株」とそれに伴う田地を返還され、同家は名実ともに再興を果たすことになった。(41)この間に同家は質地を集積するなど順調に経営規模を拡大し、手作地二七石・小作地四六石、小作人二七人を数えるまでに回復した。

こうして経営を回復した茨田家にとって、小作人のあり様は重要である。そこで同家の小作人について、乱の前

表４　茨田家小作人の宛米高

（単位：石）

村	小作人名	天保２年（1831）	９年（1838）	11年（1840）
門真三番村　小路分	喜右衛門	0.2	2.125	2.125
	吉右衛門	0.05	0.05	1.06
	孫右衛門	1.75	1.75	1.75
	武右衛門	3.6	7.125	3.625
	弥右衛門	3.85	3.85	2.25
	清八	6.74	5.68	4.58
	六助	3.76	3.76	3.76
	喜助	10.62		5.93
	宇右衛門	0.6	0.6	
	長兵衛	0.04	0.04	
	藤七	1.05	1.05	
	善四郎	1.95	0.65	
	伊兵衛	0.55		
	徳兵衛	3.05		
	栄蔵		0.75	
	文左衛門		2.35	
	庄五郎		0.1	
	惣助		0.02	
	喜左衛門		1.7	
	幸助		4.19	5.19
	又左衛門		1.25	1.25
	定七		1.3	
門真三番村　宇治分	吉左衛門	0.8	0.8	
	惣八	1.2		
	仁兵衛		1	
	文七		1.2	
	清八	0.73		
	甚助	1.1		
	清八 甚助			0.73
	友右衛門 半右衛門	1		
	磯七	7.65		
	庄三郎	1.3		
	半右衛門	2.4		
	伝七		1.83	
	茂八			6.5
門真一番村	利助	0.55		
	重右衛門	1.65		
	喜兵衛			2
	仁助			0.55
門真二番村	藤右衛門	1.2		
	新吉	1.55		
	吉兵衛	1		
	新七	1.2	3.7	2.4
	新助	0.45		0.45
門真四番村	惣十郎	3.03		
	文七			1.45
	宇兵衛	0.65		
	幸八	0.63		
	弥兵衛	0.8		
	作次郎	3.15		
	次兵衛	6.8		
	長兵衛	1.125		
	権次郎	1.9		
	半兵衛			5.15
稗嶋村	嘉右衛門	3.25		
	久七	5.26		
	五助	1.973		
	新左衛門	2.08		
桑才村	小兵衛	0.4		
	作兵衛	0.9		2.35
	善兵衛	1.15		
	半右衛門	1.15		
	九兵衛	0.8		
	左兵衛	0.4		
	伊右衛門	3.3		
	忠兵衛	2.52		
	徳兵衛	1.06		
	音右衛門	1.2		
橋波村	藤八	3.9		
下村	弥助			1.05
	九兵衛			2.3
居住地不明	庄次郎	2.08		
	太兵衛	2.3		
宛米合計		113.398	46.87	56.45

註１　各年の「下作宛米帳」より作成。
註２　空欄は記載の無いことを示す。

後でどのような変化があるのかを表4から見ておこう。この表は乱前の天保二年（一八三一）、欠所中の九年、そして再興の足がかりとなる土地を村から譲渡された十一年、各年の「下作宛米勘定帳」[42]から小作人の名前と宛米高を示したものであり、以下の点が指摘できる。

一つは乱の前後を通じて茨田家の小作人であり続ける者がいることである。彼らは村内小路分に居住する者たちであり、同家の小作人のなかでも宛米高の比較的大きい層である。なかには清八のように乱に参加し、処罰された者も含まれる[43]ことから、同家と特定の小作人との間に強固な関係を見ることができ、地主によって乱へと動員される小作人の性格を考える上でこうした関係は興味深い。

次に天保十一年の欄に注目すると、従来から関係を維持してきた特定の小作人に加え、所持地の拡大に伴って新たな小作人を見出すことができる。しかも新たな小作人はすべて村外の者である[44]。これはかつて同家が所持していた村内小路分の土地が、庄屋野口五郎兵衛をはじめとする村内の上層農民に買い取られた結果、小作地はおのずと村外へと広がるしかなかったことを示している。

以上、茨田・高橋両家の再興過程およびその後の経営について考察してきたが、一連の動きのなかで村＝村役人・上層農民の果たした役割は非常に大きいと言わざるを得ない。実質的な金銭の負担はもちろんのこと、代官・質取主との交渉から再興後の経営管理までも担っていたことが明らかとなった。

確かに土地の質入れは百姓個々人の契約ではあるが、今回の事例のように質地請戻しに際して村がその交渉に当たるという行動の背景には、渡辺尚志が指摘するように[45]他村への土地流出は村全体としての危機であり、村の土地を村のものとしておくためには、村が主体的に請戻しを行なわなくてはならなかったことを物語っている。そのことは、さきの願書に示された「外村方江出作等ニ相成候而者歎ケ敷奉存候[46]」という文言に端的に表れている。さらに、かつて持高六〇石を誇り、村役人を務めたこともある茨田家や、村役人に次ぐような家格に位置する高橋家が村から消滅してしまうことは、村にとっては領主から賦課される様々な負担や地域社会への柔軟な対応を十分に果たせなくなることを意味し、村としての「自立」「自助」といった機能を低下させることにもつながった。野口・大西両庄屋家を中心とした上層農民にとって茨田・高橋両家の再興は、村落共同体としての枠組みを堅持するためにも解決しなければならない課題であったと言える。

第三節　惣作地の創出と共同所持

茨田・高橋両家の欠所は、百姓個々人の土地所持をはじめ、村に大きな変化をもたらした。その一つは、上層農民によって欠所地が買い取られた結果、彼らに土地が集中することになり、地主制がより一層進展した。野口家の場合、茨田家の欠所地を買い取ることで、天保初年までは二町ほどであった手作地を天保十一年（一八四〇）には二町八反二畝にまで増やし、持高も五〇石程度から七五石余にまで伸ばした(47)。

二つには、買い手のつかなかった土地が「惣作地」として共同所持されることになった。両家の欠所地は村内に散在していたことから、惣作地を創出するにあたっては、耕作の利便を図るため、欠所地と百姓個々人の所持地とを交換する形で一円的な領域が形成された。上層農民がこの「譲替」に要した代銀は、野口五郎兵衛が最も多く一貫三一六匁、ついで西嶋長右衛門が一貫一七四匁、小寺伊右衛門が六八七匁、大西茂右衛門が三〇四匁と続き、村の上層農民四人で三貫四八一匁を費やしている(48)。

ではここで、茨田家が欠所になるに伴って村内小路分に新たに創出された惣作地を具体的に考察していこう。まず、小路分惣作地を空間的に把握するために図示したものが、図1・2である。図1は惣作地付近の様子を復元し

図1　小路分惣作地とその周辺

註　現況および天保11年2月「小路惣作田地略図并明細」(野口家文書C123・9)、各種地図などより作成。

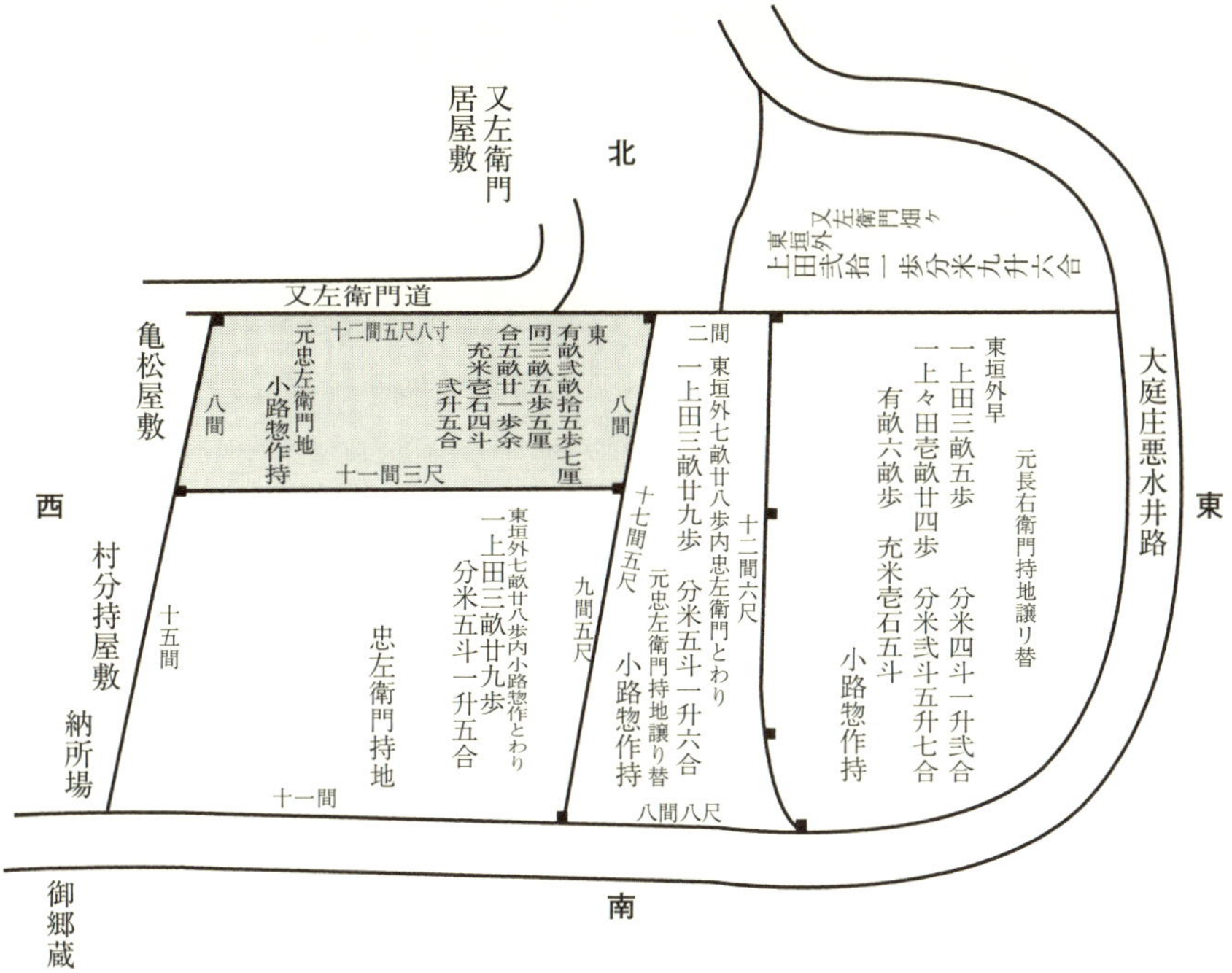

図2　小路分惣作地の詳細

註　天保11年2月「小路惣作田地略図并明細」（野口家文書C123・9）より作成。

たものであるが、それを見れば、すぐ南側には水路を隔てて郷蔵が、西側には村の檀那寺である則念寺と納所場がある。さらに北側には黄梅寺・茨田家、南側には産土神である牛頭天王社・庄屋野口家などが存在し、小路分のなかでも中心をなす地域にこの惣作地がつくられたことがわかる。このような場所に惣作地が設けられたのは、単に耕作の利便性というのみでなく、村内小路分における共同所持を視覚的にも印象付ける意図があったものと思われる。さらに図2からは惣作地の形状・面積・石高が判明し、この惣作地が用水の便のよい、田位の高い土地に設定されていたことがわかる。

惣作地は「東垣内」という小字一帯に設定されたが、ここはもともと忠左衛門が「小路惣作」に質入れしたものであり（図2の網掛け部分）、そこに惣作地をまとめるため、忠左衛門・西嶋長右衛門の所持地が「譲替」の対象となった。両人の所持地は茨田家の欠所地と交換されたが、等価交換とはならなかったため、「小路惣作」から不足分の代金が支払われた(49)。

この「小路惣作」とは惣作地の共同所持者であり、野口・西嶋・岡田といった上層農民をはじめ、村内小路分の高持百姓一三名で構成されている。彼らの持高は岡田亀松の一一八石を筆頭に西嶋長右衛門の五六石から喜右衛門の八石まで差はあるものの、村内においては由緒のある高持であり、さらには百姓株も所持していた(50)。当時の小路分にはさきの一三名のほかに、高持百姓として尼崎屋作右衛門（持高七石三斗）・喜左衛門（同六石）・弥右衛門（同二石）・しな（同一石四升）の四人がいたが、彼らは百姓株を所持しておらず(51)、「小路惣作」には属していなかった。そのことから、「小路分惣作地」と呼ばれるものの、実際は小路分に居住する百姓すべてが関与する耕作地ではなく、村（小路分）内の株持百姓による共同耕作地であった。

門真地域ではこうした村による共同所持地に加え、村の内外に広がる諸集団による共同所持地が存在する。例えば、門真庄全体に広がる「門真六人衆(52)」や門真三番村小路分に存在する「小路四家衆(53)」などであり、これらは百姓株の所持とそれに伴う高請地の共同所持という点で共通している。こうした村とは異なる集団による共同所持のあり方は、北河内の低湿地帯にあって淀川の洪水をはじめとする様々な災害に遭遇するなかで、共同で家の成り立ちを支え、没落の危険性を互いに回避し、百姓相互の成り立ちを補完するためのシステムとして百姓自らが考え出したものと言える。さらに、村とは異なる集団が重層的かつ複合的に存在するということ（図3-Ⅰ・Ⅱ）は、こうした集団を構成する家々のみならず、地域社会にとっても没落の危険性を回避するためのセーフティーネットが幾重にも張り巡らされていることを意味している。

当該地域では無高・下層農民が多いにもかかわらず、村々の人口に大きな変動はなく、農地の荒廃化も見られない。また、上層農民である野口家や大西家は自家の経営を危うくすることなく茨田・高橋両家の再興に多額の資金

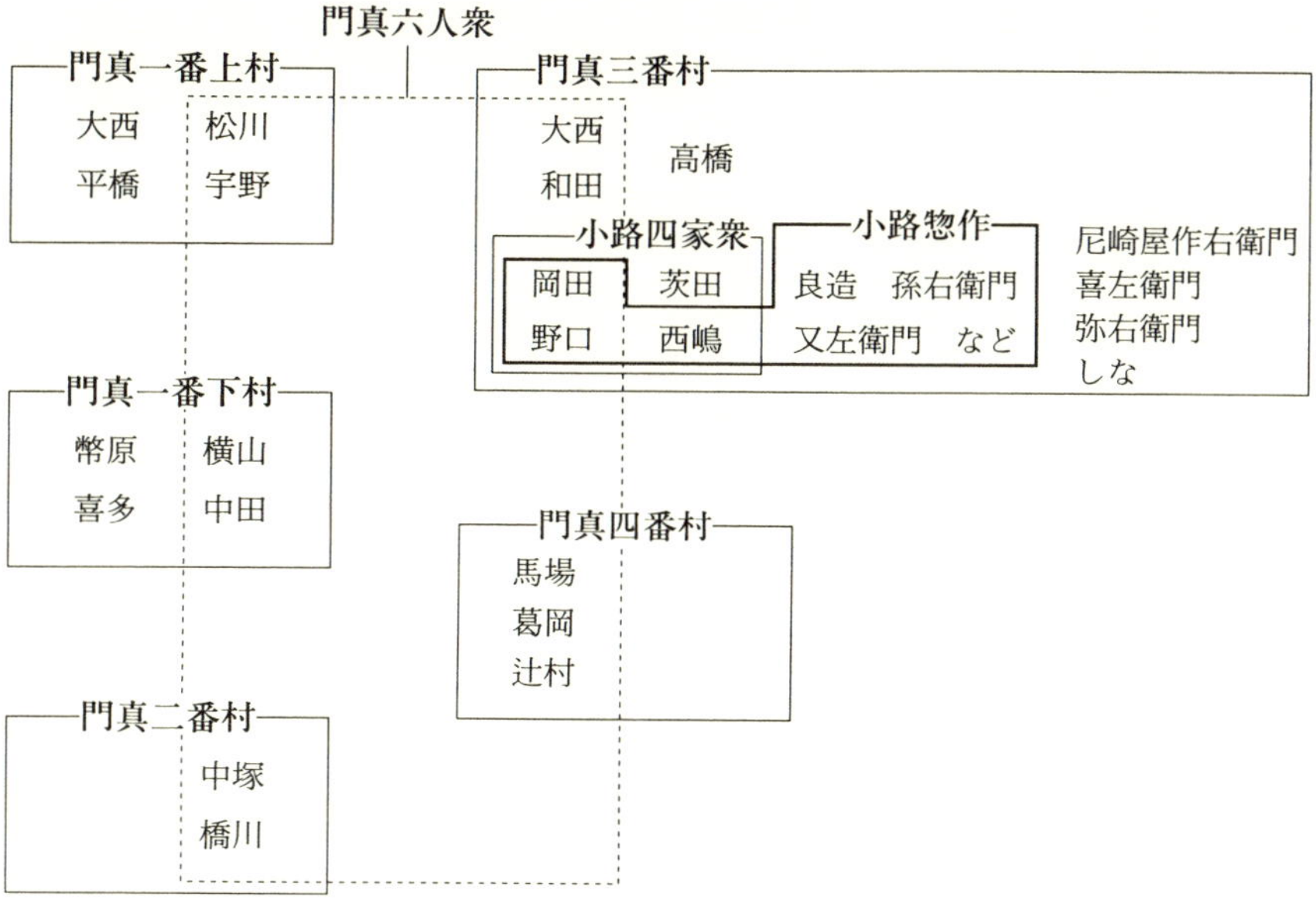

図 3－Ⅰ　門真地域に見られる諸集団

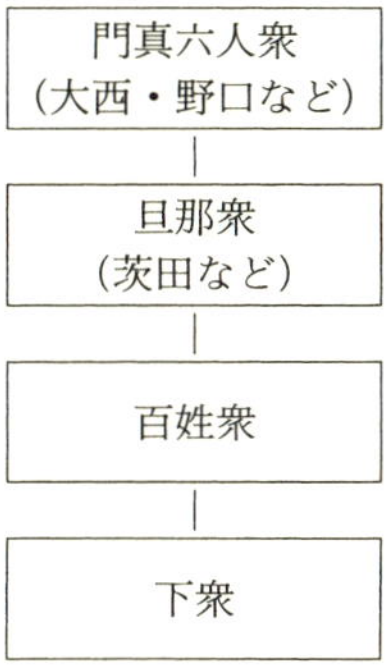

図 3－Ⅱ　門真地域の階層構成

を拠出している。こうした状況は、没落の危険性を回避するためのシステムが地域社会内において構築されており、そうしたシステムを背景に、第一節で見た上層農民七名による施行や「一體講」の運営がおこなわれていたと考えられる。

おわりに

以上、大塩の乱後に再興される家と村落共同体の関わりについて考察してきた。ここでは各節で明らかとなった論点について、再度整理しておきたい。

まず家の再興に関しては、茨田・高橋両家の親類のみならず、村＝村役人・上層農民の積極的な関与が認められた。村が主体的に質地請戻しをおこなう理由として、一つには村内で土地に不自由している小前がおり、これらに欠所地を分け与えることで小前の経営基盤を整えること、二つには村外の地主が村の土地を所持することへの危惧があった。これらはともに、村落共同体を維持していく上で、その基盤となるべき村の土地を流動化させないという、土地保全の意識と深く関わっている。

次いで高請地の共同所持をめぐっては、大塩の乱後という特殊な場合からの考察ではあったが、欠所地の処分や家の再興、惣作地の創出が村の手で積極的に行なわれていく過程においては、百姓の個別所持（上層農民による欠所地買い取り）と村の共同所持（惣作地の創出）との共存が意識された。(54)

当該地域では村の共同所持が見られる一方、「門真六人衆」「小路四家衆」といった多様な集団による土地所持も見られ、個別百姓・村・集団の三者による土地所持が併存していた。近世後期においては諸集団による共同所持は衰退し、個別百姓の所持が進展すると考えられるが、諸集団による共同所持は個別百姓の所持に取って代わられる訳ではなく、地域社会の変容に伴って、自ずとその所持のあり方・内容を変化させながら存続していくことになる。そのことを踏まえたとき、当該地域に見られた門閥家による耕作地の共同所持は、特権的な土地所持(55)ではなく、百姓相互の成り立ちを支えるための土地所持、あるいは地域社会の成り立ちを補完するための土地所持として捉えることも可能ではないだろうか。

しかし、このような共同所持のあり方と村・地域社会の成り立ちとの関連については未だ推測の域を出ない。今後さらに、前記諸集団とそれに属さない一般小前層との関係を分析することで、村落共同体や諸集団による耕作地への関与のあり方を明らかにしていきたいと考えている。

註

(1)「洗心洞通信(5)」(『大塩研究』五号、一九七八年)
(2) 渡辺尚志「土地と村落共同体」(『近世の豪農と村落共同体』東京大学出版会、一九九四年。初出は一九八七年)
(3) 神谷智「近世百姓の高請地所持について」(『近世における百姓の土地所有—中世から近代への展開』校倉書房、二〇〇〇年。初出は一九八七年)
(4)『門真町史』(一九六二年)二五三〜二七〇頁
(5) 門真市大西昇家文書二〇五(以下、大西家と略記)
(6) 弘化五年三月「村鑑明細帳」(『門真町史』)
(7)『門真市史　第四巻』(二〇〇〇年)三四五〜三五〇頁(常松執筆部分)
(8) 天保二年二月「掛川御役所願書控」(関西学院大学図書館所蔵河内国茨田郡門真三番村野口家文書C五四・八。以下、野口家と略記)
(9) 天保三年九月「願書証文奥印控」(大西家一六一)
(10)「三番村宇治小路小前救米差引覚帳」(大西家一七七)
(11) 文政十二年正月「見聞雑用控」(門真市立歴史資料館所蔵茨田家文書その他一。以下、茨田家と略記)
(12) 文政十二年十二月「質物ニ差入申田地家屋鋪証文之事」(茨田家借用関係五〇)、天保五年十一月「田畑屋敷并建家質物証文之事」(茨田家経営二九)
(13) 各年の「質物ニ差入申田地証文之事」(野口家C一二三・二—二〜五)
(14) 各年の「預り申銀子証文之事」(野口家C一二三・二—一—二〜三)
(15) 天保三年「新検地小路分名寄」(茨田家村方土地一二)
(16) 大西家一六二
(17) 前掲註15
(18) 天保六年四月「助郷休役願諸入用割賦帳」(『守口市文化財調査報告書　第四冊』守口市教育委員会、一九八六年)

(19)「預り申銀子証文之事」(大西家三二二)
(20) この守口宿助郷一件と北河内農村・大塩与党の動きを関連付けて考察した研究として、酒井一「大塩与党をめぐる村落状況」(朝尾直弘教授退官記念会編『日本社会の史的構造近世・近代』思文閣出版、一九九五年)がある。
(21) 例として茨田家を見てみると、小作米販売によって六~九貫目の収入があるにもかかわらず、兄である堤八作への多額の融資など借金が累積しており、天保六年(一八三五)には二〇貫目にも上る赤字を出している(乾宏巳「大塩の乱と農民的基盤」(『近世都市住民の研究』清文堂出版、二〇〇三年。初出は一九七五年))。
(22)「大坂元御組与力大塩平八郎市中乱妨当村郡次九右衛門掛り一件手続書留」(『門真市史資料集』一号、一九八四年)
(23)(天保九年)戌十一月「覚」(野口家C一二三・三—三)
(24) 天保十年十二月「郡治九右衛門欠所田地村方へ買請願并質取人銀子取渡請書扣」(野口家C一二三・一八)
(25) 天保十一年十一月「差上申一札之事」(野口家C一二三・一二)
(26) 前掲註25
(27) 前掲註24
(28) 前掲註24。請戻しにあたって元銀は全額返済されたが、作徳米銀は約半額が用捨引された。
(29) 天保十二年「村方明細定法記」(林紀昭「江戸時代門真三番村の概況—関学所蔵門真三番村文書の基礎的研究(1)—」『法と政治』四八巻一号、関西学院大学法政学会、一九九七年)
(30) 大西家二〇三
(31) 大西家二〇九・二一〇
(32) 前掲註31
(33) 前掲註31
(34) 前掲註24、天保十一年正月「譲渡田地証文之事」(茨田家借用関係五九)
(35) 茨田家経営四〇
(36) 乾宏巳「大塩の乱と農民的基盤」(『近世都市住民の研究』清文堂出版、二〇〇三年。初出は一九七五年)

(37) 乾宏巳「大塩の乱と淀川左岸地域」(『市史紀要』五号、寝屋川市教育委員会、一九九三年)

(38) 天保十一年正月「郡治九右衛門欠所御払田地譲替代銀小前帳」(野口家C一二三・八)。なお、天保期後半になると野口五郎兵衛・大西茂右衛門の両名が庄屋を務めるようになる。

(39) 天保十一年二月「御詫一札之事」(野口家C一二三・一—四)。なお、これに関わって茨田家親類一同が訴訟を取り下げる旨の願書(天保十一年二月「乍恐願下ケ御断奉申上候」茨田家雑一九)を代官所に出していることから、茨田家親類が村役人らを相手取って訴訟を起こしていたことがわかる。

(40) 天保十一年二月「御詫一札之事」(野口家C一二三・一—四)

(41) 前掲註29、安政四年十月「六人株披露入用扣」(茨田家冠婚葬祭五七)

(42) 天保二年正月「下作充高取附勘定帳」(茨田家小作関係四)、天保九年十二月「郡次田地宛作勘定帳」(野口家C一二二・一五)、天保十一年極月「下作宛米帳」(茨田家小作関係一〇)

(43) 清八への処分は軽いもので、二月二十一日に入牢、三月十二日に村預け・「他参留」となるが、十六日にはそれも許されている。

(44) 乾は乱後における茨田家の経営について触れるなかで、「欠所以前からの小作人もほとんど受け継がれており」(前掲註36)と述べるが、その指摘は宛米高の比較的多い小作人にしか当てはまらない。当該地域において特徴的に見られる、散りがかり的な地主小作関係を考えれば、新規の小作人が多くなることは当然と言えよう。

(45) 前掲註2

(46) 前掲註24

(47) 文化十一年八月「歳々手作方取入覚帳」(野口家C一七六・一〇)

(48) 天保十一年正月「郡治九右衛門欠所御払田地譲替代銀小前帳」(野口家C一二三・八)

(49) 天保十一年二月「高反別有畝宛米帳」(野口家C一二三・一〇)、天保十一年二月「田地買取代銀割賦帳」(野口家C一二三・一一)

(50) 天保十一年二月「田地買取代銀割賦帳」(野口家C一二三・一一)、前掲註15・29

(51) 前掲註15・29

(52) 成立時期やその契機については不明であるが、天保十二年「村方明細定法記」（前掲註29）には「六人株」について触れた箇所があり、明和から嘉永に至る株所持の変遷が記されている。そこに挙げられた家々は、門真二番村の中塚・治郎右衛門、門真三番村の岡田・野口・大西・茨田・高橋、門真四番村の葛岡・馬場の計九家である（大塩の乱に際し、茨田・高橋両家が所持していた株は田畑・家財とともに村方へ買い取られたが、両家はのちに再度株入りを果たしている）。株入りには株の代銀に替えて田地が差し出される場合もあったようで、そうした土地は共同所持地である「門真役株仲間地」に組み込まれた。なお、『門真町史』二〇二～二〇三頁においては、門真一番上村の松川・宇野、門真一番下村の横山・中田、門真二番村の中塚・橋川、門真三番村の和田・大西・岡田・野口、門真四番村の馬場・葛岡・辻村の計一三家がその構成家として挙がっている。

(53) 門真三番村小路分に居住する茨田・野口・西嶋・岡田の四家によって構成され、天保三年「新検地小路分名寄」（前掲註15）には「四人持」として反別一町九反二三歩、分米二三石七斗四合が書き上げられている。

(54) 神谷は「百姓高請地所持意識が成立し、その一方で種々の集団の『共同所持』が徐々に衰退していく中で、百姓の高請地所持を支えるものとして村の『共同所持』の重要性が逆に増していき、一面では強化されたともいえるかもしれない。その意味で、百姓の高請地所持と村の『共同所持』は相互に依存・共存していたといえるかもしれない」と述べており（前掲註3）、この指摘は本稿の検討結果とも関わって、近世後期における村と個別百姓・諸集団による土地所持のあり方を示唆していて興味深い。

(55) 古島敏雄は『近世日本農業の展開』（東京大学出版会、一九六三年）三〇七～三一〇頁において、北河内地域に門閥層の強固な地主支配が貫徹されていたことを説くが、実際は表4に見るように当該地域の地主小作関係は脆弱であったと言える。

終　章

第一節　本書のまとめ

以上、序章で示した筋道に従って近世後期から明治初期における豪農のあり様を、各章において明らかにしてきた。筆者の研究視角は、豪農経営を分析し、それを豪農の政治的行動と結び付けて考えることで、豪農の存在意義を明らかにするものであるが、近年の研究動向から言えば、豪農研究における「政治と経済の総合化[1]」という課題に対し、筆者なりの見解を示したつもりである。以下、各章の論旨を再度まとめておこう。

1　各章のまとめ

第一部は篠山藩領である丹波国多紀郡大山宮村（現在、兵庫県篠山市）に所在する豪農園田家を取り上げ、主に豪農と地域社会とのかかわりについて考察した。

第一章は第一部各章の前提となる部分である。ここでは、近世後期における豪農経営の成長過程を明らかにするとともに、豪農の政治的行動や意識を地域社会とのかかわりのなかから、明らかにした。なかでも、大山宮村における階層構成の時期的変化を追うと共に、持高と耕作地との関係を見ることで豪農と下層農民とが如何に形成されていくかを考察した。加えて、豪農経営のあり方と豪農が地域において示した具体的行動の事例を挙げ、その行動は如何なる意識のもと表れたのか、領主や地域社会の動向を踏まえつつ、明らかにした。

第二章は近世後期における藩政改革と豪農とのかかわり、とくに国益策の展開を献策者である豪農を通して見ていくことで、藩政改革と豪農・地域社会のあり様を明らかにした。篠山藩では文政期、国益策の具申を領民に求め、それに応じていくつかの献策が見られたが、なかでも園田庄十左衛門・七郎左衛門兄弟による献策は篠山藩国益策の基調となった。その献策のなかから、柿の国産専売・縮緬生産・陶磁器生産の具体的展開を考察し、それを推進していく豪農の姿を明らかにした。

第三章では、第二章で見た国益策のなかから陶磁器生産について、藩領を越えて広がる、陶磁器生産を仲立ちとした地域社会のあり様と、その地域社会を編成していく主体について考察した。具体的には摂津と丹波の国境をなす篠山藩領立杭村（立杭焼を生産）を中心に考察したが、立杭焼陶土は隣藩・三田藩領から採掘しなければならず、また反対に、三田藩の三田青磁の原材料は篠山藩領で採掘されていた。こうした複雑な関係のなかで成立し、陶磁器生産によって取り結ばれた地域社会と豪農、領主が如何にかかわっていくのかを明らかにした。

第四章では、第二・三章で見た国益策と不可分と考えられる荒地開発・新田開発について考察した。近世後期の地域社会において様々な契機により成立する新田、なかでも農村復興策や国益策の一環として開発された新田を「荒地開墾型新田」と規定し、この新田の成立過程を見ることで、新田村と古村との関係や開発主体としての藩・豪農と新田村との関係、また新田村を含む地域社会内の対立・融和関係を、それぞれ明らかにした。

第五章では豪農の蔵書・写本・日記からその内容や情報の入手ルートを検討し、豪農の情報収集のあり方を分析した上で、それがどのような意識のもと収集され、利用されるのかを考察した。また、豪農をはじめとする農民のなかに、情報を共有するような「情報社会」が形成されており、情報を有効に利用することで、領主権力に対抗するような場合も見られた。

第六章では、園田家七代目当主である園田多祐と彼を取り巻く人々を取り上げ、彼らが近世・近代を通じて追求した「国益」について、その内容を明らかにするとともに、近世・近代移行期における地域社会の特色について考察した。近世に見られた国益策が藩領国内での地域循環型のものであったのに対し、近代に入ると大阪や神戸との物流を盛んにすることで成り立つ、利益導入型の国益策へと変化した。しかし、いずれの場合であっても地域の成り立ちや、下層民への援助を惜しまない園田多祐の姿勢は一貫しており、彼の地方名望家としての姿を明らかにした。

第一部では丹波の豪農園田家を通じて、主に豪農と地域社会とのかかわりを見てきた。そこでは「地域社会の支柱」として地域社会の成り立ちに腐心する豪農を明らかにするとともに、豪農経営とその行動との関係性を明らかにした。これは豪農研究における「政治と経済の総合化」という研究史上の課題に応えるものである。

つづいて、第二部では河内の豪農・地主を取り上げ、地主制の展開と豪農の経済的・政治的行動について考察した。

第一章は第二部各章の前提となる部分であり、研究蓄積の分厚い畿内農村のあり様を再検討するため、近世後期における河内国の地域的特徴を、①所領構成、②商品作物生産の状況、③階層分解の進展度、④地主経営の特徴、⑤地主小作関係の実態といった五つの視角から追究した。河内国は木綿作を中心に商品作物生産が盛んであることから、経済先進地域と捉えられることが多いが、その内部は一様ではなく、地域的な差異を含み込みながら成り立っていたことを明らかにした。

第二章では、畿内農村のなかでも古島敏雄[2]や竹安繁治[3]、籠谷次郎[4]・木村武夫[5]らによって研究が進められた北河内農村を取り上げ、近世中期から後期に至る農村構造の変容とそこに所在する幣原家・濱田家を素材に、地主制の展開を考察した。

第三章では、近世中期から後期に至る農村構造の変化と豪農経営のあり方、および豪農の政治的行動について考察した。具体的には米作・菜種作地帯としての北河内農村の変容と、茨田郡三ツ嶋村（現在、大阪府門真市）に所在する樋口家の豪農経営の特徴および、領主権力・地域社会とのかかわりを通じて見られる政治的行動を考察した。

第四章では、河内国茨田郡門真三番村（現在、大阪府門真市）に所在する豪農茨田家を主に取り上げ、支配者と被支配者とのあいだに位置する「身分的中間層」のあり様を考察した。まずはじめに、幕府代官から茨田家当主が帯刀を許可されるに至る過程を考察し、「金銀出入帳」の分析からは同家が内在的に有していた武士的要素の析出を試みた。ついで、こうした豪農と武士のあいだを成す存在が、近代に入ると士族と成り得なかった事象を取り上げ、「武士と士族のあいだ」を考察した。

第五章では、大塩平八郎の乱に参加し、その後、闕所となった家がどのように再興されていくのか、またその過程で処分された土地がどのように扱われていくのかを考察した。家の再興には村＝村役人・上層農民の積極的な関与が認められ、彼らの行動は村落共同体を維持していく上で、その基盤となるべき村の土地を流動化させないという、土地保全の意識と深くかかわっていることを明らかにした。

第二部では第一部で考察した丹波の豪農との比較を念頭に、河内の豪農・地主を取り上げ、地主制の進展過程とそれに伴って明らかとなる彼らの政治的行動や地域社会とのかかわりについて考察した。具体的には、第一部と同様に豪農経営や階層分解をキーワードに読み解いていったが、第二部では身分的中間層や共同体の土地所有についても検討を加えた。

2　近代への展開

本書の主題の一つでもあった地主制の展開については、その成長過程にはいくつかの類型があることがわかった。第二部で見た北嶋村濱田家や三ツ嶋村樋口家などは、門真一番下村の幣原家のような、畿内農村に広範に見られる三〇～四〇石程度の富農とは異なる発展を遂げ、丹波の豪農園田家と同様の成長過程を辿ったと言える。

園田家の近代への展開については、第一部第六章で明らかなように、寄生地主化へ向けた道筋をある程度、知ることができる。幕末維新期から明治初年にかけては、利貸を中心とする金融面での低回収率が災いし、経営不振に陥る時期があったものの、一〇代当主寛の時期には田五一町・畑五二町四反、小作人一六七人を数えている(7)。明治後期における園田家の経営の特徴は、全収入のうち、山林地主としての「山林収入」が四〇％、小作料を反映した「穀物代金」や「年貢金納」が七〇％を超えている一方で、「手作勘定」がいずれの年もまったくと言っていいほど見られないことから、さきの事例ともあわせて考えると、同家が早い段階で寄生地主化していたことが推測できる。

つぎに地域社会とのかかわりや豪農の名望家的要素という点から言えば、本書で取り上げた豪農の多くが近代に入り、様々な役職を歴任するが、園田家も同様で明治二年（一八六九）に再度、郡取締役に任命されたのをはじめ、五年には大郷長、七年には第二十大区区長にそれぞれ任命され、十二年・十八年には多紀郡選出の県会議員となっている。

こうした役職の歴任はなにも豪農の意識と無関係であったわけでなく、豪農の地域社会に対する貢献は近代に入ってからも堅持されていたと考えられ、園田多祐の場合、明治三年（一八七〇）には難渋村郡家村の建て直し、七年には多紀郡通船川の開鑿、十年には大山小学校への寄附、十三年には篠山川への架橋など枚挙に暇がない。なかでも十六年に完成をみる多紀・氷上郡境鐘ケ坂隧道開鑿はそうした意識・行動の集大成と位置付けられ、その偉業を称える顕彰碑が後年、多紀郡有志によって建てられた。

地域社会における地方名望家の顕彰行為は北河内においても見られ、たとえば、水防に尽力した門真三番村野口守敏の招魂祭や北嶋村濱田嘉作の顕彰碑建碑が挙げられる。こうした人物は国家権力の側からではなく、地域社会に内在する課題を解決し、そのなかから日本の近代化を推し進めた人物として評価でき、こうした評価が後年、地域社会における功労者を顕彰するという近代国家の施策ともつながりを持ちつつ、後世に語り継がれていくことになる。(8)

ただし、こうした地方名望家とは一線を画する人物がいたことも確かである。第二部第二章で見た幣原家はのちに第四四代内閣総理大臣となる幣原喜重郎を輩出した家として有名であり、近世後期の経営を見る限り、同家は地主的側面を強く打ち出す地主であったが、喜重郎の父・新治郎の志向は当時の地主からすれば異彩を放っていた。新治郎の思いは、大正四年（一九一五）十月、喜重郎が外務次官になったことを報じる新聞記事(9)に最も端的に現れている。新聞記者とのやり取りのなかで新治郎は、「当時地方の人は皆、百姓に学問は入らぬからよせと止めましたけれども、私は自分が子供の時に両親が百姓で本を読んだりするものは極道ものぢやと云ふて思ふ様に寺子屋へやつてくれなんだ事が残念でしたから其代り、子供は学問をさせて御国の御用に立てたいと財産の全部を学資に投ずる決心で四人の子供を仕込みました」と答えている。

また、『幣原喜重郎』(10)にも同様に、「子供たちも段々年ごろになつて来たので、立派な教育を授けてやらねばならぬ。それには財産を売り払つても学費に充てねばならぬと決心をした。…親戚はこぞつて反対する。百姓に学問はいらん、大学に出すなんて生意気だ。…親戚会議を開いての大反対である。しかし私は子女教育のためなら、田地の半分位無くするのは当りまへだと思つてゐたので、断乎として親戚のいふことを聞かなかつた」と語られている。幣原家は第二部第二章で明らかにしたように、「新興」の部類に入る地主であったが、明治に入る頃には多くの資産を築いており、それを背景に喜重郎をはじめとする兄弟四人すべてに教育を施した。これは地域社会との関係性に重点を置く、旧来の地主の志向とは異なり、新たな教育制度のもとで、国家にとって有用な人材を自家から輩出するという志向を持った、新たな地主の姿として捉えることができる。

こうした志向はなにも幣原新治郎だけではなく、第一部第五章で触れた丹波柏原の田艇吉・健治郎兄弟の父・文平も同様の意識を持っていたと考えられ、近代初頭に顕著に表れる豪農・地主層の意識として興味深く、近世とは異なる、豪農・地主の意識のあり方として特徴付けられる。また、地方名望家はデモクラシーと官僚制の発展により衰退していくと言われるが、これまで述べた幣原新治郎や田文平は地方名望家として自らが地域社会の問題を解決するという方向性ではなく、彼らの子弟が官僚となったように、官僚制のもとに新たな地域秩序を構築していこうと考えていたのではなかろうか。そうした意味で彼らは、同時代の地方名望家とは一線を画する、いわば「立身出世」願望を持つ人物であった。こうした意識を持つ人物は、近世のようなある種閉ざされた社会では顕在化することは少なかったが、近代に入り、中央への道が開けることで台頭してくるようになると考えられる。

一方、地域の人々からすれば、政府や中央政界で活躍するようになる人物に地域の代弁者としての役割を期待したであろうが、実際、そうした役割を果たすことは少なかった。幣原喜重郎の場合も、外務官僚というキャリアをステップに財閥岩崎家と婚姻関係を結ぶことで国政への足場を築いたことから、自ずと地域とのかかわりは薄くなっていった。

3 研究史とのかかわり

次に各章の検討結果をふまえ、研究史における本書の位置づけを行なっておきたい。

まず、豪農論とのかかわりから述べておこう。佐々木潤之介が唱えた豪農論との関係で言えば、幕末期における豪農の役割について、筆者の見解は佐々木とは決定的に異なる。その点については第一部において詳述したが、園田家のみならず、多くの豪農が地域社会の牽引者となり、地域社会に寄与していくことを本書を通じて示した。近代初頭においては明治政府の人民支配はいまだ十全ではなく、近世期同様、豪農が明治政府と地域社会との媒介項となることを双方から期待されていたはずである。彼らの有した「地域社会の支柱」としての役割は、地域社会が様々な変容を遂げつつも、それが存在する限りにおいては必要不可欠であった。ただし、それら豪農の意識や行動は、それぞれの経営や地域社会の内実と複雑に絡み合って形成されるものであることから、豪農の資質や地域的特徴によって地域社会とのかかわりにも自ずと濃淡をもって現れることになる。

また、序章で述べたように本書では渡辺尚志の言う豪農類型(16)は採っていない。第一部第一章では豪農の意識や行動を考察することで、豪農の意識には大きく分けて三つの意識があると述べた。それらを規定していくのは、分厚く滞留した下層農民を主体とする地域社会と、様々な特権を付与する代わりに経済的負担を強いる領主権力とのかかわり方の強弱にあり、それぞれが相互に補完し、また、矛盾対立するなかで最も強い意識が表面化し、豪農の行動として実践されると述べた。それは丹波の豪農と北河内の地主・豪農、それぞれの違いとして表れている。豪農経営からすれば、園田家の方がはるかに大きな持高を所有していたが、小作米収納や利貸などでは破綻をきたしており、北河内の地主・豪農の方が持高は少ないながらも安定的な経営であったと言える。北河内の各家については史料的な制約から地主的側面の考察に重きを置く結果となったが、これは園田家のように豪農として三つの意識を持ち合わせているものの、村々の非荒廃化、領主支配の脆弱性などに起因して、自家の経営安定化に専念することができ、地主的側面が強く打ち出される結果になったと言える。この点については、第二部第三章で述べたように樋口家と野口家における政治的行動の差異として現れている。

ついで、地域社会論とのかかわりから言えば、地域社会構造の解明のためには縦軸に地域社会の階層性を、横軸には地域的・人的広がりを絶えず意識して展開されるべきであると考える。そうした立場から、各章においては村々の階層構成を分析し、豪農が有する地域的影響力や人的広がりを考察した。階層構成については考察した地域のいずれも、無高層が村の全戸数の半数以上を占める地域であった。しかし、北河内では余業と在村商工業の展開が見られ、下層農民が自立的に存在しうる状況であったと言える。一方、丹波農村では北河内に見たような状況とは異なり、下層農民が地域社会に滞留し、彼らの不満の「ガス抜き」として豪農が溜池の自普請や植林事業といった失業者対策を行なわなければならなかった。近世後期に質流れ地を集積することで、豪農へと発展を遂げた北河内の樋口家と丹波の園田家であったが、地域構造の違いから自ずと地域社会への対応も異なっていた。

第二節　今後の課題

以上が本書のまとめであるが、当然ながら残された課題も多い。まず一点目は、地域社会における半プロレタリアの役割を考察出来ていない点である。佐々木潤之介が提示した「世直し状況論」では豪農が創出される対極に半プロ層が形成され、幕末維新期においては両者の和解しがたい対立のなかで、半プロ層が主導的に社会変革を推し進めていくとしている(17)。この点に関し、本書では佐々木の半プロ概念を用いる代わりに、下層農民を含み込んだ地域社会を豪農に対置する形で措定した。しかし、佐々木が提示した半プロ概念の有効性を含め、半プロ層の動態的な検討を進める必要があろう。

二点目は豪農の意識形成に不可欠な、豪農の学問・思想面の分析である。渡辺尚志は豪農の類型化を行なう前提として豪農の思想的背景を分析したが(18)、本書では果たせなかった。この点については柴田一の『近世豪農の学問と思想(19)』が参考となる。このなかで柴田は、近世中期の豪農＝村役人層は「村落共同体全体の幸福の保障を自己の使命として認識し、その村落共同体全体の幸福のなかで、はじめて豪農＝村役人層の一個人一家の幸福もまたその社会的地位も保障されうるのだとする認識にたっていた」[20]と述べるとともに、近世後期の豪農の学問として、A型「経世済民」の学問、B型「農民教化」の学問、C型「生産性向上運動」の学問を挙げている。

筆者はこうした学問・思想が近世後期により強く意識されるようになると同時に、学び得た知識を変容する地域社会において実践するに至ったと考える。それは、第二部第四・五章で取り上げた茨田郡士と大塩平八郎との関係および、茨田郡士の地域社会での行動に見ることができる。

さらに、本書で取り上げた豪農個々人の学問・思想について見れば、園田庄十左衛門は安房出身の国学者山口志道[21]の門弟となり、彼の著作『百首正解』の出版に際しては資金の援助を行なっている。また、北河内の野口守敏は明治五年（一八七二）、門真四番村（現在、大阪府門真市）馬場家に寄寓していた国学者敷田年治[22]の門弟となり、二十四年には父・守義の葬儀を神道で行なうなど、国学に傾倒していく[23]。彼らにはそうした学問を受容できるだけの素地がすでに兼ね備わっており、それが時流に乗った、高踏的・趣味的な部分を含むものであったにせよ、決して国家的危機に無自覚ではなかった。そのことは、第一部第五章でみたように、園田多祐によって記された風説留や日記に幕末の情勢が事細かに記されていることからも明らかである。

三点目は、地方名望家研究との整合性を如何に保つかという点である。すでに述べたように近世近代移行期における村落の変容やそれに対する明治政府の諸政策を、豪農は国家と民衆の間に立って、その基本的性格を変えることなく推進していったと考える。近代史研究では地方政治の担い手に関して、近世史研究において「豪農」と捉えた存在を、明治二十一年（一八八八）の「市制・町村制理由」に見られる文言から「地方名望家」という概念で捉えた。しかし、豪農も地方名望家も同一人格の一個人であるにもかかわらず、両者の概念が不明確であるため、歴史的展開を見えにくくする結果を招いた。

地方名望家については多くの研究成果があるが、その概念規定は研究者により異なる[24]。しかし、そのなかで豪農と地方名望家を一体のものとして捉えた研究に、石川一三夫『日本近代の名望家と自治—名誉職制度の法社会史的研究—』[25]がある。石川は名望家を①経済的に富裕な者、②一定の教養を有しており、社会的に尊敬を受けている者、③国家と地域社会とを媒介するような役職を務めることができると期待されている者と規定した。時期的には地主制が形成されはじめる幕末期に台頭してくるとし、豪農と地方名望家は同一であると指摘した。この指摘は本書の実証からも明らかであり、正鵠を得る。こうした研究状況をふまえ、近世近代移行期における地域社会の担い手としての豪農・地方名望家に関する一貫した研究および、その深化が必要であろう。この点に対する筆者なりの見通しは、本書で提示した地域社会の公共性を体現する存在を「地域社会の支柱」と捉え、豪農・地方名望家という分別された概念ではなく、それら双方を結びつける概念として用いることによって、両者の一貫した研究が可能であると考えている。

註

（1）小野将・志村洋・舟橋明宏・多和田雅保「近世地域社会論の現在」（『歴史学研究』七四八号、二〇〇一年）のうち、志村洋「地域社会における政治と経済の問題」。
（2）『近世日本農業の展開』（東京大学出版会、一九六三年）第二章第四節
（3）『近世封建制の土地構造』（御茶の水書房、一九六六年）、『近世小作料の構造』（御茶の水書房、一九六八年）、『近世畿内農業の構造』（御茶の水書房、一九六九年）
（4）「明治教育と地主制—河内淀川左岸における学事普及の考察—」（『地方史研究』六四号、一九六三年）。籠谷にはこの他に、生駒山麓に位置する交野郡の村々を取り上げた「幕末明治初期における北河内農村の動向—山添いの村についての考察—」（『地方史研究』八二号、一九六六年）や、「幕末明治初期北河内山村の構造—交野郡傍示村を素材に—」（『地方史研究』九〇号、一九六七年）がある。

（5）「近世中期における土地所有の動向―河内国茨田郡門真一番下村の事例―」（木村編『近世大坂平野の村落』ミネルヴァ書房、一九七〇年）

（6）園田家では多祐の子・儀三郎、孫・稔が相次いで早世し、跡継ぎを失ったため、田綎吉の三男で多祐にとっては外孫にあたる寛に跡を継がせた。

（7）大正十三年（一九二四）六月に農商務省農務局が行なった、五〇町歩以上の大地主調査報告書『五十町歩以上ノ大地主』による。

（8）羽賀祥二『史蹟論』（名古屋大学出版会、一九九八年）

（9）大正四年（一九一五）十月三十日付 大阪朝日新聞。この前年、喜重郎がオランダ公使になったことを報じた大正三年七月十四日付 朝日新聞にも新治郎の談話として、明治十八年（一八八五）の淀川大洪水での被害を教訓に「百萬の金持になるより子供等を勉強させやうと決心した」ことを載せている（『門真市史　第五巻』二〇〇一年）。なお、喜重郎の兄・坦は台北帝国大学総長、妹・みさを（操）は社会事業家、節子は女医になっている。

（10）幣原平和財団、一九五五年。

（11）田家については、田健治郎伝記編纂会編『田健治郎伝』（田健治郎伝記編纂会、一九三二年）を参照。

（12）石川一三夫『日本近代の名望家と自治―名誉職制度の法社会史的研究―』（木鐸社、一九八七年）序章。

（13）こうした「立身出世」願望と学歴主義について考察した研究として、竹内洋『立身出世主義　近代日本のロマンと欲望（増補版）』（世界思想社、二〇〇五年）がある。

（14）喜重郎は明治三十六年（一九〇三）に岩崎弥太郎の末娘・雅子と結婚し、これによって加藤高明と義兄弟となる。また、仲人は外交官で外務大臣も務めたことのある石井菊次郎であり、この結婚によって喜重郎は外務官僚として強力な人脈を築くことになる。

（15）『幕末社会論』（塙書房、一九六九年）、『世直し』（岩波書店、一九七九年）。

（16）「幕末維新期における農民と村落共同体」（『近世村落の特質と展開』校倉書房、一九九八年。初出は一九八九年）

（17）前掲註15

(18) 前掲註16
(19) 新生社、一九六六年。
(20) 柴田一『近世豪農の学問と思想』（新生社、一九六六年）四一〇～四一一頁
(21) 明和二年（一七六五）、安房国長狭郡寺門村（現在、千葉県鴨川市）に生まれ、荷田春満の流れをくむ荷田訓之の門下に入り、国学を修めた。京都に出てからは、光格天皇・仁孝天皇の侍講を務めた。
(22) 文化十四年（一八一七）、豊前国宇佐郡敷田村（現在、大分県宇佐市）に生まれ、帆足万里らに学んだのち、和学講談所や神宮皇学館の教官となる。明治五年（一八七二）に門人高橋俊太郎の招きにより、門真四番村（現在、大阪府門真市）馬場九平英所有の家に寄寓した。
(23) 野口守敏と敷田年治との関係を国文学の立場から明らかにした研究として、管宗次『敷田年治研究』（和泉書院、二〇〇二年）がある。
(24) 地方名望家についての研究史整理は、丑木幸男『地方名望家の成長』（柏書房、二〇〇〇年）序章に詳しい。
(25) 木鐸社、一九八七年。

あとがき

本書は二〇〇三年九月、関西大学大学院文学研究科に提出した学位請求論文に、これまで発表してきた関連論文などを加えて、一書としたものである。以下に収録した論文の初出を記したが、いずれの論文とも一書としての体裁を整えるため、重複箇所の整理や誤字脱字の訂正をはじめ、加筆・修正していることをお断りしておく。

第一部　丹波の豪農と地域社会

第一章「近世後期における豪農と地域社会―篠山藩大山組園田家をめぐって―」(『ヒストリア』一六三号、一九九九年)

＊当初の副題は、「丹波国篠山藩大山組園田家をめぐって」

第二章「篠山藩における国益策の展開―豪農の献策を中心に―」(『ヒストリア』一八五号、二〇〇三年)

第三章「陶磁器生産をめぐる豪農と地域社会―近世後期の篠山藩と三田藩―」(『地方史研究』三〇八号、二〇〇四年)

＊原題は「陶磁器生産と地域社会」

第四章「篠山藩における新田開発―近世後期の荒地開墾型新田をめぐって―」(藪田貫編『近世の畿内と西国』清文堂出版、二〇〇二年)

第五章「幕末維新期における豪農の活動と情報―丹波の豪農園田家を中心に―」(平川新・谷山正道編『近世地域史フォーラム3　地域社会とリーダーたち』吉川弘文館、二〇〇六年)

第六章「園田多祐と国益策―地域社会の繁栄をめざして―」(渡辺尚志編『近代移行期の名望家と地域・国家』名著出版、二〇〇六年)

第二部　河内の豪農と地域社会
第一章「近世後期における河内の諸相」（渡辺尚志編『畿内の豪農経営と地域社会』思文閣出版、二〇〇八年）
第二章「農村構造の変容と地主経営―北河内の幣原家・濱田家をめぐって―」（『門真市史　第四巻』二〇〇〇年　＊「村の構造変化」と「村々と農民の動向」をまとめた）
第三章「近世後期における北河内の豪農―茨田郡三ツ嶋村樋口家をめぐって―」（関西大学『史泉』九五号、二〇〇二年）
第四章「豪農と武士のあいだ―茨田郡士の帯刀をめぐって―」（『大塩研究』五一号、二〇〇四年）
第五章「大塩の乱後にみる家の再興と村落共同体―門真三番村茨田家・高橋家をめぐって―」（大塩事件研究会編『大塩平八郎の総合研究』和泉書院、二〇一一年）

初出一覧を改めて見てみると、豪農と地域社会、地主経営といった同じようなテーマばかりを、しかも長い時間をかけて取り組んできたことがわかるが、一つのことに時間をかけて取り組むという研究スタイルは、一人でなにかをコツコツと作り上げていくことが好きだった、幼いころからの性格によるところが大きいだろう。一方で、そういう性格に起因して、人との付き合いには苦手意識があり、打ち解けるのに時間がかかるところがある。

ただ、こうした私であってもこれまで研究を続けてこられたのは、いろいろな方からのお力添えがあったからである。今回、一書にまとめるにあたって論文発表時に付していた謝辞は省略させていただいたが、史料の閲覧・使用についてご高配をいただいた所蔵者・所蔵機関の方々をはじめ、論文の作成にご助言・ご助力いただいた方々には、お礼を申し上げ、本書の刊行をもってそのご恩に報いたい。

お世話になった方のなかでも、大学院時代の指導教授であり、本書の刊行を勧めていただいた藪田貫先生には、とくにお礼を申し上げなくてはならない。私が大学四回生のときはバブル経済がはじける直前であったため、就職活動では空前の「売り手市場」であった。私もほかの大学生と同じように就職活動をし、内定ももらったが、就職活動を進めていくなかで、「どうしても、もう少しだけ勉強したい」と思うようになっていった。両親を説得し、「修士課程の二年間だけ勉強を続けよう。どうせ勉強するなら、自分がやりたい研究ができる大学院へ進もう」と思い立ち、藪田ゼミの門を叩いたのである。

当時の近世史ゼミは藪田先生が着任された直後であったので、院生も少なく、先生もお若かったので、「和気藹々」という言葉がピッタリのゼミであった。研鑽を積む場が「和気藹々」というのはよくないとの見方もあるだろうが、こうした雰囲気は私にとっては居心地がよかった。「セロリの会」という風変わりな名前の研究会や奈良飛鳥への合宿、古文書勉強会など、先輩・後輩を問わず議論をするうち、大学は学部生時代とは比べ物にならないくらい、刺激的で楽しい場所となっていった。

また、当時の関西大学大学院には古代史の横田健一・薗田香融、近代史の小山仁示、近世史では有坂隆道・津田秀夫・福島雅藏といった著名な先生方が講義をされており、自分の専攻とは関係のない講義にも顔を出した。当時は院生が少なく、毎週のように発表が当たるため、準備に四苦八苦したが、専攻を問わずいろいろな分野のことを勉強した時期でもあった。

こうしたなかで、私が豪農研究を志したのは、卒業論文のテーマとして畿内の城下町を取り上げた際、次なる研究課題として「城下町と農村との結びつき」を考えており、両者を媒介する存在として大庄屋・豪農に辿りついた。大学院に進学してからは、近江の大庄屋をその対象としたがなかなか目的の史料が見つからず、苦慮していた時期に園田家文書と出会った。園田家文書は兵庫県史の編集専門委員をされていた薗田香融先生のご尽力により、関西大学文学部の古文書室に架蔵されることとなったが、予備調査から古文書の搬出・搬入までかかわらせて頂いた経験が今日の研究へとつながっている。

このように研究する場と研究材料が揃っていたにもかかわらず、私はなかなか学位論文を書こうとしなかった。博士課程を終えるのと前後して、小さな町の市史編さん事業や博物館運営にかかわるようになって、そちらの方にやりがいを感じていったからである。私は元来、不器用で、二つのことを同時にこなすなどという芸当は、まったくもってできないタイプの人間である上に、人から史料調査や市史の執筆を頼まれると断れないところがあり（断らないようにしてきたとも言える）、どうしても目の前の仕事や頼まれた仕事を優先してしまった結果、自分のことが後回しになっていった。

学位論文をなかなかまとめようとしない私に、アメリカ滞在中であった藪田先生から「僕ももう一冊本をつくるから、常松君も学位論文をまとめよう。お互いにがんばろう」というクリスマスカードをいただいたこともあった。本書の刊行に関しても、年賀状で「単著を早く仕上げるように」とお書きいただいたことも、一度や二度ではなかった。このように不義理をしてきた私に、折につけいろいろな言葉をかけていただいたが、そのなかでも「はやりの研究潮流には乗ってはいけない。五年後・一〇年後に引用してもらえるような、しっかりとした論文を書かなくてはいけない」とおっしゃったことはいまでも心に残っている。本書が果たしてそのような域に達しているかどうか、甚だ不安ではあるが、絶えずその言葉を胸に研究に取り組んだことは事実である。

藪田先生には「そとに出て行って勉強しなさい」とも言われた。大阪歴史学会や大阪歴史科学協議会の各部会では他大学の、同年代の院生たちと議論をする機会を得、とくに大阪歴史学会ではその後、企画委員や編集委員を務めたことで、自分より年上の他専攻の方々と知り合う機会を得、いまでもお付き合いいただいている。

また、大学を卒業したいまでも何かにつけて連絡をくれ、同窓会や結婚式に招待してくれる教え子たちの存在は、私にとっては自らを奮い立たせる原動力となっている。「結婚しました」「子どもができました」など、いつもうれしい知らせを届けてくれる教え子たちに、今度は私の方から本書の刊行を知らせて、これまでの心遣いに報いたい。

学位論文を書いてから一〇年目を迎えるにあたって、これまでの研究に一区切りをつけたいとの思いから本書の刊行に至ったが、豪農研究は分厚い研究蓄積があり、とくに近年では、渡辺尚志さんの精力的な研究があるので、本書の刊行には二の足を踏んだことも事実である。いつもご著書をお送りいただき、以前「単著を出すときには推薦文を書くよ」と言って下さった渡辺さんには、本書の刊行でお返しができればと思う。これまで、渡辺さんの研究成果を乗り越えようと自分なりに研究に取り組んできたが、残念ながら所期の目的を果たせたとは言い難い。そうした反省も踏まえ、今後は豪農研究をベースに広い視野から近世社会を考えてみるつもりである。

なお、本書の刊行にあたっては、学術出版が大変厳しい時代であるにもかかわらず、出版を快諾していただいた和泉書院の廣橋研三社長をはじめ、編集に携わっていただいた和泉書院のみなさんにもお礼を述べなくてはならない。私の勝手な事情から、原稿をバラバラな形で提出したこと、期限までに校正を返却しなかったことでご迷惑をおかけしたことと思う。また、原稿の整理から校正に至るまで、全般にわたってお手伝いいただいた後輩の小林可奈さんにもお礼を申し上げる。

さいごに私事で恐縮だが、いつもいろいろな面で私を支えてくれている妻と、念願の田舎暮らしに孫の世話を楽しみつつも、絶えず私のことを気にかけてくれている両親に本書を捧げたい。

二〇一四年一月　　大阪城が見えるわが家にて

常松　隆嗣

■著者紹介

常松隆嗣（つねまつ　たかし）

一九七〇年　大阪府生まれ
二〇〇四年　関西大学大学院文学研究科博士課程後期課程修了。博士（文学）
現在、関西大学・大阪商業大学・大阪観光大学非常勤講師
専攻　日本近世史
主要著作
「近世後期における豪農と地域社会―丹波国篠山藩大山組園田家をめぐって―」（『ヒストリア』一六三、一九九九年）
「篠山藩における国益策の展開―豪農の献策を中心に―」（『ヒストリア』一八五、二〇〇三年）
『近代移行期の名望家と地域・国家』（共著　名著出版、二〇〇六年）
『大塩平八郎の総合研究』（共著　和泉書院、二〇一一年）

日本史研究叢刊　27

近世の豪農と地域社会

二〇一四年三月一五日初版第一刷発行
（検印省略）

著　者　常松隆嗣
発行者　廣橋研三
印刷・製本　シナノ
発行所　有限会社　和泉書院

大阪市天王寺区上之宮町七－六
〒五四三－〇〇三七
電話　〇六－六七七一－一四六七
振替　〇〇九七〇－八－一五〇四三

ISBN978-4-7576-0703-3 C3321